曹雷口述历史

曹雷口述　林丽成撰稿

凵

ORAL HISTORY

上海市文史研究馆
口述历史丛书

上海书店出版社
SHANGHAI BOOKSTORE PUBLISHING HOUSE

曹雷

曹雷（1940 年 7 月 8 日— ），浙江浦江人，著名话剧表演艺术家、影视配音艺术家、译制片暨广播剧导演，上海市文史研究馆馆员。她在抗战峰火中生与长，颠沛飘零的幼年使她铸就了特别能扛的坚强。经济拮据的知识分子家庭，虽然只有温饱的日子，但始终不缺精神食粮，源自幼时庭训的海量阅读，为她奠定了艺术家的文化底蕴。容貌、天赋、刻苦，二十多岁的她就在表演艺术领域早早成名。然而，父亲扑朔迷离的身份、身患癌症，宣告了她银幕生涯的早早结束。改革开放的新时代，不仅为她在配音艺术领域开启了再度辉煌的新局面，还为她实现了重登话剧舞台的艺术理想。1982 年起她担任上海电影译制厂配音演员兼导演，陆续为《非凡的爱玛》《爱德华大夫》《蒲田进行曲》《姊妹坡》《鹰冠庄园》等译制片中女主角配音；并担任《战争与和平》《看得见风景的房间》《柏林之恋》等译制片的导演。其中主配和导演的《斯巴达克斯》《靡菲斯特》等影片曾获广播电影电视部优秀译制片奖。在话剧《孔繁森》中饰王庆芝一角，获白玉兰优秀舞台表演艺术奖（配角奖）。年过八旬，她又在互联网的有声书领域继续艺术创作。这就是为艺术而生、为角色而活的表演艺术家曹雷的人生。

编 撰 说 明

　　上海市文史研究馆成立于1953年6月，首任馆长张元济先生由毛泽东主席提名，时任上海市市长陈毅亲聘。建馆六十余年来，上海市文史研究馆由历任市长共延聘近1 200名馆员。馆员专业遍及文化历史、金石书画、新闻出版、教育学术、戏剧电影、传统医学、传统体育等多个领域，多以深邃造诣、杰出成就和一定的社会影响，成为专业翘楚乃至具有代表性的知名之士。他们在人生和事业道路上所经历蕴积的波澜起伏、经验见识和丰富阅历，是具有多重价值的宝贵的人文历史资源。

　　为了充分发掘文史馆馆员群体所特有的珍贵而丰厚的人文历史资源，保存历史记忆，记录时代风云，推动口述历史研究工作，上海市文史研究馆于2013年7月正式成立上海市文史研究馆口述历史研究中心。著名历史学家、上海市文史研究馆馆员姜义华和熊月之先生联袂担任中心主任。中心成立后，即聘请沪上学有专长的十位文史学者担任特聘研究员，启动上海市文史研究馆口述历史丛书(以下简称丛书)编撰项目。为了保证丛书的整体质量，在广泛征求各方面意见后，确定以下编撰原则：

　　一、丛书主要以上海市文史研究馆馆员、同时适当选取符合要求的馆外人士为访谈对象(即口述者)。

　　二、丛书恪守口述历史征集途径和开展过程的规范性。凡列选书目，概由口述历史研究中心先根据相关原则选取访谈对象。征得同意后，由口述历史研究中心约聘的撰稿人拟定采访提纲，经中心审议和口述者认同后付诸实施。访谈结束后，由撰稿人在文字笔录对比录音、影像的基础上整理成文，最终由口述者本人修订定稿。

三、丛书注重口述历史区别于一般"自传"或"回忆录"的独特性。访谈范围涉及口述者家世、经历、事业、交往、见闻等多个方面，尤其重视本人在场或参与之所历、所见、所闻、所传、所思，具有历史价值却缺乏文字资料的内容。

四、丛书本着客观的态度保存口述者的记忆。由于认识水平和记忆偏差，其内容可能与事实有出入。撰稿人应对口述中出现的人、地、物名及时、空、事件等进行必要的核对，尽量减少常识性错误，必要时加以注释论证，亦可视具体情况在正文后面附录口述者活动年表等相关资料。

五、丛书在整理成稿并交付出版时，除了部分内容因涉及敏感暂不公开，或不得已而有所技术处理外，应努力保持资料原貌，切忌依据主观价值标准任意删除或更改，以此体现对口述者、对口述历史的尊重，同时也给口述资料的使用者保留可供继续解读和分析考证的空间。

六、丛书按照以图辅文、以图证史的原则向口述者征集和选用图片，包括照片、书信、手稿、字画、实物摄影等各种形式的图像资料，基本要求是：图片题材应该与口述内容直接关联，图片质量应该达到刊用水准，图片说明应该以新闻报道原则来撰述，时间、地点、人物、主题，基本齐全。

我们热忱希望丛书的编撰出版能拓展史料搜集的范围，能丰富读者对历史的认知，也衷心希望大家对我们编撰工作中存在的疏漏或差错，不吝批评指正，以利于口述历史的健康发展。

上海市文史研究馆
2015年6月

目　录

一、蒋畈的第一个秀才

我的祖籍在浙江一个叫浦江的地方。明代中叶,祖上由金华东乡洞井迁移到浦江南乡的这个叫蒋畈的村落。这里最初可能是蒋姓家族的吧,一代又一代,不断地有外姓人口来此落脚定居,就像我们曹家。

从明到清,在这个闭塞的山村里,在世代依循日出劳作、日落歇息的穷乡僻壤中,蒋畈的曹家,靠几亩薄地、些许山林,温饱而已。三百年间,祖祖辈辈竟没有一个识字的人。直至清末,我的祖父(我们习惯称"爷爷")曹梦岐,一个不愿认命的普通农民的儿子,发奋自学,还去金华府参加童试,这是蒋畈曹家三百年来的第一次,爷爷竟然以第一名的成绩成为秀才。之后,踌躇满志的爷爷又去杭州府参加乡试,虽未中举,却让他走出山沟、见了世面,有机会接触到晚清末期的维新思潮,尤其是"教育救国"的思想,最是让他感受深切。他觉得,农村里的人之所以被人瞧不起,不仅因为农村穷,更因为农村人没有文化。由此,他对自己的人生未来有了不同于他人的思考:在家乡普及教育、开启民智,实实在在地"教育救乡"。他决定不再参加科举考试,回到老家,走上在农村办学的人生道路。

1902年的春天,爷爷在自家的橘园里创办了"育才学堂",招收邻近村民的孩子,在当地开启了乡村平民教育之先河。随着学生日渐增多,他又把校舍搬到通州桥头的观音堂里。他的办学理念也有悖于传统社会习俗:首先,育才学堂男女学生兼收,让女孩上学,这在当时当地也是"出轨"的行为。其次,他的教学方式不是照搬传统的私塾,而是面向农家子弟的半农半读学校,学生们半天识字读书、半天学习劳作;男生开荒种地学干农活,女生学养蚕缫丝,男耕女织,自给自足。这种办学方式,能让更多的家境不好的农村孩子得以上学读书。

除了常规的学习、劳动，爷爷还注重让学生融入当地的社会生活。农忙季节，爷爷会用自家的茶叶烧了茶水，带着学生们在通州桥——乡里的一座古老的廊桥上设摊，免费提供茶水给来往下地劳作的老乡。家乡的社会风气不好，赌博盛行，育才学堂不仅宣传、提倡禁赌，身材瘦小旳爷爷还带着学生们进入赌场掀赌桌！一介书生，如此大胆且出格的行动，实实在在地提升了育才学堂在当地的社会影响。育才学堂不仅让农家孩子有书读，而且对农村社会的健康发展和风气转变产生了积极作用，实践了年轻秀才的"教育救乡"之理想。

爷爷办学是不收学费的，尽管如此，学生们仍须自带午餐到校，所以我的小脚婆婆（我们老家称祖母为婆婆）就要给学生们做饭。有些路远的学生，还得住在学校里。我的婆婆一字不识，一个地道的农村劳动妇女，嫁了秀才的她，信任崇拜丈夫，知道念书很重要，有文化很重要，所以起早摸黑、手脚不停地劳作着，尽力为爷爷分担学校的杂务。

爷爷倾家办学，终因积劳成疾，54岁就去世了。当地百姓传说他是"被上天召去当城隍爷了"！由此可见当地老百姓对他的敬意。

爷爷从教近28年，亲手培育农民子弟数百，不少学生后来走出小山村，走向全国各地。有一年我去浦江老家探亲，返沪时在火车上遇到一位穿蓝布长衫的长者，容貌清秀，说自己是从台湾回来的，聊起来竟是当年育才学堂的毕业生，回来探访母校。他说海外有好多育才学堂出来的学生。育才学堂先后培育弟子千余人，可说是桃李满天下了！

陶行知先生是众所周知的著名教育家，爷爷在育才学堂实践的办学理念，与在其后25年（1927年）陶行知创办的晓庄师范的办学思想非常相近。曾经是育才学堂的学生、后任晓庄师范校长的王琳曾说："梦岐先生是乡村生长、带泥土气息的陶行知，陶行知先生呢，是飘洋过海、吃过洋面包的曹梦岐，着眼乡村文化，注重生活教育，行而后知，实践躬行，都是相同的。"

不仅在办学方面，生活中的爷爷也是对社会变革积极响应且言行一致的人。中华民国初始，改阴历为阳历，废跪拜为鞠躬，爷爷就让家人按新的礼节生活，不向人跪拜，也不接受他人跪拜。但是这并不容易，尤其是我们老家那样的穷乡僻壤，因此也生出种种尴尬。譬如元旦新年之际，爷爷隆重地到亲友家拜年，搞得人家措手不及；旧历春节到了，爷爷不让我婆婆按旧时习俗准备过年的东西，亲友来家里贺年，不免让婆婆捉襟见肘、尴尬应对了。如此坚持了三年，大概爷爷也觉得新规有违民意很难行得通吧，只好妥协了。

虽然我出生时爷爷已过世多年，我与他老人家从未在人世间有过交集，但是在我的成长中，因为婆婆，因为父辈，因为蒋畈的乡里乡亲，从他们的口口相传中，我的心里始终驻有爷爷正直、坚韧的形象，我的脑海里会不断浮现出那个矮小、瘦弱秀才的"高大背影"。

二、小而弥坚的婆婆

如果说，我与祖父只能是神交的话，那么祖母就是以她的生活理念影响了我一生的亲人。按我们老家的叫法，我们管祖母叫"婆婆"。婆婆大名刘香梅，她的娘家在离蒋畈五里地的刘源，十六岁那年嫁到蒋畈后，在蒋畈生活了整整六十年。曹家数代单传，可婆婆嫁到曹家后，一连生了三男一女，应算是曹家的功臣吧。到我这一辈，她膝下已有儿孙二十余人了。用爸爸的话来说，她的"身""心"都是属于蒋畈的；即便后来爸爸把她接到上海来与我们一起生活，她的"梦"也永远留在蒋畈。我姆妈则说："我的婆婆，正是泥土味很重的农村中人。"而在我的眼里，婆婆就像一台精致的永动机，个子小小的她，从早到晚不停劳作，从不歇息。

抗战胜利后，姆妈带着我和大弟弟景仲从躲避战乱的江西乐平回到上海。爸爸在朋友的帮助下，在虹口溧阳路租到了两间房子，我们这个家第一次有了一个稳定的住处。1950年春，父母把已在蒋畈老家守寡二十多年的婆婆接到上海家里同住，那时她已经七十多岁了。

关于婆婆，如今依然印象最深的身体特征有两个：一是满口无牙的瘪嘴，二是那小得不能再小的三寸小脚。婆婆五十多岁时，一口牙就已经全坏了。一次去杭州城里访亲时，正好牙痛发作，城里的亲戚带她去就医，牙医把残余的牙全拔了，准备给她装假牙。这时接到乡下来信说我爷爷病重，她随即匆匆返乡，守着我爷爷过世。此后，她对装假牙就非常抗拒，理由竟然是："自己丈夫都没了，还要什么好看？！"在她看来，装假牙就是为了"漂亮"。所以，我第一眼见到的婆婆，就是瘪嘴无牙的老太太。她用牙床的摩擦来代替牙齿的咀嚼功能，吃得很慢，吃肉时，她会先用手把肉块撕小了再放嘴里磨，摩擦久了，那牙床竟然还能磨黄豆芽！好奇的我，一直想知道她的牙床究竟有多神奇，有一次，忍不住求她张开嘴，让我用手指伸进她的嘴里摸摸那了不起的牙床，真的好硬好硬，这是多少次摩擦的结果啊！

婆婆的到来，给我们这个家增添了老家的生活气息。她会让家乡人带来晒干的麦秆，自己把麦秆打磨压扁，编成团扇，夏日扇起来，不仅凉快，还能感受到一份与众不同的田园气息。她会教我们在家自制豆腐乳，用旧五斗橱的抽屉，先铺一层稻草，放上切成小块、晾得半干的老豆腐，再铺一层稻草，过几天揭开面上的稻草，豆腐上面已长出寸把高的白毛，这层白毛收干后就是豆腐乳的外皮。婆婆还会做豆豉……普普通通的食材，到她手里，都会变成美味！

婆婆的拿手活，还有自做的小点心，也是我们儿时的最爱。买来的青菜，嫩的菜心炒着吃了，菜帮子留下，切碎加盐腌一下，包进揉好的面团里，再用擀面杖擀成薄饼。菜馅的汁水渗到面里，擀好的面饼就变得湿湿软软的，再放入平锅煎到两面金黄，她称之为"烂面饼"。我们放学回家，还未进门就能闻到飘溢在空中的菜汁的清香。婆婆还常做"猫耳朵"，先和好一个面团，然后掐下小如指甲的面团在竹匾上搓成小卷，形状像小猫耳朵似的，下在开水锅里煮熟，加上葱花等作料，这是婆婆为我们专制的、城里其他人家吃不到的独特风味点心。

婆婆还会在家里养蚕，一般城里人家养蚕只是玩玩而已，她却会用麦秆搭架子，让蚕宝宝爬上去结茧，然后把茧煮了，再把茧丝抽出来，缫丝、捻线、然后用不同植物的花把线染成各种颜色。她知道采什么颜色的花或草可以染成什么颜色：紫的、粉的、黄的……都能染。丝线染色后她还要架起板凳，搭成一个小小的织机，然后用丝线织出半寸宽的丝织腰带，有本色的，也有彩色带图案的，给家人派各种用场。几十年过去了，我还珍藏着婆婆织的好几根腰带，偶尔拿出来摩挲一番，能引起很多回忆，好像婆婆就在眼前似的。

如果说手工的丝织腰带是婆婆留给我们的"奢侈品"的话,那么全家老小穿的布鞋,就是她为这个家提供的生活必需品了。那个年代,还没有什么化纤织物,都是天然的丝、毛、棉料子,棉布料也是珍贵的东西。祖母平时就用心收集碎布头、旧衣服等,攒到一定量了,就熬上一锅薄薄的米糊,然后在一块木板上铺一层碎布,刷一层米糊,几层相叠后晾干,这就是做鞋底的基本材料"硬衬"。做鞋底的第一步就是把硬衬按各人的脚样尺寸剪下,叠成鞋底的厚度。家里所有人的"脚样"她都保存着。然后就是纳鞋底,上海话叫扎鞋底。扎鞋底用的麻线,是婆婆用黄麻皮手搓的。她在我家后弄堂墙边一条尺把宽的泥地上种了麻,把麻秆晒干搓成线,搓好的麻线还要在一团褐黄色的、坚硬的蜂蜡上勒一遍,麻线裹上蜡后,能防水且更紧密结实。婆婆先用锥子在厚厚的鞋底上穿个孔,再把麻线穿过去勒紧,就这么一针一线密密缝满整个鞋底。正是如此经年累月的针针线线,全家老小每年都能体面地穿上新布鞋。我姆妈说过:"世上只有媳妇做鞋子给婆婆穿的,少有婆婆做鞋子给媳妇穿的,可是我啊,脚上的鞋底就是婆婆替我做的呢!"姆妈还常常不无得意地跷起脚来向别人显摆:"我穿她老人家做的鞋子,你说罪过不罪过?"婆婆做的手工布鞋,南下香港带给我的爸爸,北上京城带给她的孙儿,曹家三代人都穿她做的鞋。她把扎好的鞋底,都存放在家里一只小小的旧皮箱里,里面总是保持着十多双的存量。直至她离世,家里还留着一箱她纳好的鞋底,她是要为全家人准备一辈子穿的鞋啊!

放学回来,我很喜欢跟着婆婆学干针线活。结婚后,我还给丈夫李德铭做过鞋,至今还保留着两双当年我为他扎的鞋底,虽然再也不会做成布鞋给老伴穿了,可有时还可以拿出来看看,念叨念叨我的婆婆。尽管我是在城里长大的,但婆婆传下来的农村老家的生活习惯,我始终怀念、保持且珍惜。

我姆妈在她以《他的母亲》为题的纪念文章中,对婆婆有详尽的描述和贴切的评价:"婆婆的生活,一直就是简单朴素,一生只知道做、做、做,从不追寻舒适的享受……她每天的工作，远超过她生活所需要的限度。谁都在惊奇，这么高龄的人，还蕴藏着这么多的劳动潜力。……她每做一样工作，总是从早到晚，不离那个地方，直到太阳西落了，才收了工，到床上休息一下。"我姆妈自然不忍年迈的婆婆太辛苦，每当姆妈劝婆婆歇歇，婆婆总是回答："每天只吃不动，怎么过日子！"婆婆认为"过日子"就是不停地劳作。所以姆妈笔下的婆婆就是："她相信只要劳动，就会有饭吃，所以她对劳动的信念，远远超过任何空虚的精神上的寄托，她的人生观是入世的。"

婆婆对于城里人的衣着习俗，更是有着她独特而精到的见解："城市人的衣裳，都是填箱子的，左一套、右一套，一个季节换了、晒了、收拾了，忙个不停，真是自讨烦恼。"如今的我们，这份烦恼更是有增无减啊，多余的衣物，是家家的鸡肋。

婆婆小时候没读过书，嫁到蒋畈后，跟着爷爷识了些字。晚年到我家后，她又开始学认字，其间还有一个有趣的曲折，那是让爸爸给"坑"的。那时爸爸正热衷于汉字拼音化的事，他就让婆婆学会拉丁字母，再按自己家乡的方言注音，如此一来，她就可以按注音写信了。可是对于我们这些不懂家乡方言的晚辈，根本读不明白，而且，她也找不到按家乡方言注拼音的书本选读，"浦江拼音"只能是婆婆和爸爸间的自娱自乐，没法与其他人交流。所以婆婆很快就放弃了爸爸出的馊主意，把方块字一个个地识起来。爸爸的浦江土语拉丁化的"文字革命"被姆妈调侃为"美丽的肥皂泡"。

在姆妈看来，"婆婆的知识水准很高，识字却并不很多。……她的学习是有耐性的，碰上一个不识得的字，就问她身边的人，反正我们都有能力做她的老师的。……她所看的书，都是孩子们的读物，看得下去就看下去，看不下去的就再换一本。看到了可歌可泣的故事，她就用墨笔颤巍巍地一字一字地把它誊写在习字本上。有时，夜已深了，她还不曾睡觉呢！"婆婆就是这么一年一年坚持读下来，以致可以自如地与外地的儿孙们通信，虽屡屡出现错别字，却不会影响读信的晚辈们领会她在信中想要表达的意思。

20世纪50年代，爸爸去香港后，婆婆给爸爸写信，"听寿你，五月卅日生你。我想着你生日，有味极啦。什么有味讲不来。我越老越新鲜。老树开花。你那天来看我。妈妈字"。爸爸的小名是厅寿，非听寿，因他出生那年，爷爷给乡下的老屋加盖了一间厅房。这封信，我们是从爸爸的遗物里找到的，在巴掌大的一片纸上竖写的，有错字，句子也不通，爸爸珍藏了二十年，他是多么珍视耄耋高堂那稚拙的亲笔啊！在婆婆给爸爸的信里，还有这么一句堪称经典的叮嘱："钱不可不用，却不可乱用。"与一般人家"不要乱用钱"的教训有所不同。爸爸的朋友听说后，都大为赞叹，赞叹婆婆如此辩证的金钱观。

多少年过去了，婆婆、爸爸、姆妈、大弟都远去了，有个温馨的场景却常会出现在我的记忆里。晚饭后，收拾完饭桌，一家祖孙三代围桌而坐，共享着头顶的那盏电灯，各自看着自己的书。姆妈说，这也是一种乐境。

婆婆因小脚着地不稳，走起路来会左右摇晃。可八十多岁时，她还能独自一人奔波于南京、上海、北京几个孩子的家，即便坐了两天两夜的火车，也不说累。住在北京我小叔家的十个月里，她不让人搀扶，挪动着一双小脚，在儿孙的陪同下，硬是走遍了颐和园、故宫、北海、天坛等名胜，真是"活力无限"，她觉得这是她此生最有意义的享受。

小小的个子，满满的活力，手脚不停地永远忙碌着。如果套用一句耳熟能详的流行口号："生命不息，战斗不止。"那么我婆婆的一生，真正是"生命不息，劳作不止"的一生！

三、似远又近的父爱

我的爸爸21岁从浙江到上海，开始是以教书、写作为生的。抗日战争烽火初起，爸爸选择了最适合自己的方式参加抗战——做战地记者。他的战地记者生涯是从报道淞沪抗战开始的，他的成名则因四行仓库保卫战的报道。1937年10月，他是唯一在四行仓库里与坚守的壮士们一起生活了42天，并天天往外发布谢晋元团战况的新闻记者。当时很多报纸，包括外国通讯社，都引用爸爸发出去的新闻稿。1938年3月台儿庄大战时，也是爸爸首发台儿庄战役大捷的消息及照片。由于他在报道四行仓库保卫战时产生的社会影响，成了很有声望的战地记者。所以，之后他去国内各个战区采访都很顺利。在我幼时的记忆中，爸爸难得回家，在家里也总要在油灯下赶稿，留给我的只是一个背影。即便抗战胜利了，爸爸也要忙着采访日本投降的新闻，是姆妈带着我和弟弟景仲（小名平平，1945年在江西乐平出生，恰逢抗战胜利和平之年）辗转回到上海，与爸爸相聚。

1950年8月，我10岁，爸爸又离开我们了去了香港，从此更是聚少离多，见面的机会屈指可数。所以，爸爸于我，不是那种相依相随、无时无刻的存在，他的存在是片段式的、有时空距离的，但又是深刻难忘的。也许正是这份稀缺，才让人格外珍惜。在我的成长过程中，爸爸的影响似乎不因空间距离而遥远，他那中国传统文人的风骨也似生物基因，繁衍了我的生命，点化着我的人生轨迹。

第一位表演老师

作为演员，我这一生登台无数，但是能影响我一生的那次登台，可以说

9

是爸爸的"作品"。那是抗战胜利后，我随妈妈到上海，在愚园路上的幼师附小复读一年级。学校举办演讲比赛，主题是长大以后做什么，这也是每个学龄期孩子都会被问到的经典题目，本意应该是让孩子们天马行空地自由发挥吧。就读一年级的我，还真的没想过自己长大以后做什么这么深奥的大问题，只好回家问爸爸怎么准备演讲稿。爸爸竟然亲笔替我写了一篇演讲稿《我要做一个演员》。那次演讲我得奖了，一面三角形的锦旗，在教室的黑板上方挂了一学期，算是为班级争光了吧。最重要的是，爸爸写的演讲稿里有一句话让我牢记一生："我要当一个演员，我要我哭人也哭，我笑人也笑。"爸爸写下的这句演讲词，形象又直白地表述了演员职业的本质和最高境界，成为我演艺生涯数十年中始终遵循的角色创作宗旨。

中国有句老话，三岁看到老。也许爸爸当年就发现女儿我有当演员的潜质或天赋，所以借演讲稿来寄托为父的期望。正是这份演讲稿，让本来对长大做什么还懵懵懂懂的我，似乎有了长大可以做演员的期盼。随着时间推移、岁数见长，我更多地理解了爸爸，更确切地说，明白了爸爸从小就喜欢戏剧，但是在他成长的那个时代，唱戏的"戏子"是下九流，不被家庭容忍，不受社会待见，所以他多少希望成长在新时代的女儿能弥补他此生未能从事表演的抱憾吧。

爸爸是在浙江农村长大的，爷爷的管教严厉且古板，他禁止孩子们做的，除了赌博就是看戏，在他看来，传统戏文里讲的多是男欢女爱的"下流"事，不能让孩子沾边。可我爸爸的舅父是个戏迷，每当有戏班子来乡里搭台唱戏时，舅父就会背着我爷爷、偷偷地带我爸爸去看戏，一来二往，爸爸就迷上了戏曲，所以爸爸的戏剧启蒙教育应是来自浙江民间的乡村戏曲。

抗战期间，作为走南闯北的战地记者，爸爸每到一个地方，除了写他的新闻报道外，还会有意了解当地的地方戏曲起源和发展，搜集相关的资料。爸爸曾写道，"我个人并非戏曲专家，却在抗战八年中摸清楚了南曲的血缘演化，作为地方剧种的研究者，慢慢理出了一个头绪来了"。

我在上海戏剧学院的毕业公演，有个剧目是《桃花扇》，我出演女主角李香君。爸爸知道后,把他收藏多年的一部线装《桃花扇》曲本寄给了我,让我熟悉《桃花扇》的历史背景和人物。他还特地把剧中一个角色、柳大麻子柳敬亭的故事写下来寄给我,帮助我理解这个人物。柳敬亭是明末清初江苏泰州地区有名的说书人,是个说啥像啥的神奇人物,爸爸在二十岁时读了《桃花扇》曲本,柳敬亭就成为他崇拜的偶像,希望有朝一日也能像柳敬亭那样登台说书。所以不仅对戏曲,他对说书也很有兴趣,苏州评弹、扬州评话、山东快书,各地方言的语言说唱艺术表演他都喜欢。1944年冬天,江西赣县的民众教育馆馆长与爸爸策划了一次活动,让他将自己写的抗战时事小说《灯》改编成说书,另外再加一刻钟的时事宣讲,宣传抗战形势。一切准备就绪,宣传海报都贴出去了,却因日军向赣江急速推进、战事告急,全城必须紧急疏散,爸爸期盼很久、此生唯一的登台说书机会因此告吹了。

因为爸爸喜欢戏,所以我从小就有机会跟着他看戏。抗战胜利以后,我家住在上海虹口的溧阳路,由顾仲彝、黄佐临、李健吾等创办的上海市实验戏剧学校(上海戏剧学院的前身)就在我家附近的横浜桥边上。戏校的校长是熊佛西,爸爸与熊佛西相熟,所以经常带我去学校看戏。刚解放的时候,学校排演的从解放区传过来的一些小戏、学生演的宣传扫除文盲的独幕剧,我都去看过。有的戏我到现在都还记得,有一出戏叫《金玉满堂》,剧情是讲一个鼎盛大家是怎么一步步败落的,大幕拉开,最醒目的布景就是舞台中央高高悬挂着的一块大匾,匾上有四个鎏金大字"金玉满堂",戏到尾声时,那块大匾轰然倒下,极具象征意义,也很震撼,给我留下非常深刻的印象。爸爸还带我看过一些电影,美国电影《出水芙蓉》等,我对卡通片《白雪公主》印象比较深一点,可能是片子的内容符合当时我的年龄吧。

那时的经典话剧剧目《原野》《雷雨》《家》等,我都反复看过多遍。虽然还不能完全理解大人之间的爱恨情仇,但是故事情节、人物名字都记得清清楚楚。记得有一次收音机里正在播出《雷雨》的录音剪辑,爸爸马上翻出《雷雨》的剧本,让我边听录音边看剧本。录音听完后,爸爸又兴致勃勃地把剧本翻到鲁妈和周朴园三十年后意外相见于周家客厅的那一场,让我一起"对词儿",他读周朴园的词,让我读鲁妈的词。如今的我,八十多了,鲁妈那撕心裂肺的经典台词依然是我的保留节目,可谁知道,鲁妈角色的启蒙教育竟来自我那从未登过台的爸爸。

爸爸虽然支持我从事表演,却不希望我做明星。爸爸在香港有位老朋友程思远(李宗仁的秘书,后来回到大陆了),程思远的女儿是香港当年很有名的明星,艺名林黛,大眼睛,很漂亮。我考上上海戏剧学院后,因为都有女儿在从事演艺工作,爸爸和程思远两人见面的话题自然会谈及各自的女儿,爸爸经常会对程思远讲起我在信里告诉他的在上海戏剧学院学习的情况。后来林黛在香港那个娱乐圈的复杂环境里,生存不易,又因婚姻等感情问题,绝望自杀了。爸爸说,"此后我见到程思远,再也不敢提及自己的女儿"。爸爸故去后,我们把他的部分遗物捐给上海鲁迅纪念馆,存放在该馆的"朝华文库"中,门口的牌匾"曹聚仁文库"就是请程思远先生题写的。爸爸百年诞辰的纪念文集,也是请程思远先生作序的。

知道我在上海做演员,爸爸周围的朋友屡屡劝说他,你为什么不让你女儿到香港来发展?你在这里"爬格子"写稿,累得要死,能挣多少钱!她来拍一部电影,红起来了,挣得比你多多了!爸爸的回答是:"我不要我的女儿当明星,我要她当一个好演员,这个只有在内地能够办得到,我不会让她出来的,我不要我的女儿成为林黛!"

所以爸爸在香港的那些年,我从没去过香港,我特别理解爸爸的苦心,他希望我成为一个真正的能在舞台上塑造人物的表演艺术家,不要走艺人、明星的道路。爸爸要负担我们全家(婆婆、姆妈和我们姐弟三个)生活,经济状况一直是紧紧巴巴的,如果我1962年毕业了就去香港影视界发展(尤其是60年代后期或"文革"期间),肯定会给家庭生活带来很大改善,但是爸爸的选择非常坚定,在我父母那一辈人当中,有这种眼光的人并不多,而这对我的从艺生涯的影响却是至关重要的。我这辈子的追求就是做一个爸爸给我写的演讲稿里"我哭人也哭、我笑人也笑"的演员，不当明星，不以青春外形去博取人们的眼球，不做"花瓶"。我现在参加各种演出并不少，可演出报酬比起有的明星参加商业活动，出个场、亮个相、剪个彩拿的钱要少得多，可我不羡慕那样挣钱，我这辈子就是要按父亲的愿望做个本分的"演员"。

古典文学的启蒙

爸爸是浙江省立第一师范学校毕业的，初到上海时，以教书、写稿为生。1922年，章太炎应江苏省教育会的邀请，来沪讲国学，一共十讲，每周六在南市的职业教育社开讲。第一次演讲，慕名听讲者济济一堂，达一千多人；之后听众却日渐减少，仅维持在五六十人，原来是章太炎先生那一口余杭方言，让上海的听众们一头雾水。而同为浙江老乡的爸爸则听得真切、记得仔细。章太炎的讲课自然也会吸引到沪上文化界的头面人物，国民党元老邵力子肯定了爸爸的听课笔记，还在他主编的报刊《觉悟》上整理刊发。当时派人到现场记录并发表章太炎演讲内容的还有《申报》等，但是章太炎老先生认为，我爸爸能从他的著作中找材料补充完善他的演讲，所以最后还是根据爸爸的记录稿修改定稿、付梓问世，这就是章太炎的传世之作《国学概论》。《国学概论》是由泰东书局首先出版的，以后陆续出了三十二版，还远传东瀛，出了日文版。由此，仅有浙江省立第一师范学校学历的爸爸，不仅被章太炎认作弟子，还被复旦大学、暨南大学、大夏大学等高校聘为国文教授。

我的中国古典文学的基础，就是来自爸爸。小时候，爸爸会把他自己喜欢的，又适合我那个年纪的古诗词挑选出来，让我逐字照抄在一个本子上，还带着我念，用他那一口带着浙江老家的乡音来念。他选的诗词，都是我能读懂的、具象的，譬如辛弃疾的《清平乐·村居》："茅檐低小，溪上青青草。醉里吴音相媚好，白发谁家翁媪？大儿锄豆溪东，中儿正织鸡笼，最喜小儿无赖，溪头卧剥莲蓬。"这最后两句我最喜欢，每每念到这里我都会忍不住笑起来，仿佛那个调皮的小儿子就在眼前。如此念古诗，真是很有趣，也容易记住。

当然，爸爸的功课也不都是"好玩"的，他让我抄写《儒林外史》一书中的篇章，对当时的我来说就比较吃力了。开始抄第一回，讲王冕从放牛娃成长为著名画家的励志故事，这在我还是可以懂的，可第五十五回《添四客述往思来 弹一曲高山流水》就比较费解。吴敬梓笔下的四客，季遐年、盖宽、荆元、王太，都是或开茶馆，或做裁缝等，从事普通生计却才华出众的文字高手，他们的共同特点就是并不凭借才气而趋炎附势攀高枝，以求世俗的功成名就，而是安于做个普通人，不脱离生产劳动，追求精神自由的生活。初中毕业时，爸爸在给我的信里又谈及让我抄写《儒林外史》中最后四个人的往事："我最爱的是荆元，他有着做裁缝一套本领，不必依人为生、做那些达官贵人的清客；他吟诗做诗，只是写出自己的心怀，并不是附庸风雅；他也写文章，并不替什么圣人立言。这样，一个独立自尊，有完全人格的人，才算得真正的'人'，堂堂的一个人。"爸爸从《儒林外史》中选择这一篇章让我抄写，也是传递他对理想生活的希冀，期许自己的孩子不受世俗的功名利禄所惑，成为有才华、淡功名的读书人。此四客的追求，寄托了爸爸期盼的人生理想境界："诸事都由得我，又不贪图人的富贵，又不伺候人的颜色，天不收，地不管，倒不快活？"爸爸晚年有文字写道，《儒林外史》他先后读过一百多遍，他是有感于现实生活的不尽如人意，而与小说中的人物共享理想境界吧。

围着"粪坑"转的"土老儿"

爸爸早年生活在上海这个花花世界，却特立独行不愿入乡随俗。他讨厌西装革履，最爱穿一袭阴丹士林蓝布长衫，以致闹出笑话。抗战前，一次爸爸应邀去国际饭店参加一场文人聚会，虽看人无数却一贯以貌取人的饭店门卫，一看眼前这个穿着土里土气的小个子，立马鄙夷地把手一挥，示意爸爸拐到大楼侧面的边门去乘货梯。也许在门卫眼里，国际饭店的大门、客梯只能服务于衣着光鲜的达官贵人。爸爸每每提及此等趣事,总让家人捧腹。爸爸在他的《我的自我解剖》一文中写道:"……我永远是土老儿,过的是农村庄稼人的生活。"所以有一个笔名他用得最久,晚年在香港报纸上写专栏也用,就叫"土老儿",带点自嘲吧,他从来不避讳身上的乡土气。

1938年夏季,爸爸作为战地记者,随军从徐州战地到了武汉。当时正是国共合作时期,那时的武汉是中国的政治军事中心。爸爸因为在上海宝山的淞沪保卫战、四行仓库战等地的战地报道已在国内外新闻界有相当影响,还因为他当时是上海救国会的11位委员之一,虽然他不是国民党党员,但因时任国民党中央通讯社社长萧同兹的赏识,爸爸被聘为中央通讯社的战地特派员。

作为一个新闻工作者,爸爸的人生应与政治密切相关。但他之所以会有超脱现实世界的想法,也没有加入国民党,是学生时代的一段经历让他对政治感到"寒心"。在他的自传《我与我的世界》一书里曾谈到,他在杭州的浙江省立第一师范学校上学时,同学中既有共产党员,也有国民党员,和睦相处。但是到了蒋介石叛变革命、发动四·一二大屠杀的时候,他亲见国民党同学出卖共产党同学,这让他很震惊。那时的他虽然涉世不深,却产生了"政治不是人干的""政治就是个大粪坑"的想法。后来到了老年,他也反省并自嘲:(这政治圈)我虽然没有踩进去,但我始终是在这政治边缘转圈。正是从学生时代就产生的这种对人生的看法,使得他始终没有参加任何党派,一直保持无党派的身份,但国共两党中都有他的朋友。就是这么一个特殊身份,以致他后来在促进国共合作、祖国和平统一大业上做了一些事情,在中国历史上留下他独一无二的人生轨迹。

1950年父亲到香港谋生后,在他发表的第一篇文章《南来篇》中,开篇第一句就是"我从光明中来",这篇文字在当时的香港引起了轩然大波。因为爸爸自诩"中立",在文中既肯定共产党治国成功,也发表了一些自己个人的看法,这让香港的左派、右派都不满意。那时在香港的"左派"文人冯英子等在报上与爸爸论争了很久。而夏衍先生晚年在文章《怀曹聚仁》

里写道:"据我所知,第一个在海外华文报纸上为新中国系统地作爱国主义宣传的,是曹聚仁。"

1953年初中毕业时,我给爸爸写信报告了一下自己的情况,爸爸第一次单独给我回信,"……我本来打算等到你高中毕业了,便开始和你做朋友,推心置腹,敞开来什么事都有个商量。现在,我把这个打算提早了……父母子女兄弟姊妹,那些伦常关系,都是自然所决定的,没有选择的机会;朋友,才是我们经过了考虑所决定的。可以志同道合,十分知心"。爸爸的话,让我觉得人生上了一个台阶,可以和父辈作为朋友平等对话,也意味着需要承担更多的责任。爸爸对我们的教育,从来就是民主宽松的,我们喜欢什么,他可以给你一些引导,他不专制,也不苛求。当然,那些社会恶习他绝对是让我们远离的。他从不抽烟酗酒,家中连一副扑克牌也没有,更没麻将什么的了。

魂随娇女遁

1956年夏天,爸爸开始因"公干"回到内地,有时一年好几趟。那时,只要爸爸一到北京,中央有关方面就会通知上海有关部门,接姆妈去北京与爸爸团聚。记得第一次姆妈是带着我的小弟弟曹景行一起去北京的,所以景行这辈子总是自豪地说:"我小时候就见过北京的长胡子伯伯。"他说的长胡子伯伯是陈叔通先生。当时来看望爸爸的还有其他政界人物,如屈武、邵力子、张治中、童小鹏等。夏衍等文化界的老朋友,也是爸爸在京期间聚会的对象。

1958年初,我已经是上海戏剧学院的学生,爸爸从香港到北京,住在北京新侨饭店,正值学校放寒假,家里就让我去北京与爸爸小聚。我是悄悄地走、悄悄地回。因为姆妈一直关照,爸爸到北京的事,不要打听、不要问,更不能随便对人说。所以我去北京看爸爸的事没有跟学院老师和领导谈过,也尽量不要引起邻居或学校同学的注意。可我的运气不好,一到北京我就感冒了,发起高烧来,天天在新侨饭店里躺着,记得病中还有中南海的医生过来给我看过病。我暗自揣测，我这个普通女学生，居然惊动中南海的医生，都是因为爸爸的缘故吧，他的行踪有一定保密要求。

没想到难得与父亲相聚的10天时间，我竟一大半是在病床上度过的。爸爸特意去买了一大盆花放在桌上，让我调节心情。烧退了以后，爸爸带我去转了故宫、王府井这些名胜，还用他带来的相机拍了很多照片。爸爸回香港以后，洗印放大了照片寄给我，他在那张有盆花的照片背面题诗一首：

> 室暖碧桃红，严床谢北风。
> 魂随娇女遁，花在镜稜中。
> 默默看双陆，萧萧对转蓬。
> 扬眉说奇景，项脊古轩东。

这次见面，让我感受到父亲心中的感慨和无奈。因为他离家去港时，我还是个仰着头看他的10岁小女孩，再见面，我已是与他齐肩的18岁大姑娘、大学生了。他一定心有遗憾，错过了陪伴女儿成长的天伦之乐。好在我这个女儿还是遂了他的意愿，成了上海戏剧学院的学生、选择了演员职业，没辜负爸爸的期望。

1965年，我参加了电影《年青的一代》的拍摄，在剧中饰演出身在老干部家庭的女儿、高中生林岚。爸爸是在香港影院里看这部片子的，看到我在银幕上对着饰演我父亲的老演员温锡莹"爸爸、爸爸"的声声呼唤，多年听不到亲女儿叫爸爸的他，心中五味杂陈、感慨万千，回去后，写了首诗寄给姆妈：

> 默然相对影中人，娇唤爹娘恍若真。
> 总是林家有好女，下乡愿作新农民。
>
> 幸福公私各主张，舍身党国自堂堂。

山沟事业萧家语,跃马挽弓赴场疆。

结伴长征到瑞金,前因处处自追寻。
踏遍二万五千里,建设尖兵报好音。

我亦东西南北人,老骥伏枥每逡巡。
玉门关外天山雪,梦里方知岁月新。

> 观《年青的一代》感赋四绝句　寄云存念
>
> 挺岫在香港

由姆妈留存的此墨迹可知,爸爸在香港看电影《年青的一代》的时间应是1966年底以后。因为1966年秋冬时节,我和电影厂的同事等一起步行串联,从瑞金出发、终点遵义,重走红一方面军的长征路。爸爸因此忆起当年作为战地记者也到过瑞金。

　　20世纪50年代初,父亲去香港以后,就一直坚持订阅大陆出版的各种有关戏剧、电影的文化类刊物,并长期保存。1956年他第一次从香港到北京,晚上的活动就是看戏。姆妈和小弟景行跟着他到长安大戏院听过四大名旦之一的尚小云,看了讲周处"除三害"的武戏,还看过中国京剧院根据蒙古国同名诗剧改编的现代戏《三座山》。1959年,父亲应邀到京参加国庆十周年的天安门观礼,正逢各地名家名剧汇聚到北京献礼演出,他抓住这难得的机会,看了红线女、马师曾的粤剧《搜书院》《关汉卿》等各地上京献礼的优秀地方戏曲剧目。爸爸多次到北京,深深感受到中国各地戏曲艺术确实呈现了前所未有的"百花齐放"。他写道:"百花的'百',乃是实词,并非虚语,无论从哪一角度来看,都得以'百'计的。……我在鸭绿江畔安东(丹东)城中,看了那儿的越剧团的《红楼梦》演出,真的比看了在市场上出售(南方的)的香蕉和荔枝,还更感动些。"爸爸跟梅兰芳等戏剧界的前辈都是很好的朋友,有机会就拜访梅兰芳等艺术家,回港后在海外的报刊上介绍他们的艺术成就，我们家里还有爸爸姆妈跟梅兰芳一起拍的照片。

《现代中国剧曲影艺集成》

"文革"期间，爸爸在香港听到大陆把传统的经典戏剧艺术作品都作为"封""资""修"的大毒草加以批判和否定的消息，心痛不已，于是把多年积累的杂志、画报资料翻出来潜心整理，编撰了《现代中国剧曲影艺集成》一书，1971年8月由香港南天书业公司出版，这部精装大书的定价为二千二百港币。1971年初，爸爸写信给我，信中说："我编了一部有关地方戏曲影艺的记录书，彩色精印，有十八斤那么重，希望能留下给你。我相信十年以后你看了，一定会很满意的。"三个月后，他又在信中对我说："那部大书目前你不一定看，十年后你必须看一遍，才知道我用心力之勤之苦，这书大家都承认会传下去的。"爸爸之所以称之为"大书"，是因为这部书收录了两千多幅照片，所以用的是质地密实的铜版纸印刷。开本也大，四开的；装帧也讲究，都是精装本，封面所用材料有真皮和人造革包皮两种，书名用烫金行书，落款为浙东曹聚仁辑，下面还附有他的印章。那些年，内地焚毁了多少珍贵的文化艺术档案资料，所以爸爸做的整理研究就显得特别有价值。那个时候爸爸已经患了癌症，身心疲惫、经济拮据，但他还是咬牙坚持把这本画册做完了，耗尽了生命最后的精力和财力，自己仅拿了10本样书作为报酬。此举是为了寄托他对中国传统戏剧文化由衷的爱，表达他对中国文化瑰宝的敬意。那时给他看病的是相熟多年的老朋友韦医生，他没有足够的钱去付医药费，只能送一本书给医生作为诊费。爸爸之所以专门给我留下两本大书并特地叮嘱："雷雷，这是我为你做的一件大事。"那是因为他认为身为职业演员的女儿，更应该理解他的苦心之作，更有责任传承中国传统戏剧的精髓。

广州的《南方日报》曾刊登过粤剧名角红线女纪念周恩来总理的文章，文中说到1972年的一个夏日，她去周恩来总理家，总理正在看一本厚厚的书,见到她就说:"你来看看这本书,有意思的。"红线女写道,"原来这是香港曹聚仁编写的一本文艺集子,其中介绍了全国各地的一些优秀的电影和舞台艺术作品等,还有介绍粤剧《关汉卿》的图文"。她高兴地对总理说:"现在看到这个,真是难得极了。"她请求总理把书送给她作纪念。总理说:"不行。要把它送到历史博物馆,让大家都能看到。"根据红线女的回忆,我们家人推测,在那个时间段,这本书能够到达总理手中,很可能是爸爸托交好友、香港《大公报》社长费彝民,通过香港新华社的渠道送达总理办公室的。总理在北京中南海西花厅翻书的时刻,正是爸爸在澳门镜湖医院弥留之际,时而清醒、时而糊涂,听妈妈说,爸爸神志不清时会嚷嚷:"我要见毛主席,我有话对他讲!"如果那时爸爸知道总理对他耗尽心力最后完成的这本"大书"如此评价,该是多大的欣慰啊!

四十年来,爸爸在内地和香港出版、再版和重印的著作不下七八十种,但是这本"大书"却没有出版社敢承诺再版。中国戏剧出版社1985年出版他的文集《听涛室剧话》时,收入了这本"大书"中的文字部分,约二十万字。图文对应的画册,只出版文字部分,这种取舍是无法完整体现爸爸的编撰旨趣的。凡事总有遗憾,这就是生活的真实。

我拿到这两本"大书"时,已是爸爸的遗物。当时还在"文革"当中,因书中有大量的照片文字,记述的都是当时被批判打倒的所谓"毒草"和"反动学术权威",故也不敢拿出来让别人看见,怕引来灾祸。重读爸爸的文字:"这便是我们要保留这些图片的主因。文学艺术原是反映社会安定文化进步的上层征象。……我们从艺术观点,把过去二十年间的剧曲影艺的史迹编刊出来,该是多么有意义的工作。我个人能在这儿快炙献曝,尽一点微力,实在愉快得很。"让我更深切地感受到爸爸这样的中国传统文人的精神风貌。

四十多年过去了,那本真皮封面的大书已存放在上海鲁迅纪念馆的"曹聚仁文库"内,人造革封面的留在家里珍藏着。近年因封面材质已经老化龟裂,老伴把它包得严严实实的,轻易不让翻动。

天人永隔的再见

大概是 1971 年前后，爸爸在信里面说他的腰不好，常觉腰疼。我那时正好为了创作有关赤脚医生的剧本，住在川沙农村的赤脚医生王桂珍家里体验生活，就从她那儿找了各种土方、偏方给在香港的父亲治疗腰疼。其实，爸爸的腰疼是癌症骨转移，可他自己并不清楚真实病情，医生也不敢对病人说。

不久，爸爸住进了香港的医院，当地媒体马上就作为新闻报道了。消息传出去后，引起了各方人士的关注。香港也是世界各国记者及各类情报机构的集聚地，爸爸的身份又相当敏感，北京有关方面觉得局面难以把控，很不安全，决定让他转移到澳门，住进了澳门的镜湖医院治疗。当时是由住在香港的姑妈曹守三（爸爸的妹妹）陪着他。

1972 年 6 月，爸爸病重了，有关方面通知了姆妈，并安排姆妈第二天就飞广州，转道澳门。姆妈一到澳门，直奔医院。病中的爸爸看到姆妈"从天而降"，竟然像孩子一样哭了起来。他在病床上用块托板垫着，给我写了封信，歪歪扭扭地写着："织女从天外飞来，卧床牛郎不禁哭笑交并。"姆妈原名邓织云，所以他称姆妈为"织女"，再说他们俩的一辈子总是分多聚少，真是人间的牛郎织女啊！

姆妈去澳门后，我的心里总有不祥的预感，既焦急地等那边的消息，又怕得到坏消息。相隔约一个月，上海有关方面的联系人突然通知我和小弟景行马上赶去澳门。景行连夜从黄山茶林场赶到上海，脚上那双下地干活的球鞋，不适合穿着去澳门，匆匆去南京西路的店里买了一双皮凉鞋，这还是小弟景行长大后第一次穿上皮鞋！

那些年里，关于爸爸的事，我们只知道不能问、不能说，且严格遵守之。与我们家的联络，安排有专职联系人，北京是中调部的徐淡庐，他的公开身份是中央统战部的办公室副主任。上海是沈安娜。近年好多史料披露了，公众都知道他们的身份是中共隐蔽战线的特工人员，从事情报、统战工作，当年可是保密的，我们也不可能知道细节究竟。接到去澳门的通知时，我马上提出要去电影厂请假。那年头，凡是有海外关系的，都算不清白之身，我的海外关系还是疑似国民党间谍的亲爸爸，如果我就这么突然消失了，回来可就讲不清楚了。可是上海的专职联系人对我的请假要求断然拒绝，干脆利落地回答："你就不要操心了。"

我们出发那天，刚好没有飞广州的航班，只好坐火车过去。飞机几小时的行程，火车却得走一天一夜。一到广州火车站，已经有人等着我们，一辆挂军牌的吉普车连夜把我们送往边境。那一晚，大雨滂沱、雷电交加，车在漆黑一片的乡间野外疾驶，途中为了渡过珠江的岔流，吉普车还五次上下渡船，整整颠簸了八个小时。抵达拱北口岸已是凌晨四点，我们在附近的招待所稍稍休息，等天亮后过关去澳门。

第二天上午过拱北关口后，见到来接我们的人已佩黑纱，不祥的黑纱告诉我们：父亲已经过世了！我心里直怨恨命运的无情，如果我们坐飞机到广州的话，可能就赶得上见爸爸最后一面了！

我们被直接送去殡仪馆，与爸爸的遗体告别。我们姐弟的突然到达，让姆妈感到十分意外，也许整个过程的不确定因素太多了吧，国内这边的有些安排，事先也没来得及告知在澳门的亲人。不过，我感到在此悲恸时刻，家人总算能聚在一起共同面对，也可以彼此依靠，互相分担这份残酷沉重的打击。我被告知要马上准备一份公祭仪式上由我代表家属致的答词，写完了还要先传到北京，据说要让有关领导过目。公祭仪式后，答谢词的原稿就被收走了，我也没留底稿。

香港和澳门的报界人士组织了治丧委员会，因为爸爸是海内外资深的著名记者，主持公祭仪式的是香港《大公报》社社长费彝民先生。香港那边过来不少人参加在澳门举办的公祭仪式，他们大多是爸爸的报界同仁及文化界的知交。在澳门的所有安排，都是由澳门的南光公司（大陆驻澳门的一个贸易机构）操办的。

爸爸在香港的遗物，是由守三姑妈去整理的。爸爸在香港租住的房子，是在一幢四层公寓楼的顶层平台上加盖的两间小屋。爸爸的租房选择，一是住在楼顶比较清静，适合爸爸的写作生活，二是租金也比较便宜。不幸的是，那年夏天，恰遇特大台风，大风大雨，没人照看的房间漏得一塌糊涂，爸爸留下的很多手稿都泡在雨水里损毁了。爸爸在澳门也租了一间屋子，存放着他病中带过去的一大箱书和手稿。

葬礼结束后，父亲的遗稿遗物全部由南光公司打包运往北京，由国家有关部门接手了。我们很理解，香港、澳门都是国际上各方势力关注的地方，各种背景的情报机构比比皆是，爸爸的一张纸片也许就会成为他们的猎物。一年多后，有关部门通知家里去京领爸爸的遗物。我去京收到的爸爸遗物，是一个藤筐，长约六十厘米，宽约三十厘米，高约五十厘米，上面有线织网兜，可以收口扎起来。这只原先用来装书的藤筐，从抗战时期就陪伴着爸爸，经过多少年，走了无数里路，原色已经难辨。里面都是他留下的书和遗稿。

澳门的公祭仪式后，爸爸的遗体被送到拱北火化。因为周总理对爸爸的后事安排有明确指示："叶落归根。"我们从澳门回到拱北口岸后，去殡仪馆领了爸爸的骨灰，一家人捧着爸爸的骨灰，回到上海。抵沪后，爸爸的骨灰暂时存放在龙华殡仪馆的骨灰寄存处，当时还在"文革"当中，上海的各处墓园都在"扫四旧"中遭到破坏，无处落葬。后来我的叔叔在南京燕子矶找了块墓地，让爸爸的骨灰入土为安。改革开放以后，得知上海福寿园开始兴建的信息，不少文化名人都葬在了那里，我们就跟上海市统战部打报告，希望能在福寿园给爸爸建个墓地。这事很快就批了，由有关机构出资给爸爸在福寿园里建了墓地，而且做的是双穴。1991年姆妈去世后，姆妈的骨灰和爸爸葬在了一起。后来，我和小弟景行又去了河北沽源县，把1970年因公殉职葬在那里的我大弟景仲的遗骨起出来，在当地火化后带回来，安葬在爸爸姆妈的旁边。我们一家人，生前总是天各一方，让离去的家人在另一个世界团聚，不仅了了我和小弟景行的心愿，一定也是爸爸、姆妈和大弟都希望的。

四、一生相依的姆妈

我的外公邓志强，祖籍是广东中山，因为太外公邓鸣谦是盐商，为了生意迁到曾经的商埠扬州定居。外婆冯毓瑛祖上是浙江湖州人，由于父辈到江苏苏州做官，就全家在苏州定居。扬州的商贾之子与苏州的官府小姐联姻，也算门当户对的姻缘。识文断字还学过些英文的外公进了上海的怡和洋行做了一辈子，虽说只是薪资微薄的打字员，在那个年代也算是谋得了一份体面的差事。外公外婆就此在上海的租界里落户定居，先后有了三个孩子，我的姆妈是老大，还有一个阿姨、一个舅舅。

务本女中的师生态

在上海弄堂里长大的姆妈，虽没有锦衣玉食的日子，但当时的上海，已开女孩上学的风气之先。姆妈的学生时代正是抗战前被称之"民国黄金时期"的那一时期，她就读的务本女中，原本是清末中国人自己创办的第一所女子学校务本女塾，立校宗旨就是提倡妇女解放。姆妈偏爱文学，尤其爱读苏联小说，向往独立新女性的生活，这应该是当时受过相当教育的上海女学生的风尚吧。毕业后能在上海自谋职业，做个教师、职员等工作，在当时应该说也不难，不仅可以自食其力，还能糊口养家。但是，充满理想主义的姆妈，在上高中时，遇到了一位博学且思想开放的国文老师——我的爸爸，由此改变了她上海闺秀的安逸人生，跟着爸爸，让她的一生过得虽平淡，但充满坎坷艰辛。

知道爸爸姆妈的青春往事，已是我成年后的事了。20世纪60年代，我拍了《金沙江畔》《年青的一代》两部电影后，有一定的知名度，经常会收到寄至上海戏剧学院的观众来信。有一天，突然收到一封奇怪的来信，信的内容是问候并打听我母亲的情况，可信中母亲的名字却不对。满是疑惑的我，拿着信回家问姆妈，才知道爸爸有个前妻，信是前妻多年失联的儿时旧友找过来的。

听姆妈说，1934年秋，务本女中开学时，高三班里来了一位学校新聘的国文老师，同学们都很兴奋与期待，因为新的国文老师曹聚仁的大名她们早已熟悉，常在报纸上读到他发表的文章，观点鲜明地批判旧事物、倡导新思想，还积极主张抗日救国，在青年学生中有相当影响。如今能近在咫尺地站在讲台上、面对面地论古谈今，一众女学生们对偶像的敬佩乃至崇拜是自然而然的。也许因为姆妈酷爱苏俄文学，成了吸引爸爸的触点，是他们深入交往的媒介，反正姆妈在毕业季收到了曹先生的临别赠礼——陀思妥耶夫斯基的代表作《罪与罚》。

与清纯透彻的姆妈不同，那时的爸爸已处在婚姻危机中。爸爸这一代人，第一次婚姻大多是旧式家庭包办的，鲁迅、郭沫若都难以幸免。爸爸却是幸运的，他的第一次婚姻虽然也是按照乡规乡俗操办的，但是结婚对象王春翠并不陌生，他们是远亲，同在蒋畈长大，婚后同到上海，还有了一个女儿曹雯。1932年，在日军的一·二八轰炸中，他们的租住地、上海远郊真如杨家桥西一带被炸，王春翠便带着女儿曹雯回了浙江老家。回到老家的王春翠竟然对经商有了兴趣，跟着我的大伯做起了木材生意。她要爸爸回乡与她一起做生意，这让爸爸难以接受，有了嫌隙。在此期间，六岁的女儿曹雯又不幸染病夭折，两人之间唯一的生命维系就这么断了。1936年的上半年，他们协议分手。爸爸把老家属于自己名下的田地房屋全部转归王春翠，历年积蓄的稿费给她一半，并应允以后每月负担她生活费若干。[1]

---

[1] 在与王春翠协议分手期间，曹聚仁不止一次给邓珂云去信谈及有关细节：

（转下页）

那时我爷爷已经故世了，我祖母对儿子、媳妇的分手，态度也相当开明，她对王春翠说，"如果遇到中意的人，你就再嫁；如果愿意留在曹家，我也会把你当女儿看待"。王春翠之后没有再婚，曹家把大伯的一个儿子过继给她，照顾她的生活、给她养老送终。爸爸始终遵守承诺，关照着王春翠的生活。20世纪60年代三年自然灾害时期，爸爸从香港给她寄各种紧缺食品。1958年秋天，因有关部门安排姆妈去香港与爸爸小聚，我叔叔曹艺就把住在我家的婆婆接去南京同住，又把王春翠从老家接到南京，照顾陪伴婆婆。爸爸还写信给朋友、时任浙江省省长的周建人（鲁迅先生之弟），请求帮助解决王春翠的粮油票证等问题。

1960年，姆妈去南京看望婆婆，在叔叔家见到王春翠，以"大姐"相称，这次意外见面是她俩唯一的交集。婆婆晚年在叔叔家的日常起居由王春翠照顾，直至1965年婆婆仙逝。

爸爸去世后，香港寄来的稿费，母亲依然按例分给王春翠。有的文章写王春翠曾到上海，住南市表妹家，一早赶到溧阳路我家弄堂口，悄立一旁，默默地看着我们姐弟上学。我从来不知道此事，也从未见过王春翠。

（接上页）

"你不要傻想，你以为你和王还可以保全相当的友谊的，绝对不会容许有这样的事实。我是以最大的决心来和你结合的，我四年不回家乡去了，今后大致也不会回去了。所有家中的财产，我都准备送给王，还决定每月给她五十块钱。王对你，也可说把'我'送给你，你不可再去惹她，在她□是一注最大的礼物。她对我所提的条件是'爱云或爱我，不能两全'，我对她说我爱云，她就决定走开了。阿云，你不可于事外再去惹些麻烦来。"

"此次到杭州，王的弟弟和我的长嫂，他们都准备替王来调解的，他们有了伏兵。不过我自己和王直接办交付，并未如他们的心愿。不过事实上我要损失二三千元现钱，除了按月五十元以外，有两笔钱，她一定要分，估计二三千元之数。管它呢，分了就分了。王现在只要经济独立，她和你所想的大不相同。"

"我这回到杭州去，明明白白损失了二千多元；此外每月除担负五十元以外，还把上海一部分的钱分给了她，每月她可得近百元的钱。阿云，你知道王的野心吗？她要很快积起钱来，她知道我是最不善于理财的，有一天，真的穷了，会让她一个霸占了去。她不知道你也是爱刻苦的，她以为她可用理财的手腕来战胜我。阿云，我们站在一起，即□穷了。我们也穷苦下，我们不要闹气。……"

（上海鲁迅纪念馆"曹聚仁文库"曹聚仁 03-01-014）

26

在我看来，上一辈人之间的感情，真不是什么你死我活的爱恨情仇，他们始终是相濡以沫的家人、亲人。

1956年5月，爸爸从香港给我寄来一帧旧照片，那是学生时代、梳着两条大辫子的姆妈在杭州西湖边的照片。照片背面写着字，称我为"曹雷小妹妹"，旁边写有"寄上你的姐姐，一哂"。那是他拿姆妈的旧照跟我开玩笑呢。1935年姆妈高中毕业，作为家中长女，她知道家里经济不宽裕，如果提出继续上大学，就是给在洋行做小职员的我的外公出难题了，所以她知趣地去了杭州舅舅家。舅公无儿无女，且住在浙江省图书馆附近，姆妈一面阅读自修，一面去教会组织"青年会"学英语。爸爸除了以指导读书为由与姆妈通信外，还两次去杭州找姆妈，把自己的婚变情况悉数告知她。情幻的西子湖畔，师生关系转化为恋爱关系。关于那段美好时光，爸爸一生多次忆及，并留下了不少诗句，尤其是独自在香港生活的日子，他常会在旧照片后面题诗寄托思念，有诗如下：

> 一日思君十二时，西溪烟雨梦如丝。
>
> 湖边好事从头说，弥天星月两心知。

又如：

> 万语千言总不完，蘸将浓墨写平安。
>
> 阑干寂寞倚长夜，湖上云飘梦里看。
>
> ——湖上小诗

1936年夏天，我外婆病了，姆妈回沪照料外婆。那年10月，鲁迅逝世，姆妈随爸爸去万国殡仪馆吊唁送葬，这是他们确认关系并公之于众之始吧。之后姆妈又写了《大众的殡葬》一文，记录了那一场葬礼，还与爸爸一起编辑出版了《鲁迅手册》等书。

爸爸与鲁迅兄弟的交往始自20世纪30年代,当年周作人曾委托爸爸在上海联系出版李大钊的遗作《守常文集》。爸爸去港后,周作人让爸爸在香港帮他出书,把稿费买成食品寄到北京周家,爸爸的遗物里还有相关的费用明细清单等。爸爸去世后,香港南天书业公司出版了《周曹通信集》,即爸爸与周作人的书信集。

战地女记者

1937年11月,国民党军队奉命撤退时,已是战地记者的爸爸决定随军离沪。他去了我外公家,神色凝重地作别。那时,爸爸写下了诗句:

海水悠悠难化酒,书生有笔曰如刀;

战场碧血成虹影,生命由来付笑嘲!

爸爸随军离沪后,一直与姆妈信件、电报联系。1938年,爸爸随军撤到了武汉,彼时的姆妈,困在家里无所事事,她不愿苟活在租界弄堂的小天地里,姆妈认为:"国家存亡未卜,个人生命尚置之度外,更勿论有无幸福的生活。"她毅然选择了没有婚礼、没有蜜月的新生活,以一名战地女记者的身份与爸爸携手奔赴抗战前线。

姆妈的选择,是那个时代的新女性的选择,使她有了一生中作为新女性而言最有价值的时光。她和爸爸共同走过了黄河沿线的兰考、开封、郑州、孟津等地,采访沿途前线的国军将领。他们还采访了台儿庄大战,有幸与著名记者范长江、陆诒等受到李宗仁的接见,有外国记者还为姆妈与李宗仁合影,因为一线的战地记者中鲜有女性。

在居无定所的前线奔波中,姆妈染上伤寒症,高烧不退,困在洛阳的旅舍中。幸亏遇到九十一军军长郜子举出手相援,送至野战医院救治,才免于一死。关于这段经历,姆妈曾写过《周公庙之夏》一文,刊发在上海的《社会日报》上,因为姆妈所住的野战医院,就安置在当地的周公庙中。大病痊愈后，姆妈又跟着爸爸去了浙江丽水、龙泉等地采访，然后进入福建浦城、南平等地，遂到了江西的黎川、南城等地。并在江西守军上官云相部队，采访上官云相和东北军将领刘多荃等。

行走在战区，骑马是经常且必须的。听姆妈说，那些军马特别机灵，你穿军装，它会听你话，你要是穿便服，它就尥蹶子，不让你挨身。遇到难走的崎岖山路，它很小心，到了一马平川开阔平坦的地方，它就撒开了跑，勒都勒不住。1939年末，已经怀着我的姆妈，两次在李家渡河滩从战马上摔落。有过一次失去爱女经历的爸爸顿时很紧张，决定找个稍安全的地方让姆妈安顿下来待产。

当时爸爸姆妈正在江西那一带战区采访。那时候，蒋经国刚从苏联回国，正在赣州搞一个试验区，称之"新赣南"特区，推行他从苏联学习接受的政治理念。爸爸觉得，这个特区政治上有一种开明的新气象，又离他采访的战区不远，便于他常回家照顾，所以就选择在赣州安顿下来。就这样，姆妈向往热爱的战地记者生涯无奈地结束了。就这样，赣州成了我的出生地。记得初中毕业时，爸爸在给我的一封信中写着："你是我们最疼爱的孩子，有了你，我们才有了希望；你的姆妈，就是为了你，才放下她的笔、她的工作、她的战地工作的。"一位难能可贵的新女性的理想抱负，就这样被一个不可拒绝的新生命的到来改变了。

为人妻为人母的艰难

告别惊心动魄的战地生活的姆妈，转身做起了贤德治家的主妇。在那兵荒马乱、缺吃少穿的日子里，她依然把生活过得有滋有味。我身上穿的衣服，都是她买了当地的土布亲手缝制的，然后在衣服上做些贴布绣，就是用不同颜色的布剪成花样图案，然后围着图案一针一针地锁缝到衣服上。我从幼稚园回家时，会有当地的阿姨妈妈跟在我后面，一直跟我回家找到姆妈，把我衣服上面的贴布花样给画下来、带回去、学着做。赣州那地方，比较封闭，生活方式也相对比较粗粝，姆妈是上海女学生，与生俱来的那份精细、洋气，在当地人眼中自然与众不同。至今我还留存着两件襁褓里的"小毛头衣裳"，都是当年姆妈为我亲手缝制的。我三岁那年，家中又添了妹妹曹霆。

作为家庭主妇的姆妈，一生有过几段相当艰难的时光。第一次是抗战胜利的那个夏天，在江西乐平躲避战乱的我们一家突遭不幸。当地流行霍乱，三岁的妹妹霆霆和尚在襁褓中的弟弟平平都染上了，妹妹因此夭亡，接着我又出麻疹。那时爸爸正在忙于日本受降过程的采访，之后又因患上恶性疟疾，病倒在上海的我外婆家。姆妈不忍将此噩耗告诉爸爸，独自承受着失女之痛。直至那年年底，爸爸从上饶的一位朋友处知道家里发生变故后，才赶回江西乐平的家。数月来，忍受着煎熬的姆妈无言以对，两人相向而泣。

姆妈遇到的第二个坎是1950年夏，爸爸离家去港后。1949年，上海解放前夕，爸爸就职的《前线日报》迁往台湾，爸爸不愿随迁，就只能离职。他担任教职的学校也相继停课关门，爸爸失业了，一年多没有任何收入。姆妈娘家也有变化，交大毕业、学工程设计的舅舅（姆妈的弟弟），因供职的工程公司在台湾接了建设项目，已经在台湾工作了。阿姨（姆妈的妹妹）则跟着姨夫的公司也迁去了台湾。年迈的外公外婆只能靠姆妈来照顾了。1946年，我家从江西乐平回上海后，爸爸把在浙江老家守寡多年的我的祖母和一个侄子接来同住。第二年，姆妈又生了小弟弟景行。一大家子，上有三老，下有四小，都等着爸爸挣钱呢！一筹莫展之际，香港的朋友介绍爸爸去港教书。为了养活一家人，爸爸别无选择。好不容易团聚的一家子，又得天各一方。

爸爸一别就是六年，姆妈又一次独自撑起这个家的艰难日子。爸爸到了香港，因为不会广东话，也不会英语，未能得到预期的教职，一时没有固定收入。好在爸爸有抗战时期著名战地记者的名声在外，很快就跟海外的报界建立了联系，开始卖文为生。

那一阶段，爸爸没有稳定的收入。为了养家，姆妈也参加了上海的知识分子失业登记，那时有文化的人还是紧缺的，有关部门安排姆妈去做教师，但因为要照顾家中的老人、孩子，这种朝九晚五的坐班制工作，姆妈干不了。最后她只好选择在家踩缝纫机帮人绣枕花、缝制内衣内裤的活儿，一天干六个小时，可以勉强维持家用。家里有台旧的美国胜家牌缝纫机，本是姆妈为家人缝制衣服的，现在成了生产工具。爸爸从香港寄来的书报广告页上，常有可爱的外国小孩模特照片，姆妈照样描摹在碎布上，做成贴布绣，很受有孩子的人家喜欢。姆妈机绣的那些小人头贴布绣，我至今还珍藏着几个作为纪念。我的脑海里一直留有那时家中的一个场景画面：姆妈左手揽着横跨在她左腿上坐着的小弟弟景行，右手扶着缝纫机台板上的布料，右脚踩着缝纫机踏板，针头"哒哒哒"地飞快上下跳动着……大弟弟景仲那时五六岁，正是俗话"狗都嫌"的调皮年纪，与弄堂里孩子打架是常事，打赢了，邻居上门告状，姆妈得道歉；打输了，姆妈也得收拾残局。我能帮到弟弟的就是在一边吼上几嗓子，帮姆妈看住他。

经济窘迫的压力已经让姆妈很为难了，偏偏还有邻居揭发我家与蒋经国有关系。1953年，里弄里有过什么整顿运动，姆妈被列为重点整顿对象，折腾了一阵子，好在最后的结论是"免于处理"。

1969年12月，也许爸爸觉得我成年了，希望长女能理解他，他在给我的信中写道："十九年前，我应不应该到海外来闯天下呢？在当时，你妈真有千个万个不情愿，但，这一家的担子谁来挑呢？我不能说一句空口漂亮话，说大家一齐挨苦就是了。我咬下牙关，决定到海外来做事，找钱养家……别人以为我到了海外，一定会远走高飞了。我一心向往北京，而且慢慢走上为祖国效力的路子，和别人的想法绝不相同。我的文章，在海外造成了权威地位，这便是我生存下来的条件。社会革命，乃是我们年轻时的理想，我为祖国效命，也就是实现自己的理想。"

"……决想不到把你妈拖到这么艰苦的旅途中来了。……我这个爸爸总算替你们找了一个最贤能的姆妈了！我欠你妈的债很重很重，此生还不了……十九年来，我的孤独寂寞生活，只有窗外月知道。我要是不会写文章的话，我早成疯子了。"

1966年"文革"开始，又是姆妈很艰难的日子。家里被抄家了，姆妈还要煞费苦心地对爸爸隐瞒家里发生的不幸。一是不想传到海外给国家带来负面影响，更是担心爸爸情绪受影响。1970年初，清华大学冶金系毕业的大弟曹景仲，在河北沽源不幸因战备生产中的意外事故因公殉职、遇难牺牲。肝胆俱裂的姆妈不知如何把这悲剧告诉爸爸，担心他难以承受老年丧子的残酷打击。姆妈与我及小弟景行，寒冬腊月赶去北方料理完大弟后事，姆妈随小弟景行去了他下乡的黄山茶林场小住，换个环境以疗心伤。后来姆妈写信给爸爸的朋友、《大公报》的费彝民先生，委托他婉转面告父亲。姆妈在黄山茶林场收到爸爸的来信后，独自跑到空旷的田间，对天对地、撕心裂肺地痛哭了一场。那年国庆节后，北京有关部门很贴心地安排姆妈出境探望爸爸，两人一起在澳门度过了半年时间。这是自爸爸去香港后的二十年间，他们相聚最长的一段日子。那次，姆妈带着七十九岁的外婆一起南下，离别二十二年的舅舅从美国飞到香港，母子、姐弟有了一次难得的团聚。

没想到，爸爸姆妈的这次短暂重逢仅过了两年，就是阴阳永隔的诀别了。1972年6月，身患绝症的爸爸在澳门医院，突然看到姆妈走进病房，竟意外地像孩子般大哭起来。他不知道北京有关部门得知他的病况，安排了姆妈飞过去陪伴他。姆妈在病房中守着爸爸，度过了他们的最后一个月团聚的日子。三十四年的婚姻，因战争、政治的影响，两人难以长相厮守，姆妈始终理解、尊重爸爸的想法，始终坚韧宽容地忍受生活的磨难。她对现实生活没有任何索求，没有不满抱怨，只是默默地为社会、为丈夫、为子女不断地付出、付出……

灵魂伴侣

爸爸离家去港的二十二年间，姆妈也有过短暂的几年好日子，那是五十年代后期。1956年夏天，爸爸到了北京，有关部门通知姆妈去团聚，姆妈带着小弟景行一起赴京。毛主席、周总理、陈老总都接见了爸爸。毛主席称爸爸为"鲁仲连",鲁仲连是战国时代的齐国人,周游列国排难解纷。周总理还在颐和园设筵宴请爸爸,并在那次会面中首次提出"国共可以第三次合作"的主张。陈毅副总理几次到新侨饭店看望爸爸。同年国庆节前,爸爸又到了北京,姆妈也一起受邀参加了天安门的国庆观礼。

1957年,姆妈到北京跟爸爸团聚后,中共中央调查部的徐淡庐主任陪他们到各地参观。行程中安排了蒋介石的老家奉化溪口,看了蒋氏故居和蒋前妻毛夫人的墓地,还去庐山游览了一段,庐山有一处建筑仍以宋美龄名字命名"美庐"。他们拍了很多照片,爸爸回港后把照片转送给了蒋介石,据说这是老蒋要求我爸爸拍的。看到照片上熟悉的旧屋旧物依旧,他们应该很高兴。1958年冬天,有关部门安排姆妈去香港、澳门与爸爸小聚。1959年秋天,爸爸又到了北京,姆妈随他一起去了长春、沈阳、哈尔滨等六个东北城市参观访问。那两年,姆妈又重新提笔作文了,她写的《庐山七日》《京居拾零》等,都在海外杂志上发表了⋯⋯那以后,因国内政治局势陡变,爸爸也没有了再回来的机会。

进入晚年,姆妈的生活重心都放在了整理爸爸的遗稿上,我和小弟景行工作之余会帮着一起整理。那时爸爸的身份还扑朔迷离,作品也存疑,出版社并不完全能接受。我还在陪姆妈去美国探亲之际,到斯坦福大学图书馆等地,搜集那里存留的爸爸曾发表的文章和在海外出版的著作。80年代以后,国内好几家出版社先后出版和影印了爸爸的著作《我与我的世界》《万里行记》《听涛室剧话》《中国学术思想史随笔》《书林新话》《文思》《笔端》《国学概论》《中国抗战画史》《曹聚仁杂文集》《论杜诗及其他》等十余种。爸爸此生写下了文字达四千余万,字里行间有着他与姆妈的共同理想。

1978年,姆妈被上海市政府聘为"文革"后的首批上海市文史研究馆馆员,政治待遇改善,经济生活有了保障。1987年姆妈飞去美国的舅舅家小住,离别三十九年的阿姨、姨夫从台湾飞去美国相聚,这是姆妈娘家同胞手足从一九四九年离别后的唯一一次共聚。

姆妈晚年独自生活也感寂寞。我有了自己的小家庭,大弟景仲已殉职不在了,小弟景行又在外地工作,每次我打电话回家,姆妈就手握听筒不放,希望多聊一会儿。20世纪80年代,正是大量引进外国影视剧的时候,我一天到晚都是在不同的录音棚里进进出出,为译制片配音,没有正常的休息日。每逢要去南京西路的上海电视台录音棚工作,我就挤点时间去电视台隔壁的东莱大楼家里,陪姆妈说说话。

生命的最后几年,姆妈因患乳腺癌做了手术,之后癌症又转移至肺部。1991年6月,姆妈在瑞金医院做化疗期间,我正在波特曼酒店的小剧场排演话剧《护照》,突然接到医院的病危通知,可是我没法脱身,没法日夜守候在姆妈的病床前,内心很是煎熬。记得那天晚上排完戏,我赶去医院,帮姆妈擦了身,喂她喝了半碗糯米绿豆汤。弟弟景行那时在香港的《亚洲周刊》任职,接病危通知后从香港飞回,赶到姆妈的病床前,一家人在医院病房里难得地短聚了一下。那一刻,姆妈还能与我们交谈,不料那晚睡下后,姆妈竟再也没有醒来……

2010年,我也荣幸地被聘为上海市文史研究馆馆员。继姆妈之后,一家两代人成为市文史馆馆员,确实是不多的。我想,这是由于我们这个家庭的特殊性吧。相较一般家庭,我们这个家庭的命运,与国家的命运似乎联系更密切、更息息相关。爸爸除了一生留下四千余万字的作品、有相当的社会影响外,居然还参与促成国共两党的第三次和谈,这是必然会载入中国当代史的历史事件。我是在新中国成长的,因为选择了演员职业,与其他职业相比,这是一个会产生社会影响的职业。弟弟景行子承父业,在新闻界做得很有影响。一家人都成了公众人物,也得到了社会的厚爱。

五、抗战烽火中的生与长

我是1940年出生的,正是抗日战争时期。爸爸姆妈当时都是战地记者,他们的生活就是跟着战事跑、跟着枪声跑。姆妈因为怀上我了,只得告别战地记者生涯,找个安稳地方待产。当时他们正在江西一带的战区,所以选择了赣州。

与蒋经国结缘

那时的赣州,是刚从苏联回来的蒋经国实现理想的试验田,他正有搞一份新赣南特区报纸的计划,想把这个既不同于国统区,也不同于延安的探索性的新特区,通过报纸来扩大影响。也许是爸爸在新闻界已经小有名气,蒋经国听说爸爸姆妈到了赣州,就想请爸爸在新闻宣传方面助他一臂之力。就在姆妈生下我不久,蒋经国即与那位俄罗斯籍夫人到我家里,他让勤务兵挑来了一担鸡蛋之类当时紧俏的坐月子需要的副食品,称呼爸爸"曹老师"。爸爸对"太子"的突然造访虽觉意外,但是见他礼贤下士态度诚恳,也就敞开心扉来接待初次见面的蒋经国,这次见面的结果就是接受了蒋经国的邀请,答应主持当地的《正气日报》社务,任主编。爸爸说过,他不想主持工作,怕麻烦,他的个人兴趣还是跑战场、做战地记者、写报道。后来因为国民党内部的派系斗争,有人想插手报社业务,觊觎这个位置,爸爸就退出了,还是去干他的战地记者了。爸爸很少在家,出去跑一段时间后,回到家里就要赶着写稿子、改稿子,尽快地往各方面发前线的消息。除了国内报纸,他与海外报纸的各方面联系也很多。

就是因为我要出生、把家落脚在赣州,才有了爸爸与蒋经国的个人交往，并影响到他晚年的人生选择。所以姆妈在晚年多次跟我说，"你啊你啊，都是为了生下你，改变了我跟你爸爸的一生"。后来我们家发生的很多事情，都跟我的出生有关，人的命运往往会遇上这样的偶然和必然。

轰炸声中的成长记忆

在赣州的时候，我们租住在当地一户大户人家的两间偏屋中。这户人家的房子一进又一进的，院子很大。战乱当中，流落到这儿来的外乡人很多，他家就把院落外围的偏房拿出来出租。我们家租住了其中的两小间，对面还有一家，也是从外地来这落脚的，姓陈，这家也有一个女孩子，比我大两岁，我跟她特别好，一天到晚黏着陈姐姐。

1944年秋的开学季，陈姐姐要上小学了，是蒋经国夫人在江西赣州办的民粹小学，我又吵又闹，死活要跟着陈姐姐去上学。到赣州住下来后，姆妈又生了妹妹曹霆，有些顾不过来。闹得没办法了，爸爸就把我带去学校，跟老师商量，老师同意让我试读，还说：念得下去就念，念不下去就回家。我就这么念下去了，所以我四岁就上小学了。有一次体育课参加什么比赛，我还得了个"中华健儿"的奖旗，现在都保留着。在那个小学上了有半年吧，1944年冬，日本鬼子打过来了，全城的人家都紧急疏散、准备逃难，我就辍学了。

回忆在赣州的小时候，总有一个永远难忘的记忆，就是有一把调羹戳到我脸上的感觉。长大后，这个记忆始终相随，难以抹去，常感到困惑。一次，我把这个感觉告诉了姆妈，她先是很惊讶，然后解释了我这记忆的来由。那个时候，日本飞机天天来轰炸，还常常是吃晚饭的时候，警报一响，姆妈就得抱起霆霆拖上我，端起饭碗往防空洞里钻。所谓防空洞，就是公园里边的一个类似假山的土堆，为了躲避日本飞机的轰炸，就把里边掏空了，让周围的老百姓藏身。洞里没有灯，也没有凳子，靠墙一溜用泥垒起了土墩，可以坐人。姆妈就把我放在那个土墩上面，继续喂饭，洞里一片漆黑，她也不知道我的嘴巴在哪里，所以调羹戳到我脸上就是经常的事了。

儿时关于日本飞机的轰炸，我还有一个非常深刻的印象：我家租住的那户人家，在赣州的灶儿巷，房后那条街叫"爆竹街"，是专门卖鞭炮烟火的。这条街上还有卖毛竹的，江西的山区盛产竹子，毛竹在当时是很重要的生产、生活资料，竹子可以做建筑材料，还可以做竹椅、竹席等家居用品。有一天半夜，日机来轰炸，虽说万幸，日本人的炸弹没有落在我们住的那个大院里，但炸在了爆竹街上，一整夜的鞭炮声震耳欲聋。还有那些毛竹，一节节的竹节里边是空的，一轰炸、空气温度升高，受热的竹子就会膨胀爆开来，那声音比鞭炮还要响，怪不得管人工制造的烟火叫爆竹呢！那一晚上，后街上的人家，有的中弹受伤了，有的直接炸死了，好多店铺葬身火海了，都在大哭小喊的，剧烈的爆炸声夹杂凄厉的嚎哭声，整整一夜，非常恐怖。那种声音，一辈子听过一次就永远也忘不了。我家租住的房子，后墙原本都是灰砖砌的，天亮以后，再看到那堵后墙，全让燃烧了一夜的烟火给熏黑了。

前些年，江西电视台找我去录制白居易的长诗《长恨歌》，他们安排我在实景中朗诵，要到赣州那一带去拍外景。我说起小时候出生在赣州，住在灶儿巷，江西台的同志告诉我说，灶儿巷是赣州很有名的老街，现在还保留着，并带我去走了走，依稀认出那幢老宅还在。

抗战的最后一个冬天，1944年底，赣州市天天晚上有日机轰炸的警报，飞机也飞得越来越低，就在头顶上似的。日本人逼近江西了，赣州待不下去了，家家都在准备逃难。爸爸因为工作在身，不能与家人一起撤退。姆妈当时怀着身孕，她牵着我、抱着妹妹，还有之前从浙江老家逃到赣州的我的姑妈以及她的两个孩子，跟着爸爸报社里的同事家属一起，挤上了一辆有篷的大卡车。

记得我们这些妇女孩子挤在这辆篷车上，说是一路向北，逃往赣北山区。我现在还模模糊糊记得逃难路上的一些事。记得有一天晚上，听说前面一辆车被土匪抢了，司机不敢继续赶路，就在附近找一家民居借住一晚。

当地老乡看到姆妈是孕妇，与姑妈两个女人带着四个孩子，就说不要打地铺了，腾出一张大床让给我们睡。六个人挤不下咋办？又给了我们两条板凳，搁在床边上，一家子头朝里、脚搁在板凳上，横着睡下了。难得的横睡经历让我至今不忘。

我们的篷车行走在山路上，一路颠簸十分艰苦，尤其是抱在手上的妹妹，一路哭个不停。出门时，姆妈是带了个热水瓶的，给妹妹准备了一些热水，结果车上有人指责我们，说是人都挤不下了，还要带热水瓶，万一热水烫着人怎么办！姆妈不擅与人争吵，只好把水都倒了。半路上妹妹因为干渴哭得不行，幸亏卡车路过南丰城，那里的橘子是有名的，古时候是每年要上贡给皇帝的，故称"贡橘"。司机就把车子停在路边，让大家去买橘子。妈妈一生多次说起，是南丰贡橘救了妹妹，也解决了大家逃难路上的口渴。这辈子，只要看到水果摊上有卖南丰贡橘的，就会联想到霆霆和抗战逃难中的那段经历。

不乐、不平在乐平

我们从赣南一路逃到赣东北的乐平，爸爸在乐平城郊给我们找了一个住处。乐平城外有条江，叫清水江，江边有座原美国美孚石油公司的仓库，偌大的仓库在一个院子里，旁边有两间小房子，原来是石油公司的员工住的，打仗了，油库废了，石油公司的人也跑了，只留着当地一家姓陈的老乡看仓库，我们就在油库边的两间小空屋里住下了。

住在乐平城外、清水江边的不到一年间，远离战火，好似世外桃源。姆妈在乐平生下了弟弟景仲，小名就叫平平。不到五岁的我，对那个农家小院的生活还有些记忆。记得爸爸有时会回到家里，在外面一间屋子里点个小油灯，趴在桌上赶写新闻稿，姆妈则带着我和妹妹在里面一间早早睡下。还记得姆妈在院子里养了几只鸡，每天我都候着，只要听见老母鸡咯咯咯咯叫，我就要挽着小妹妹的手，一起去鸡窝捡鸡蛋，那时妹妹刚学会走路，捡鸡蛋这活儿，成了我们姐妹每日最开心的事。后来凡看到别人家杀鸡吃，我就大哭，觉得太惨了，怎么能把每天给我们生蛋的鸡杀掉呢！这情结影响了我的一生，这辈子我就真的从不吃鸡肉，只吃鸡蛋。

我们在乐平等到了抗战胜利。在举国欢腾的日子里，我们家却没逃脱另一场厄运。当地流行虎烈拉，也就是霍乱，妹妹、弟弟都不幸染上了。才四个月大的弟弟侥幸活了下来，两岁多的妹妹挺了一周后不幸夭折了。在妹妹奄奄一息的时刻，有老乡按照当地的习俗半夜里出去给妹妹叫魂，只听到外边有节奏的敲梆子声，还有喊叫声："妹子哎，回来哟！妈妈等你吃饭咯……"一遍又一遍！房间里，我和姆妈守着即将离去的妹妹，抽泣声声。五岁的我，虽然对死亡的意义还不太懂，但是那么凄厉瘆人的夜半之声，则是永远不会忘记的。

幼年夭折的妹妹叫曹霆，在家里叫她霆霆。我们这一辈，男的是景字辈，所以我大弟弟叫景仲、小弟弟叫景行。女孩子不用这个排行，都是用有雨字头的单名。我出生时，爸爸说，那就起个"雷"吧，后来有了妹妹就叫"霆"，我们姐妹俩就是"雷霆组合"了。

妹妹的夭折，如同罩在家里的阴影，爸爸产生了搬家的念头。爸爸的一个朋友，是中国银行的职员，就在乐平县城里，他们银行的职员宿舍正好有空，我们家就搬到那儿待了小半年。真是不消停，我在那儿又出麻疹了。记得银行里有位炊事员大叔，特别照顾我，他认为出痧子一定要忌嘴，不能吃荤的，就专门为我做炒萝卜丝之类素菜，炒得很好吃，以致我一辈子都喜欢吃蔬菜。那时的姆妈，还很难从妹妹离世的阴影中走出来，以致心力交瘁，一滴奶水也没有了。只好抱着大弟弟站在街上，看见有抱着婴儿的妇女走过就上前哀求说："大嫂子，给口奶吧！"后来她说过，当时压力很大，爸爸不在身边，已经失掉了一个女儿，再要丢掉一个儿子，怎么交代？后来幸亏有朋友从当地部队里搞了点奶粉，加上米糊什么的，紧紧巴巴地喂养弟弟。

战争终于结束了，可爸爸要去采访日军投降仪式和审判战犯的新闻，无法来接我们,是姆妈带着弟弟和我离开乐平回上海的。我们搭上了当地农民划的一条小木船,那个船是给日本战俘运萝卜的,我们叫它"萝卜船"。船舱里装满了萝卜,上面铺着木板,我们吃、睡都在铺板上,有个小篷可遮风避雨。我们在船上每天吃萝卜,要么煮萝卜块,要么炒萝卜丝,就这样,从清水江到鄱阳湖,再到长江,从乐平到九江、芜湖,每天走一点点,在船上摇晃了好多天。到了芜湖,登上了长江大轮船,那么宽敞明亮,我感觉像是走进了一座宫殿!

战争年代度过的童年,会经历一些非常特殊的生活,给人留下深刻的、独特的记忆。

六、溧阳路的家

寄居外婆家

1946年初，春节前夕，我们到了上海。爸爸还在忙他的事，居无定所，我们没有可以落脚的地儿，只好先奔外婆家挤挤凑合着。

外婆家在愚园路1423弄，中山公园对面的一个弄堂。弄堂里有几幢三层楼的连体新式里弄楼房，每排有四个门洞，按照原设计的房屋结构布局，每个门洞应是独立的一家子。因为房少人多吧，而且战争刚结束，即便房东也得牺牲居住的舒适度，靠房租来贴补家用，所以一个门洞里往往住有几家合住着。这种房子的外立面是西式的，里面结构布局则与石库门差不多。楼下朝南的正门进去是客厅饭厅，后门进入则是厨房，便于主仆分门出入。二楼、三楼各有南北两间，楼梯拐角处还有两个亭子间，可以分别安排为卧室、书房等，三楼上去还有个晒台。

外婆家租住在其中一栋楼三层楼上的两间房。朝南的一间大些、有二十来平方米，朝北的一间是十平方米左右的后厢房，旁边是楼梯，右拐就是晒台。晒台上搭出了两间小披屋，一间做厨房，另一间既是堆杂物的储藏室，又放了个马桶做卫生间，还搭了个小床，晚上就是外婆家里雇的年轻小保姆的卧室。

我外公是英商怡和洋行的打字员，一辈子行事谨小慎微。抗战期间，外公外婆一直没离开上海，这三层楼的两个房间是他们租的。就这么两间房，前面那间是外公外婆住的，后面一小间是阿姨（姆妈的妹妹）的房间，我们就只能挤在外公外婆的房间里。晚上外公外婆睡床上，我们就在他们的床脚前打地铺,姆妈带着我和大弟弟睡在地板上。我的阿姨在愚园路靠近静安寺的幼师附小当老师,我就每天跟着她去上学,继续我停了一年的小学学业。

我家有住房了

1947年5月,爸爸在朋友的帮助下,在上海北四川路溧阳路租到了合适的房子,我们这个家终于结束了飘零动荡,有了自己安定的居所。

为什么爸爸会把家安在北四川路溧阳路?这是有社会历史原因的。前两年虹口多伦路文化街建设时,当地政府邀请一些在虹口住过的老文化人座谈,我发现搞筹建的工作人员,不知道为什么历史上虹口会聚集那么多的文化名人居住,作为曾经的居民,我给他们讲了这段历史。

上海沦陷后,日军占领了上海苏州河北面,苏州河北面的居民有很多回到乡下老家或逃难去了后方;上海的文化人也大多转移到大后方去了。那时因日本与英美还未宣战,中国人若生活在苏州河北面,就如生活在敌占区,要从苏州河北岸进入南岸的公共租界或法租界,经过外白渡桥等几座桥的话,都是要被日军搜身的,还要向日本兵鞠躬,所以本地老百姓都纷纷逃到苏州河南岸的租界里找房子挤着住下。

抗战胜利以后,原先逃难去外地的上海人陆续回到上海,苏州河以南的原租界地区早已人满为患,只有虹口这一带,因原先是日本军队和家属安营扎寨,以及日本侨民经商生活的地方,日本投降后,日籍人士都回日本了,这一带的房子就都空出来了,那些战后回到上海的家庭自然会在虹口找房子住下。

原来在上海的文化界人士,彼此都较熟悉,自然就会相互介绍哪有空房子,于是大批的文化人都落脚在虹口四川路那一带。譬如顾仲彝、黄佐临、李健吾、熊佛西等创办的上海市立实验戏剧学校,就落脚在虹口的永安电影院旁边。新中国成立后,学校先后改名为上海市立戏剧专科学校、中央戏剧学院华东分院,一直到20世纪50年代中期才搬迁到华山路630号的现址,改名上海戏剧学院,一直到现在。

爸爸也是通过朋友的介绍,在溧阳路1335弄找到了房子,那个房子是在一个小弄堂里,全弄一共只有5个门牌号。1号是座独栋小洋楼,是这里最有钱的人家,那家是做生意的,家里还有汽车,房子前面有个大院子。2号到5号是一排二层的弄堂房子。2号楼上楼下住了三四户人家。没有3号,因为3号4号两栋楼房被打通了,都属于出版家赵家璧家。

我们家租用的部分就是5号底层的前后厢房,打通了使用,实际上就是一间长长的房间。后面还有一个小间,是堆杂物的水泥地房间。旁边的原客厅部分则由另外一家租住。底层北面还有一间,是住5号底层的两户人家合用的厨房。房东一家住楼上。我们住进去时,房间里还铺着日式的榻榻米,说明以前也是日本人住的房子。我们把榻榻米的铺席卷起来,塞在楼梯下面那个斜斜的角落里。50年代初期,上海虽已解放,但经常有国民党飞机来轰炸,警报一响,家家都把榻榻米的铺席拿出来挡在窗户上防流弹。

那时虹口虬江路的旧货摊上,有很多日本人战败回国时留下的各种生活用品。譬如和服,一件和服拆开有很多布料,可以改成我们孩子穿的棉袍、棉裤等衣服。记得爸爸还在虬江路旧货地摊上买到过日本陆军总部的专用信笺,上面还注明美农笺,这种纸看似很薄,但非常结实有韧劲,爸爸平时写稿要用复写纸一式几份留底的,这种纸就很适合。也许是便宜又好用吧,爸爸买了不少,到我们姐弟仨上学时就一本本地拿来做草稿纸用。

虽然爸爸姆妈都搬到了虹口的新家,但我还是挤在外婆家睡地铺,因为我得继续上学。到一年级期末结束后才转学到虹口的江湾路小学(当时叫复新小学),升读二年级。

在溧阳路的邻居中,比较知名的有赵家璧先生,住我家隔壁,我们叫他赵家伯伯。后来我慢慢知道,赵家伯伯是位出版家,上大学时就参加了《良友画报》的编辑工作,二十多岁就编辑出版了《中国新文学大系》。我们做邻居时,正是赵家伯伯创办晨光出版公司的时候,这个出版公司是老舍（舒舍予）先生用版税、赵家伯伯卖了松江的田产合办的，出版过包括老舍、巴金等人的作品，还有钱钟书的《围城》等，出版的"晨光文学丛书"在当时很有影响。后来老舍被誉为人民的艺术家，赵家伯伯却成了不被待见的资本家。不过那时候的我，对这些背景毫不知晓，只知道赵家伯伯是位疼爱我的长辈，他知道我爸爸做记者，靠写稿子的那点稿费要养祖母、外公、外婆、姆妈和我们孩子这么一大家子的不易，我们家吃得很俭省，所以他会带我出去吃碗虾肉小馄饨之类，改善一下……他还曾带我到家附近、他的一位住花园洋房的朋友家里去玩，那户人家有一台家庭电影放映机，我在那里第一次看到了卓别林的喜剧默片。赵家伯伯是从事出版事业的，家里的书自然很多，我经常会去他家借书看。记得有一次我家买了一台旧唱机，借了他家的唱片《白雪公主》（美国卡通片《白雪公主》中的插曲）回来听，结果不小心摔裂了，我只好偷偷攒钱，买了一张新的还了回去。赵家伯伯知道后，反而生气了，嗔怪我太较真。1957年我考进上海戏剧学院后，住校了，接触就少了。再后来，我们家搬到了南京西路，就难有见面机会了。只是听说赵家伯伯在上海人民美术出版社工作，身体也不怎么好。

住在溧阳路的时候，还发生过一件可怕的事，一直难忘。有一次忘了是住在几号的邻居带我去大世界玩，那里很杂乱。我们挤在人堆里看戏，边上座位有个男的招呼我说："小妹妹，侬到这边来，看得清爽！"就把我拉了过去，开始他让我坐在他腿上看戏，然后就想偷偷地把我抱走了！我当时一边挣扎一边叫了起来，带我去的邻居听到我的叫声，就一把把我抢回去了。那个时候的大世界，就如爸爸在《大世界》一文中所写的："在戏曲、杂技、曲艺本身说，大世界所收罗的水准并不很低，即如扬淮戏曲，可以说是第一流的地方戏。但当年的大世界，那些寄附的黑势力所带来藏垢纳污，那真是地狱的一面。"我的亲历正是爸爸文字的最好注释。那时的大世界正如其名，除了演艺名角外，妓女、拐子、赌徒等三教九流都有一席之地。前两年大世界重新开张，找我去开座谈会，讲历史，我就讲了自己的亲身经历,这让没有经历过解放前上海生活的很多年轻人觉得很难想象!

我们有书房了

住进溧阳路的 1947 年,我们家双喜临门:姆妈生下了小弟弟曹景行,爸爸也难得的收到了一笔丰厚的稿酬。抗战期间,爸爸作为战地记者,手头积存了数十万字的文字资料,还有很多照片,都是他在战场上寻觅到的第一手的抗战历史真实记录。爸爸的朋友舒宗侨,是著名的新闻摄影家,日本投降以后,他第一时间赶到日本海军陆战队司令部(就在虹口复兴中学旁边的一栋钢筋水泥的大楼里),把日军匆忙撤退时散落一地的、带不走也来不及销毁的资料,包括很多照片,统统搜集起来。爸爸与舒先生一拍即合,两人联手编撰了《中国抗战画史》,由舒宗侨创办的联合画报社出版。这本画史出版后,不仅在当时影响很大,以后数十年间,还被多次翻印,被誉为中国抗战的最客观记录。据说二战结束后,在对日本战犯的审判中,检察官的桌上就放着这本《中国抗战画史》,用其中的图片文字作为起诉战犯的证据。

《中国抗战画史》出版后,爸爸得到了一笔较丰厚的稿费,使他得以把我们家租住的房间作一番改造:把原本一长条的厢房分隔成了前后两间,全家老少三代人可以各有空间,最重要的改变就是在天井里面搭建了一个书房,所谓书房,其实只是面积很小且低矮的披屋而已,但可以放下爸爸的一张书桌,四壁墙上钉的木书架,可以把他的藏书都归放在那上面,尽管只有六七个平方,毕竟让爸爸在人口多且热闹的家里有了这么个独立的小天地,得以独处一隅、静心工作。

我们是在溧阳路迎接上海解放的,记得爸爸带我去外滩,让我骑在他的肩膀上看游行队伍,满街拥满了庆祝上海解放的人,不见头尾。爸爸还给我买了腰鼓,我得在家练会了去参加学校的游行,可是小弟景行见了腰鼓,从早到晚地抱着不撒手,只能等他睡着了,姆妈会悄悄地拿给我练习。

这段特殊的日子还留下了我们姐弟仨扮起来的照片。

爱读书的姐弟

爸爸到香港去了以后，这个小书房就成了我们的天地，是我们姐弟都爱的小天地。尤其是小弟弟曹景行，从小就是在这个小书房里看书、看书。家里经常出现的一个场景：饭菜搁在桌上了，姆妈问："小弟呢？吃饭了，人呢？"我说："勿要寻，终归在迭只角落里。"我知道他总爱坐在那个籐编的书架边地上倚着墙看书，看了一本又一本，不声不响，一坐就是半天。他看书实在快，没两年，把书房里的书都看完了。50年代末，我们家搬到了南京西路，离市少年儿童图书馆不远，小弟景行没事就往那儿跑。往往是上午借一本书回家，下午再去换书。"尬快看好啦？"图书馆的管理员不相信他真看完了，用书里的内容考考他，他居然还都能对答出来，只好换一本书给他。以至于后来干脆不要他去翻目录卡了，直接让他到书库里去找想看的书。看书之快、看书之多，确实使他知识面广，现在之所以能做传媒这份工作，有赖于从小大量阅读打下的底子。

与其他财物相比，我们家最多的就是书了。买书是爸爸的嗜好或者说习惯，哪天不见他带着书回来，我都会觉得不正常，"书呢？"我会盯着他追问。爸爸怕我看书时间太长把眼睛看坏，想法子限制我。有一次，我明明看到爸爸进门时拿着新买来的书，他却糊弄我说："没有啊！"我说我已经看见了你带回家的是一本《好听的故事》，可谁知他从报纸上剪了一个与书的封面字体大小差不多的"不"字贴在封面的书名前面，让书名变成了《不好听的故事》，逗我说："这是《不好听的故事》，不是给你的书呀！"逗我玩呢！

住在溧阳路的日子里，除了上学，看"闲书"占据了大量的课余时间。那时我看了许多小说，尤其是翻译的外国文学作品，记得有一套《中华文库》，还有《苦儿流浪记》《格列佛游记》《三个火枪手》《安徒生》等。有的书是爸爸给我买的，有的是我从学校图书馆借来的，我都看得挺仔细。

记得上小学时，一次老师布置作业写周记，当时我刚看完了西班牙作家塞万提斯的《唐·吉诃德》，满脑子都是唐·吉诃德战风车的画面，便写了一篇读后感。老师批评我文不对题，说我写的是读书笔记，不是周记。我虽不敢跟老师争辩，心里却不服气，周记不就是把这一周里经历的最有意思的事情写下来吗？我这周最有趣的事就是看了《唐·吉珂德》呀，怎么就文不对题呢？回家后，我把一肚子的委屈倒给了爸爸，爸爸倒是同意我的想法的，顿时让我心里平衡了，爸爸是教大学生的，他的话更有道理！

其实，中学时期的我，对于有些名著是很难读懂的，不免产生畏难厌烦的情绪，想读轻松好玩的故事。但是爸爸就会说，"看不懂吗？硬着头皮看下去就看懂了"。譬如托尔斯泰的《战争与和平》，我读了三遍。第一次阅读时，只能搞懂其中几对男女的关系。因为没学过世界史，对于书中大段的欧洲历史背景的描述，觉得不知所云，往往一目十行地跳了过去，还美其名曰："只看和平，不看战争。"后来学了世界史课程，才读懂了书中所描述的俄罗斯历史上这场伟大的抗法战争如何导致了拿破仑的灭亡，也更深刻地理解了书中人物的命运。我十八岁生日时，爸爸送的生日礼物，就是一套精装本的《战争与和平》。可惜这部书被小弟景行借给同学了，这个同学是上海滩老字号精益眼镜店老板张家之后，"文革"中自然躲不过抄家，我的生日礼物就一起被抄走了，再也没找回来。我家小弟借了张家的古典音乐唱片，也在我家抄家时被抄没了。改革开放初期，各种中外名著重新印刷出版，我又去新华书店排长队买了一套《战争与和平》。

上中学后，爸爸的书架早已不能满足我的阅读需求了，图书馆就成了我课余常去的地方，但是爸爸的阅读经验对我的阅读习惯形成还是有所影响。我的习惯就是读了一位著名作家的一部作品后，继续找这位作家的其他作品来读，如此就可深入理解和熟悉这位作家笔下的时代背景、社会风俗以及生活在其中的各种人物了。譬如读了托尔斯泰的《战争与和平》

后，就必然去读《安娜·卡列尼娜》，然后是《复活》。屠格涅夫的作品，我曾在两个月内集中读了屠格涅夫《罗亭》《春潮》《贵族之家》等六部代表作，此后，只要提及屠格涅夫，他笔下的人物就会在脑海里栩栩如生般显现。集中阅读的好处就是能加深理解而印象深刻。

也许正是从小的这份阅读经验，尤其是外国文学作品阅读量的积累，埋下了我的人生与译制片的缘分，尤其是名著改编的影片，只要熟悉原著，译制起来更是得心应手。至于读书对一个人的品格形成、价值观树立所产生的潜移默化的影响，更是不言自明的。

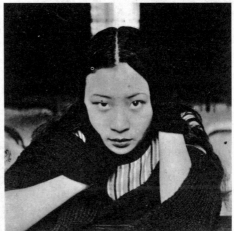

1. 1943年，父母亲和我、霆妹在新赣南幼稚园走廊
2. 1947年10月10日，母亲在此照片背面留言：时闲闲（曹景行）产后方四十日
3. 1944年冬，父母亲和我、霆妹在赣州

1	
	2
3	

50

1. 1948年夏，婆婆与我们一起生活时的全家福
2. 1951年家人合影
3. 1954年家人合影

1. 1957年，父母亲在庐山
2. 父母晚年合影

| 1 | 2 |
| 3 | |

1. 1949年冬，姐弟仨在溧阳路家门口扮起来庆祝解放（左起：曹景行、曹雷、曹景仲）
2. 1956年，与母亲在溧阳路家门口
3. 约1957年，姐弟仨在溧阳路家门前（左起：曹雷、曹景仲、曹景行）

1. 1948年夏,与父亲合影
2. 1958年,寒假赴京与父亲短聚10日留影
3. 1958年寒假,在京父亲为我拍摄的照片

七、戏剧表演的启蒙

　　我的登台表演经历可以追溯到上幼儿园的童稚时期，但真正演戏、正儿八经地扮演一个角色、完完整整地演出一台剧目，那是1952年我进了复兴中学以后的事，所以，我认为自己的戏剧表演启蒙应该是在复兴中学。

　　据史料记载，复兴中学是上海的老牌学校，是上海共济会在1886年开办的，那时的校名为麦瑟尼克学校，还曾改名为上海公学。1843年上海开埠以后，英美的教会机构纷纷在上海开办学校、医院等，如南市的清心学堂、山东路的仁济医院等。1913年，美国驻沪总领馆利用麦瑟尼克学校原址办了一所男童公学。太平洋战争期间，学校又沦为日本人关押在沪英美侨民的集中营。直至抗战胜利后的1946年，学校正式更名为复兴中学，经过八年抗战，百废待兴，新校名也是体现了那时的民意和精神吧。我上的江湾路小学，原先名为复新小学，与复兴中学的创办好像有些关系，我记得原先的校长名赵鼎新。

　　我们上中学那会儿，学业压力不似今天，除了上课，作业压力也不大，课外兴趣活动很多。我进复兴中学后，校图书馆成了我下课以后的必去之地。那时我爸爸已去香港，他留在家里的书也都看得差不多了，课余时间去学校图书馆，就像"老鼠掉在米缸里"，一本接一本地借了还、还了借，不亦乐乎！那时的我，有了相对固定的阅读取向，似乎对世界名著的译作特别有兴趣。记得读托尔斯泰的《复活》时正值准备考试，本应收收心、集中力量备考的，但是玛丝洛娃的命运实在让我牵挂，只好看一段《复活》再翻翻复习功课，两头兼顾着，幸好最后没耽误自己的考试成绩。

那时复兴中学的课外活动很活跃。除了课堂上的基础知识教学外，课余活动对我们那代人的成长成材是功不可没的，不知现在学校是否还保留了这个传统。学校有适合理工男的业余兴趣爱好小组，譬如航模组、舰模组等，航模组有好几位同学，后来就考上了航空学院，真的成为飞机设计师了。喜欢运动的更是有各种球队、技巧队可以大显身手。像我这样喜欢文艺的，可以参加合唱组、舞蹈组、戏剧组等，学校经常举办各个班级的合唱比赛、朗诵比赛，差不多每个月学校都会举办各种不同主题的朗诵会。那时候，苏联的文学、戏剧、音乐对我们影响很大，《卓娅之歌》和马雅可夫斯基的诗篇都是我们学生中相当流行的诗歌。我们生活的社会，虽然有阴暗面，但是光明的东西还是占据主流的，尤其是在我上中学的20世纪50年代，大概因为刚解放不久，跟解放前的生活有个对比，总觉得生活中处处有新气象，充满阳光。同学们参加课余活动也是充满热情的。一生从事文艺工作的我，至今依然觉得，还是不要过多地给观众看人性当中的阴暗的东西，我所做的工作，不是为了让人觉得生活很阴暗、很可怕，我们现在的社会里，更需要明朗的、鼓舞人们向上的文艺作品。

上中学时，我们还排过一出戏，是比我高一班的同学祝希娟（中国第一届电影"百花奖"最佳女演员获得者）根据校园生活写的剧本，剧名叫《和解》，剧情是讲班上的男、女同学如何闹矛盾，后来又怎么和解了。这个戏参加了市里的学生戏剧汇演，还得了优秀创作奖。

我们还排演过一出苏联的多幕剧《米拉姑娘》，这是个反映苏联的中学生生活的戏，剧中的米拉姑娘在家里比较娇气，后来在同学们的帮助下克服了缺点，同大家一起进步。我演主角米拉，祝希娟演米拉的好朋友阿妞达。剧中"妈妈""外婆"的角色都是由我们同学扮演的。我们的排演特别认真，服装、布景、道具都是自己缝、自己做。我跟祝希娟两个人，还特地从虹口跑到襄阳公园边上一个俄国人的学校去借校服。

这部多幕剧在学校的礼堂里演出了很多场，还特请学生家长们来观看。多少年以后，有一次我在一个剧场演出，谢幕后，有位观众跑到后台来找我，她说："我老早就看过你演的戏了！在复兴中学，看《米拉姑娘》呀！"原来她是我中学同学的妈妈。可见我们学生时代演的戏还是给观众们留下了很深的印象。作为业余的学生演员，那个时候我们排戏、演戏真的很认真很活跃！

复兴中学的学生戏剧活动能够搞得那么红火，还因为一个有利条件，当时上海戏剧学院的前身、中央戏剧学院华东分院校址就在横浜桥，离我们学校很近。这所学校，就是小时候爸爸常带我去看学生毕业公演的上海市实验戏剧学校，抗战胜利后，时任上海市教育局长的顾毓琇，接收了地处北四川路横浜桥的原日本国民小学的房产，给了戏剧家李健吾、顾仲彝等，支持他们创办了上海市实验戏剧学校，洪深、欧阳予倩、熊佛西、曹禺、黄佐临等前辈都曾在该校执教。新中国成立后，学校改名为上海市立戏剧专科学校。1952年，全国高校院系调整时，把山东大学艺术系的戏剧科等并入，改名为中央戏剧学院华东分院（其实与北京的中央戏剧学院并没有关系）。1956年更名为上海戏剧学院（简称"上戏"）。无论校名怎么改来改去的，负责人都是熊佛西先生。我们复兴中学戏剧组排戏的时候，就请戏剧学院的学生当我们的辅导老师，上海戏剧学院57届毕业的王富民、姜波等，当年都做过我们戏剧组的辅导老师，有的后来还成了外省市话剧团的著名导演。

当时我们班上有同学是戏剧学院老师的孩子，所以学院的剧场上演什么剧目，我们消息很灵通，只要那里有戏演，几个喜欢看戏的同学放了学就会想尽办法钻进剧场去看。戏剧学院传达室的师傅见了我都熟了："啊，你怎么又来了！票呢？"我们常"耍赖"说："我同学家住在你们校园里啊，不能去串门吗？"师傅只好放我们进学校大门，我们就不去同学家、溜进剧场了。那时我在这剧场里真看了不少戏，对我以后从事表演专业大有好处。1957年秋天，我正式成了戏剧学院的学生，那时，学院已搬迁到华山路，传达室的门卫师傅见了我还认识，问："你怎么又来啦！"他以为我追戏追到华山路来了。我笑着说："我是学生啦！"师傅追着问："校徽呢？"我很高兴，自己终于可以名正言顺地地进出戏剧学院了。

我在复兴中学参加的各项课余活动中，最重要的就是演话剧，认认真真地演独幕剧和多幕大戏。复兴中学出了几个有名的话剧演员，都是从中学话剧队开始走上话剧表演舞台，再考入上海戏剧学院，然后逐渐成名的。最有名的是祝希娟，比我高一个年级，在上戏上学时就被谢晋导演选中，在电影《红色娘子军》里扮演女主角琼花。曾任上海人民艺术剧院副院长的俞洛生，中学和我是同一年级的，他曾是学校舞蹈队的骨干。

我们几个能考进戏剧学院，都与我们中学的一位语文老师朱健夫有关。朱老师酷爱戏剧，不清楚他以前是不是在专业剧团里面工作过，他是我们戏剧组的辅导老师，我跟祝希娟都可以说是他培养出来的。朱老师是北方人，身材高大魁梧，憨憨的，说的是与普通话相近的北方话，认真热情地组织我们学生创作剧本、排戏演戏。很不幸的是，1957年我中学毕业后，听说朱老师在那年的反右运动中被划成了右派。有一年我回复兴中学参加校庆，见他坐在门房间，原来被贬去看大门了。我见了他，高兴地上去叫他朱老师，他却装作不认识我，冷冷地说："噢，你是来参加校友活动的吧，在那边操场。"我疑惑道："你不记得我了？"他不接话茬，说，"你进去吧，同学来了很多了。"我当时觉得怪怪的，朱老师把我忘了？事后想想，他一定是怕牵连我！若干年后，听说朱老师得了癌症，我去医院看他，那时他已经右派摘帽了。他说："曹雷啊，你知道吗，你的一举一动，你在报上哪怕有一丁点消息，我都知道，我都记得！"原来报纸报道我的消息，或我在报上写的一小篇文章，他都会剪下来保存，他心里从没忘记我。他是我的启蒙老师，我也永远不会忘记他、永远纪念他。

八、在艺术家的摇篮里

"打"进上戏

我是1957年7月参加上海戏剧学院表演系入学考试的。之前，同在复兴中学戏剧组、高我一届的祝希娟已经是上戏的学生了，那时候我刚满17岁（后来才知道是所有考生中年龄最小的），所以备考时，我没准备念宏大厚重的东西，我准备了三个作品：一个寓言、一首诗、一篇散文，选的都是儿童题材。其中散文是安徒生的名著《卖火柴的小女孩》。初试时，有好几个考生都准备了这篇故事，我先认真听别的考生怎么朗诵，一听我心里就有底了。我的朗诵必须是有形象、有人物的，不是单纯讲讲故事，我把作品中几个不同孩子的形象区分开来表现，突出男孩的调皮、女孩的纤弱等。这样，作品中的人物就各具特色、形象鲜明了。这也与中学里面参加戏剧组活动的积累有关系，再说我从小就爱看文学作品，作品中有各种不同的人物，都有很生动的描绘。进入考场后，有的考生朗诵到一半，老师就打断说可以了，我朗诵的时候，从头到尾都朗诵完了，老师却好久都不吱声，我心里就有点发怵，是什么点出错了吗？老师能打几分啊？

初试很快就通过了。复试的主考是上戏的教务长朱端钧老师。他出了个题目让我做单人小品，预设场景是我跟男同学打架，结果被男同学反锁在教室里了，该怎么办？这个小品是考我的适应能力和想象力的。我假设了周围的情景，设想了一些情节：一个人被关在教室里，我饿了，我就去翻一个个课桌的抽屉，居然真给我翻出来一个馒头，我拿起来就啃，我还设

59

想这馒头已经变味了，我咬了一口，赶紧吐了出来……朱老师还安排高一届的男同学在教室外边逗我，刺激我，测试我的感受能力和反应能力……最后朱老师示意门外的男生放了我，当时我还真来火了，门刚打开，我嗖地冲出去逮着一个男同学，不管认不认识，就给了他一拳！后来才知道，那个被打的男生是祝希娟那个班的。一旁的朱端钧老师连连喊着："行了行了，别打了！"周围的老师同学们见我这么投入，都给逗乐了，说："这小姑娘还真生气了。"我当时并不知道，这小品就是测试考生能不能以假当真、激发出真实的感情。后来有人开玩笑说："曹雷是一拳头打进上戏的！"其实，那时我并不懂什么叫小品，只是真情实感地投入和感受，而这恰恰是一个演员最需要的素质。

北京电影学院那年也到上海招生了，考试时间安排在上戏之后，我也报了名。初试的主考老师是谢晋，北影到上海招生，找上海电影界的人帮忙吧。初试的小品，谢晋老师出的题目是：母亲生病了，家里没钱给母亲治病，你怎么办？我在那矛盾踌躇好久，怎么办？那时我梳着两条大辫子，我就做出剪辫子的动作，卖了心爱的大辫子给母亲治病，就这么通过了，收到了北电的复试通知。上戏的考试有三轮，最后一轮考试完，老师对我说，你不要去参加北电的复试了，免得引起两个学校之间的矛盾。老师是暗示我已被上戏录取了，可我一时没明白。圈子很小，我也不知道上戏的老师怎么会知道我去考北影了。北影的老师见我没去参加复试，就找到我姆妈，说可以为我再安排一次复试，但我还是没去应试。那时的选择，绝无什么专业的考量，就是觉得北京是遥远的陌生地，上戏呢，我从小就跟着爸爸在横浜桥的戏校进进出出了，连传达室师傅都认得我。

苦练补拙

考进上戏后，很快就感到压力了，原来要当个好演员远不是轻松的事。我能考上，主要是凭着自己的本色，爸妈给我的不错的外形、好听的嗓音，但是作为一个演员的基本功，譬如普通话、声乐等，我都不行的。与我们班其他同学相比，尤其是与从部队文工团转业过来的一批有专业基础的同学相比，我差得太远了，他们都是经过专业训练的。所以进校以后，我感到的学习压力真是非常大！

首先，我从小成长的语言环境是很混杂的。自己周边的亲人：爸爸说的是浙江官话，外婆、姆妈说的是上海话，祖母是浙江家乡土话，外公说的是广东腔上海话。我出生在江西赣州，从牙牙学语到幼儿园，自然一口江西话。抗战胜利后回到上海，就读的江湾路小学的同学很多是出生在四川的，他们的父母都是战时到大后方四川去，战后带着他们回到了上海，他们相互之间还是说四川话，有时还会说四川的俚语、四川黑帮讲的话，我也就跟着学了一口四川话，我要是不学四川话，很难跟同学融成一片。后来学了国语，把江西话慢慢忘了，但是还带着江西口音。我念中学时，学校还没有推广普通话。虽然我的声音条件不错，但说的国语并不标准，前、后鼻音都分不清。我们的语文课，老师是苏北人，我们就跟着他念苏北口音的古诗词；后来换了山东老师，我们就跟着念山东话古文。幸亏我的班主任孙亦椒老师是来自北京的燕京大学毕业生，演员孙道临的同学，她说的话真好听，就是孙道临那种京味儿，跟老北京胡同里那种"京油子"味儿很不一样。她是教我们英文的，后来又改教俄文。她上课的时候，我就不由自主地模仿她说北京话。可上戏不是复兴中学的舞台，进了上戏我才知道，我与专业演员的普通话水准差距还好大。

声乐课也是我的一个坎儿。因为从小没有人教过我怎么正确发声，就凭大嗓门喊，发声位置不正确。一年级的声乐老师何才荫教我美声唱法练声，"咪咪咪，莫莫莫……"我怎么也找不到正确的发声位置，结果一年级的声乐课得了2分。据说是学校领导觉得我这块料还不错，给我弄个不及格开个红灯挂在学生档案上不好看，所以决定给我一个第二年重新再考的机会。上戏的校规是两科不及格就要留级的。第二年的声乐课换了阮尚志老师，阮尚志老师找了何才荫老师，跟她研究针对我的发声训练方法，不再让我按常规的西洋唱法发声，他下了很多功夫，教我怎样用气，怎样与台词结合，怎样用嘴皮子的力，终于让我掌握了正确的发声方法。毕业的时候，我是主科、副科全五分的学生，在上海戏剧学院的历史上，拿这样分数的学生不多，尤其是我这样基础条件并不好的学生，是不容易的。

阮尚志老师的因材施教帮了我，老师在我身上花的功夫是很大的，我心里也有数，自己在基本功训练上也下了很多力气。早上比别人起得早，在操场上找个角落练嗓子、练嘴皮子、练气、练段子、绕口令；晚休的铃打过了，我还在练功房给自己加练。上戏操场外墙的隔壁就是华东医院的干部病房，有一次我们跟老干部联欢，有位老干部问我是哪个单位的，我说上海戏剧学院的，他就问是不是在华东医院旁边啊？我说："对啊！"他一把拉着我说："我可找着人了，我问你，你们每天一大早起来，叽哩喳拉、霹雳啪啦干什么呢？把我们都吵醒了！"我说我们练功呢，练嘴皮子，要不然嘴皮子不得力，在台上说话，下面观众怎么听得清楚呢？那时，勤学苦练就是我们的校风。作为演员，那时练下的功底，我受用一辈子！

为了把嘴皮子练得溜溜的，那时候我备了一副说快板时打的竹板，我在竹板上刻了十六个字："夏练三伏，冬练三九，拳不离手，曲不离口。"那时，我真的就是天天这么打着竹板苦练。练久了，竹板外层的竹青都磨掉了，露出了里面的竹丝，上面刻的字还隐隐约约看得见。毕业以后，我的这副竹板放在家里，被大弟弟景仲要了去，他一直带在身边，以此来激励自己，带到北京，带到清华大学。我丈夫李德铭的哥哥、姐姐都在北京工作，大弟弟一个人在北京，就把姐夫的哥哥、姐姐家当作自己家，星期天就跑他们家去改善伙食。李德铭二哥的女儿也看中了那副竹板，大弟弟就送给了她。后来这侄女去美国留学，居然也带上了这副竹板。前不久，她拍了一张照片，用微信传给我："小婶婶，你还记得这副竹板吗？"时隔六十年了，我竟又见到了这副竹板！我惊奇不已，说："当然记得！怎么会在你那儿？"她说，是平叔给我的（我大弟弟小名平平）。后来，上戏的老师听说了这个故事,让我把照片传给他,让上戏保留着,作为当年学生勤学苦练的历史物证。现在有的年轻演员羡慕我声音好,从银幕上退到了幕后,还能从事配音,从事声音语言艺术工作。殊不知,那是我为了要当一个好演员,在上戏学习时就开始下了苦功的!

我留级了

入学的第二个学期,1958年,为了宣传大跃进、总路线,我们下乡到浦东,就在现在很有名的养老院亲和源那一带,接着又去部队参加军训。不料当时那一带正流行肝炎,我被传染上了。那时我也不懂,每天都有低烧,人不舒服,全身乏力,老觉得胃疼(其实是肝疼)。一天吃饭的时候,一位从部队复员的同学坐在我对面,一抬头,忽然直直地看着我说:"哎呀,曹雷你的眼白怎么是黄的!"另外一位同学也是部队复员的,接着说:"我部队里面有一个战友也是眼白发黄,后来就得病死了!"这话可吓着我了,她们马上陪我去部队医务室检查,医生一见我就说:"你这是甲肝啊!怎么还在这儿待着?赶快回家去!这是要传染的!甲肝啊!"第二天,我就灰溜溜地自个儿提着行李回家了。回家以后到华东医院就诊,我刚走进诊室的门,医生就拎起电话:"隔离病房有床位吗?"我马上被收进传染病的隔离病房,在医院里待到指标正常、过了传染期,才让我出院。出院后还在家休养了半年才复学。

按学校规定,学生,尤其一年级的新生,休学半年就等于自动退学了,要被除名的,但学校里可能觉得我是因为学校组织去农村才传染上肝炎的,所以没将我除名,决定让我留级,重读一年级。就这样,我留级到了58级。先是声乐不及格,再而得肝炎,考入上戏的第一年,我就是这么的不顺,多亏学校还是关照我,让我有机会继续学习表演,所以我在上戏前后学习了五个年头。世界上的事情就是福兮祸所伏、祸兮福所倚,虽说生病、留级都是很不幸的事,但是对学业却也有好处。因为进校时,我是班上年龄最小的学生,还不到18岁,因为年少无知,对学的东西也都是一知半解、懵懵懂懂的，重新再学一遍，我就明白了，用业内话说，就是"开窍"了。

饥饿的年代

在上戏期间，正逢20世纪60年代初国家经济困难时期，有一个记忆难以磨灭：饿！那时吃饭是要定量的，每个人自报一天的口粮量。我报了10两，那时还用老秤，1斤等于16两，10两相当于现在的6两多一点，副食品更匮乏。我们表演系的课程，需要脑力体力并行，每天早上起来空着肚子练晨功，又是咿咿呀呀地练嗓，又是踢腿、下腰、拿大鼎。然后喝下早餐那碗稀粥，还是饿饿地进教室上表演课，再熬到吃午饭。当时听学校老师说，炼钢工人干那么重的活，一天也只有很少的粮食。我们自忖是对社会还没有贡献的学生，当然不好意思把自己口粮的定量报高了。每个周六下午回家的日子，傍晚我就早早去学校食堂把定量的那份晚饭吃了，然后回家再吃家里的东西。记得有一次，实在是太饿了，走进家门直奔厨房找吃的，打开碗橱，里面有碗白米饭，也不知是不是家里人的晚饭，我就站在碗橱边，狼吞虎咽地把那碗米饭扒进了肚里。我想，度过60年代初经济困难时期的每个人，都有自己的饥饿记忆吧。

肚子饿归饿，那时我们的口号却是"勤学苦练"。我作为一名合格演员的声音、形体等基本功，都是在那段时期练成的。每日三遍功是不可缺的，练形体的内容包括踢腿、压腿、拿大鼎（倒立）、下腰等基本功，中国舞蹈、西洋代表性舞蹈、芭蕾等，还得练台词功、声乐功。

斯坦尼体系

我刚进上海戏剧学院时，苏联专家还在，是列宁格勒戏剧学院的教导主任列布考夫斯卡娅，一位老太太。现在可能叫彼得堡戏剧学院了吧。当时上戏办了一个导演专修班，一个表演专修班，招收全国各剧团的导演和演员，传授斯坦尼斯拉夫斯基表演体系（简称斯坦尼体系）的表演方法。这个班毕业时排了莎士比亚的经典喜剧《无事生非》及苏联话剧《决裂》，表演系的高年级学生、焦晃他们班的学生在导演班的毕业大戏里演配角。之后焦晃他们班自己的毕业大戏也排演了《无事生非》。我们一年级的时候，正值导演专修班在学院的小剧场举行毕业公演，我们有幸天天晚上"溜"进剧场观摩他们的演出。执导过上海京剧院《曹操与杨修》的著名京剧导演马科，也是这个班的学生，他在《无事生非》中饰演的喜剧人物巡警道勃雷十分精彩，每天我们都候着看他上场的戏。

我们58级的班主任是宋顺锦老师，也是苏联专家的学生，所以我们那时学的都是斯坦尼体系表演方法。我觉得对培养学生、培养演员来说，斯坦尼体系确实是一套比较系统的、有理论、有实践的科学表演方法和教学方法，能把对表演仅有爱好但啥也不懂的学生，从"元素训练"开始，一步步引导，如何走到角色的心里去，培养成能在舞台上塑造人物的、有专业技巧的演员。至今说来，这一套方法在全世界都还是最科学、系统的学习表演的方法。我们翻成"体系"，在美国就叫"方法论"。我毕业后能在舞台、电影、配音各岗位上都有所发挥，确实有赖于在戏剧学院学习时的基础打得好，我们有幸系统、完整地接受了斯坦尼体系的训练。

58级的小分队

1958年大跃进，为了体验工农兵生活，上海戏剧学院干脆把我们这一年级表演系和舞台美术系的学生搬到郊县农村去办学，老师学生一起在农村住了整一学年。有的老师连家眷也带到农村，借老乡房子住下了。每两个星期学院有车接我们回市里休息一天，上海的同学可回家。我们住在上海县的上中乡，半天与农民一起在地里干活，半天上表演课、形体课、台词课等专业基础课，还结合农村生活做小品、排片断、演独幕剧……这一年给我们的专业和基本功打下的基础相当扎实。我们班还组织了演出小分队，排练各种小节目：小合唱、表演唱、快板、舞蹈、山东快书、相声……有不少是同学自己创作的，经常为农民演出。由此，我们班演出小分队的实战能力在学校里也出了名。

一年后，虽然结束了农村办学的生活，校方每年还都安排一定时间让师生走出学校接触社会下生活：我去预应力混凝土厂烧过电焊，在纺织厂的织布机前接过纱头，在上港三区的码头开过吊车。大炼钢铁的时候，我们在高炉前为工人师傅表演，冬天去农村挖河泥、开河沟，休息时在田头为郊县农民演出。"三秋"等农忙季节去农村参加劳动，白天下地抢收抢种，晚上挑灯搭台给农民们演出自己编排的小戏。上海郊县的许多村队我都去过，还学了一口方言，到崇明会说崇明话，到浦东会说浦东话，即便现在到了那些地方，我还可以用方言跟当地老乡聊天，瞬间缩短了与老乡的距离，老乡很快就会把你当成自己人。当时我也没有想到，这也培养了我对语言的把握能力，无意中给多年后从事配音工作提供了积累。

我们班旳小分队也以能歌善舞成了上戏的一张"王牌"，每逢社会上各种运动要搞宣传，譬如爱国卫生运动啊，除四害啊，征兵工作啊，慰问解放军啊，等等，上戏就把我们班的小分队派出去，这类演出也有助于演员锻炼基本功。我们班一、二年级的形体、语言、声乐这些基础课学习，都是与小分队的演出实践结合在一起，这也是大跃进年代的特色。到四年级排大戏时，这些基本功，都能够化作在舞台上塑造人物的演技。

被熊回去的娜拉

那时候，好的老师从来不当面捧你，而是踏踏实实地要求你，把你打磨成一个好演员。熊佛西院长排戏的时候对演员极为严格。记得有一次排戏，我在剧中扮演的是西方人物，应穿高跟鞋，因为只是排练嘛，我没在意，穿着练功时的布鞋就去排练厅了。熊院长见我没穿高跟鞋，不依不饶，愣是让我回宿舍去换上高跟鞋才让参加排练，他说，我在剧中扮演的是西方的一位少妇，不是东方的一个小丫头，穿不同的鞋走路，人物的自我感觉是不一样的！我只能在老师同学的众目睽睽下，乖乖地从教学楼四层的排练厅跑下楼，再爬上女生宿舍三楼换上鞋，以最快速度完成14层楼梯的上上下下，回到排练现场。这件事使我意识到自己的不足与差距，前辈大师对细枝末节，就是这样的一丝不苟，也潜移默化地影响着我们。

我们班的毕业公演，18个学生要排三台戏。我有幸在其中两台大戏中任主角：在易卜生的《玩偶之家》中饰演女主角娜拉，在孔尚任的《桃花扇》中饰演女主角李香君，更幸运的是，这两台戏分别由中国的两大戏剧家执导，熊佛西院长导演《玩偶之家》，朱端钧教务长（1962年起任副院长）导演《桃花扇》，真是受益匪浅！还有一台是夏衍先生的《上海屋檐下》，由班主任罗森老师导演，我在剧中演一个戏份不多的小男孩阿牛。《桃花扇》有两组演员，另一组的李香君是沈尚玖饰演的，她歌唱得很好，剧中李香君的那两段唱，她唱得比我强多了！毕业后她进了上海歌剧院。毕业公演的两台大戏，对我而言，是表演专业学习的一次飞跃。

《玩偶之家》中的娜拉是追求精神自由的西方新女性，《桃花扇》中的李香君是封建社会中受压抑而性格又外柔内刚的风尘女子，完全不同的两个角色，说话的节奏、语气不同，走路的步态也不同，我得从内在思维到外部形体在两个人物间切换。娜拉要在台上跳一段欧洲的民族舞蹈坦伦泰拉舞，我在排戏期间，先找舞蹈老师学会了基本动作舞步，每天晚上，等别的同学都睡了，一个人去练功房对着镜子练半小时以上。李香君在剧中要唱一段昆曲，我也是先跟教我们戏曲表演课的老师学了，再天天自己练。当时戏剧学院的形体老师都是科班出身的老演员，方传芸老师是昆曲旦角，刘君麟老师是武生，他们都是戏曲界的前辈。

那个年代，中国社会还是很封闭的，虽然我看过不少世界名著的译作，但对娜拉这个角色还是心中没底，我应该以什么样的姿态在舞台上来表现这位在西方社会家喻户晓的女性角色？我只好去学校图书馆找资料，只有图书馆有外国的报刊图书什么的。一番浏览后，俄罗斯画家伊万·尼古拉耶维奇·克拉姆斯柯依的著名肖像油画《无名女郎》吸引了我，画中的女人知性、高雅、坚毅果敢的神情，好似我要找的人物感觉。我把画报借回来，时时对着画报里的"她"揣摩思考。如今我家客厅里还挂着一幅油画《无名女郎》，不时让我忆及母校师长的培育滋养。

记得《玩偶之家》第一次彩排，文艺界来了很多前辈，上海人民艺术剧院的好多演员也坐在下边，还有当时正在上海电影制片厂参加电影《燎原》拍摄的北京青艺的演员王尚信等前辈，台下坐满了人。大幕拉开，我第一个上场，手里捧着娜拉给孩子们准备的圣诞节礼物，兴冲冲地上了台。突然，坐在台下的熊院长站起来，对着台上的我大声喊："曹雷，你出场的感觉不对，你演得不对，回去！重来！想一想，再来。闭幕！"那一刻，我傻站在台上，完全懵了。大幕拉了起来，我在幕后不知道怎么办，就差哭出来了！我的班主任宋顺锦老师，从台下冲到后台侧幕安慰我，"曹雷，你不要紧张，冷静一下，想一想娜拉从哪里来？要到哪去？准备干什么？专心想一想这个。"我立刻意识到，平安夜的娜拉是兴高采烈地为丈夫和孩子们买了圣诞礼物，满怀欣喜地回家来……稍稍定神，就听台下熊院长喊："开幕！"我再出场，感觉就对了。熊院长此举不仅给我，还给前来观摩我们毕业公演的同行都留下了很深的印象。北京青艺的王尚信后来见到我还调侃，"开幕出来的小娜拉，被他们熊院长熊回去了"。对学生、对戏，熊院长就是这样的严格。他给我们排戏时，当我把握不准、在那发愁时，他会跑到我身后，拍着我的背："放松，放松，什么也不要想，再来。"就像父辈对自己孩子一样的。

不懂挑逗的李香君

《桃花扇》是朱端钧老师排的。戏里有一段李香君为侯公子唱昆曲，两人由此定情的情节。我跟方传芸老师学唱昆曲，练了好久，排戏时，我这儿正认真地甩起水袖一板一眼地唱着："原来姹紫嫣红开遍……"只听坐在台下的朱端钧老师不紧不慢地说："曹雷啊，你懂不懂得挑逗啊？"我唰地脸都红了，旁边的老师同学们哄堂大笑。在我看来，挑逗是贬义词，当时年龄还小，虽然看过很多书、很多电影中的类似情节，但对如何表现男女之情还是把握不住的。朱老师开导我，你唱这段昆曲的目的是要让你喜欢的侯公子注意到你，被你吸引，要演出人物的心理活动来呀。前两年上戏校庆活动时，要给朱端钧副院长立个雕像，我回去参加那个仪式，王复民老师见到我，就模仿朱端钧老师的口气，一板一眼慢悠悠地："曹雷啊，你懂不懂得挑逗啊？"相隔近六十年了，王复民老师还不忘朱老师导戏的细节，真是经典永流传啊。我们排《桃花扇》那会儿，王老师已留校，担任朱端钧老师的助理。

朱端钧老师的家，在戏剧学院华山路校门斜对面的枕流公寓。记得有一次去他家，桌上好一大盆红艳艳的花，煞是好看。我忍不住好奇地问："这么漂亮，什么花啊？""你不认识这是什么花吗？"朱老师一字一顿地答道："桃—花—啊！"众人大笑。自从跟着朱老师排演了《桃花扇》，每个人对桃花都有了自己的潜台词，笑声是一致的，笑意则各不相同。

前几年我整理旧物，翻到当年的听课笔记本，里面有朱端钧老师给我们分析《威尼斯商人》剧本的课堂笔记，记得非常详细。我想，如果给现在的戏剧学院的老师、学生们看的话，真是一个很好的教材。我把它整理了出来，打印了一份，送给上海戏剧学院。后来学校举办朱端钧老师的纪念活动时，我把我当年的笔记本带去了。朱院长的孙子从国外回来参加纪念活动，他把我那笔记本一页一页地拍了照，他说，现在很难找到他爷爷在上海戏剧学院的资料了。我很高兴能为朱端钧老师保存这份可贵的资料。

熊院长与朱副院长的行事风格不同，熊院长导戏时，直截了当地指出问题的要害，口气有时也会比较严厉；朱副院长表达导演意图时，说话不疾不徐、语气缓缓地反问，让你自己去想错在哪儿了。前辈艺术家就是这样严格地、一点一滴、一招一式地把着手引导我，将我培养成一名合格的演员。

那时的我，内心只有一个念头，不能辜负学校老师的关心培养，所以非常勤奋地学习,表演、台词、形体……各个方面吧,真的非常用功,可算是个刻苦的学生。凡给我一角色,我就一定竭尽全力塑造好。演员职业最根本的就是塑造人物,在舞台上、在银幕上是塑造人物,后来从事配音工作,则是通过声音和语言来塑造人物。从学生时代,乃至一生,我都觉得要对得起母校老师的培养,要为上海戏剧学院争光,潜意识里一直都有这样的念想。

心系女儿的爸爸

我演《桃花扇》的时候,爸爸把自己保存多年的《板桥杂记》和孔尚任的《桃花扇》曲本寄给了我,还有一本小说《桃花扇》。他收藏的这本小说,是始于明代的书坊扫叶山房1917年印行的线装本,一套四册,外面有靛青蓝布的对合函套。爸爸还在来信中跟我分析《桃花扇》里的人物。因为他很熟悉这个戏,也很喜欢这个戏。

上海《新民晚报》的老记者唐大郎(原名唐云旌),是爸爸的老朋友。1957年,他在长江轮船上遇见了爸爸姆妈,那是有关部门安排爸爸姆妈去庐山的。对这次偶遇,唐先生后来写过一篇文章,在1957年9月13日的香港《大公报》上以笔名高唐发表,文章道:"……在回上海的船上,遇到一位记不清有多少年没见面的朋友,他就是曹聚仁先生,是二十年前《社会日报》的同文,那时他又是暨南大学的教授。"[1] 这一次,他看了我的毕业公演《桃花扇》后,又在1962年7月30日的香港《大公报》上,以笔名刘郎发表了一篇戏评文章:

唱江南·看《桃花扇》律句寄曹聚翁

扇底蛾眉怒未消,一生不屈是柔腰。

倘闻故土栽嘉树,又见春城着秀苗。

---

[1] 张伟、祝淳翔编:《唐大郎文集·闲居集》,第265页,上海大学出版社2020年8月版。

老去吾曹何所是？长成儿女最能骄。

筵边骂贼都无泪，座上有人泪似潮。

江南梅雨之夜，我在上海戏剧学院看了一出《桃花扇》。这是朱端钧先生替六二级毕业同学排演的一个话剧。

这一班同学，几乎每个人都已成长为优秀的演员，所以这一台戏也几乎可以说演得完美无疵。饰演李香君的那位青年姓曹名雷，有人告诉我，她是曹聚仁先生的女公子，好一个人才！在台上她是绮丽雄豪，一身是戏。因为扮相秀美，在秦淮河时看上去是仪度清华，在葆真寺里，则又是凄凉绝代。

近年来，我常常为了我们年青一代的戏剧演员的成长之多、之快，而感到衷心的欢喜。可惜曹聚翁不在上海，如果他能看到曹雷的演戏，老怀愉悦，必然比我更为深切的。[1]

爸爸随即发表了一篇《答刘郎》感谢并回应他，"雷女自幼不怯场，第一次代表赣州中山幼稚园参加演讲比赛，那时只有三岁，居然从容终其辞。……不过也只有在新中国社会中，我们才肯让自己儿女去做演员的"。爸爸的说法是有比较而言的，新旧社会的比较，香港内地的比较。让他"老怀愉悦"的就是女儿可以在新中国社会中发挥自身特长，受到系统正规的学习训练，成为艺术家。

记得有一次有个同学找到我，神神秘秘地凑在耳边，"你爸爸来了"。我一愣，怎么可能？"坐着小汽车来的，去办公楼了。"当时校园内小汽车的出入绝对是引人注目的，所以学校里都传开了。爸爸到上海时，市里有关部门会给他安排小车出行，我是有数的。心想，既然爸爸不来看我，就是不想让我知道嘛。爸爸是到学校行政楼找校领导的，因为他与院长熊佛西

[1] 张伟、祝淳翔编：《唐大郎文集·唱江南》，第298页，上海大学出版社2020年8月版。

是老朋友。他也不是说要搞个人关系什么的，而是表示自己远在香港，拜托拜托，关心一下我的孩子。学校里的老师们从没跟我提起过这件事情。扪心自问，学校对我确实是很照顾的，所谓照顾，就是我感觉得到，学校是很在心的，在学业上及各方面对我要求都很严格的，这也更激励我要加倍努力，才对得起学校师长们的关切。

见到周总理、陈老总

1962年，周总理、陈毅老总等国家领导人在上海接待到访的缅甸总统奈温将军，在锦江小礼堂安排了个晚会，找我们上戏的学生去陪他们跳交谊舞，我也参加了。首长们的所谓跳舞，其实就是有音乐伴奏的走走步，让首长们在繁重的外事活动中得到片刻休息，放松一下。陈老总邀请我一起跳，他的舞步就是往前四步、往后四步，散步似的。他边走步边用四川话问我："你是哪里的？""上海戏剧学院的。"我答道。"叫啥子名字么？""曹雷。"那一刻，我想起爸爸回上海时，陈老总跟夫人张茜一起请爸爸和姆妈在虹桥路的西郊宾馆吃过饭，就斗胆加一句："您可能认识我爸爸。""你爸爸是哪个哦？""我爸爸是曹聚仁。""噢，你是曹聚仁的女儿哦！"他显得意外，又问了一句："哦，那个姓邓的是你的亲生妈妈吗？""是啊，是我的亲生妈妈。"我回答说。"她那么年轻，女儿都这么大喽！看起来像你姐姐呀。"音乐停了，陈老总把我带到周总理跟前介绍说："这是曹聚仁的女儿哎！"总理让我在小桌子边上坐下聊天，问了我在哪上学等一些情况。

第二天，我接到一个电话，那时候家里没有电话，是传呼电话。话筒里传来一个女声，说她是总理办公室的，又说今天总理请奈温先生看军事演习表演，请你作陪，通知我今天什么时候到什么地方乘车。我按时去了，到指定地点上了车，车开到了一个解放军的靶场。我到了那里并没有跟总理接触，被安排坐在后排。但是我感觉到这是一种礼遇，是对爸爸的家人表示一种关切吧。

1972年1月12日,病重的爸爸给老朋友、香港《大公报》的社长费彝民一信,"……昨晨,弟听得陈仲宏[1]先生逝世的电讯,惘然久之。因为第一回返京和陈先生谈得最久最多。当时预定方案是让经国和陈先生在福州口外川石岛作初步接触的。于今陈先生已逝世,经国身体也不好,弟又近于病废。一切当然会有别人来挑肩系,在弟总觉得有些歉然的!……"多年后读到此信,回想起当年周总理、陈老总对我的格外关注就更能理解了。

实习助教

在毕业公演期间,天马电影制片厂的《金沙江畔》摄制组来找我,让我饰演影片中的藏族公主珠玛。因珠玛在影片中有较多骑在马上的戏,出外景前的那段时间,我一早按照摄制组的安排去郊区的部队学骑马,晚上还必须赶回上戏参加《桃花扇》的毕业公演。我只能白天骑在马背上驰骋,晚上赶回学校穿着古装甩水袖,每天就是如此地角色转换。还没等到毕业分配名单公布,我就跟着影片剧组出发去外景地了。毕业典礼、毕业合影都没参加,还真挺遗憾的。

我在外景地期间,上海戏剧学院的实验话剧团给我来信,问我什么时候能够拍完戏回来,他们准备排话剧《牛虻》,等我回去演女主角琼玛。那一刻,我明白了自己的毕业分配去向是上戏所属的实验话剧团。

等我拍完《金沙江畔》回学校,同班同学们已经各奔东西了。而我被告知:留校,任实习助教。原来,就在我去外景地拍摄电影期间,实验话剧团已改名上海青年话剧团,隶属关系也从上海戏剧学院改属上海市文化局了。我因还没去分配的单位报到,编制还属上海戏剧学院,原先同属上戏的实验话剧团撤了,我就只能留校当助教了。记得是焦晃班里的刘胖刘建平师兄带我去各部门办的手续,他留校后在校办工作。当时我对留校当教师一点思想准备都没有,一门心思想着去话剧团当演员。尽管心里有落

---

[1] 陈毅,名世俊,字仲宏。

差,服从组织分配的觉悟还是有的。老师们也知道我的心思,给了我一帖安慰剂:熊院长马上要组织一个教师艺术团,把接下来的每届毕业班中最好的学生留在学院里,你是教师艺术团的首批成员。

教师艺术团不仅很快成立了,而且成功地创作并演出了话剧《年青的一代》,我又荣幸地饰演了女主角林岚。虽然上海戏剧学院的教师艺术团不太为外界所知,但《年青的一代》不仅风靡全国,成为经典,还拍摄成电影。在影片中,我仍饰演林岚一角。也是因为电影《年青的一代》的成功,又让我很不舍地离开了母校上海戏剧学院。

九、走上银幕

《两个小足球队》

如果不算20世纪50年代初苏军红旗歌舞团来中国拍摄的纪录片中，我的那个欢呼和献花的镜头，我第一次上银幕，是在高中二年级的时候。1956年暑假，参加天马电影制片厂的影片《两个小足球队》的拍摄（上海后来又拍了一部《小足球队》，是根据上海儿童艺术剧院任德耀院长创作的一部同名话剧改编的，片名相似的两部片子常常会被搞混）。

我参加拍摄的《两个小足球队》，导演是刘琼，副导演是强明。影片讲述了一所中学里的两支班级足球队及三个爱踢球的男学生，因踢球引起冲突，最后又和好的故事。饰演男主角王力的是著名电影演员赵丹的儿子赵茅。我在片中饰演班长张爱华，也是班级足球啦啦队的队长。演员王蓓和韩非饰演我们的班主任和体育老师，上影厂译制组（那时还没有独立的上海译制片厂，译制组是电影厂的一个部门）的老演员程引饰演王力的爸爸。参加拍摄的学生演员还有过传忠、金嘉翔、霍文文、张万忤、瞿坚、魏美德、尤赐祈（后改名尤嘉）、李允中、张华强等，当时他们也都是来自上海各中学的学生，高中毕业后考大学，他们各自选择了不同的专业，只有我进了上海戏剧学院。

记得那年七月份，我就读的复兴中学校方通知我，说上海团市委来人调查学生课外生活，让我去一下。我当时并不知道这是电影厂的强明导演到各中学来物色学生演员，还就怎么搞好丰富多彩的课外活动向来人提了很多建议。不久，学校通知我去淮海中路原上海市电影局院子的草坪上参加一个中学生联欢晚会，组织者让大家表演各种节目，还一组一组地拍照。后来才知道，这是一次导演对演员的进一步了解和挑选。

通过初选的学生，集中住到南京西路现在上海电视台的那个地方，当时是上海市体委的竞技体育指导科的所在地。沿南京西路有一排红砖楼房，里面住着运动员，红楼的南面是一个运动场，一圈四百米跑道的中间是足球场。足球场北边角上，有一座放运动器械的小房子，腾出来给我们小演员住宿。我们在那里排练，男生演员还要在体委的足球教练指导下练球。

那年暑假后期，通知最后确定了的演员集中去青岛拍外景。同去的电影演员还有王蓓和韩非。去青岛时是坐火车，我记得还和同组演员过传忠（后来是中学特级教师）、金嘉祥（著名的神经内科大夫）一路上聊着苏联的电影和演员，因为当时苏俄文化对我们这一代影响至深。剧组在青岛拍摄期间搬了好几次家，先是住青岛体育场的运动员宿舍，不记得是谁被毒虫咬得脸肿起来，没法拍戏了，就搬到了一栋叫新新公寓的小洋楼。拍外景期间，我们还临时到青岛二中借读，免得拍完电影回学校跟不上文化课。从青岛回上海是坐轮船，遇上风浪，大多数人都晕船了，只有王蓓老师不晕，忙着照顾大家。

青岛回来后，我们继续集中住在南京西路体委的院子里拍戏，因为我和好几位同学第二年都要参加高考，剧组还特请了中学老师为我们补文化课。戏拍完已是冬天了，后期配音是去万航渡路的上影厂的译制组做的，戏里的主角，足球"三杰"，只有赵茅是自己配音的。那时我的普通话也不标准，为我配音的是胡小菡老师。我因此也认识了几位年轻的译制片配音演员，那是我跟译制厂的初缘吧。

藏族公主珠玛

天马电影制片厂的《金沙江畔》是1962年拍摄、1963年公映的。那是我作为上戏学生的最后一学期，正在毕业公演大戏《桃花扇》中饰演李香君。据说电影厂的傅超武导演为了选演员，他们先来戏剧学院看了我们班的毕业公演，然后通知我去试妆，再确定让我饰演藏族土司的女儿珠玛。[1]

我去摄制组工作时，同班同学的毕业去向都还没定，剧组出外景的路上经过西安，我去看望了一下我们班的同学陈裕德。他是从西安考入上戏的，等待分配期间他正回老家。生活中，陈裕德是个很老实憨厚的人，却自带喜剧天分，是那种很真诚的毫无做作感的喜剧才华。上戏二年级时，我与他合作演一出由传统戏曲折子戏改编的独幕话剧《打豆腐》，他演个书呆子酸秀才，我演秀才娘子、他的妻。这出古装喜剧在工厂、农村演出时很受欢迎，还为来访的日本俳优座剧团作过交流演出。毕业后陈裕德分配到了河南省话剧团，他在好几个农村戏中有出色表演，在电影《龙马精神》中饰演留根，在电视剧《咱们的牛百岁》中饰演田福，不止一次获得百花奖的最佳男配角奖。他因癌症1996年就逝世了，十分可惜！

我们《金沙江畔》摄制组经西安到成都，然后就进山到了阿坝藏族自治州，在那里拍摄当年红军长征过雪山的场景，就在雪山的山顶上拍戏。那时已是深秋，海拔四五千米的高原地区特别寒冷，九月一日就开始下大雪，寒冬能达到摄氏零下40度。我们住在解放军的军营里，没有供暖设备，晚上在房间里生个炭火盆，稍有暖意。早上起来，倒热水瓶里的热水刷牙，水滴溅在身上立马就成了冰粒，可见房间里的温度也在零度以下。上山拍戏的时候，我们坐的是有顶篷的大卡车，我们用毛线大围巾把头脸包起来御寒，人呼出来的热气，就在围巾外面结了一层冰，像戴着个头盔似的。鼻腔里的鼻涕也会结冰，双手捏鼻翼，里边硬硬的。野外拍戏没有厕所，就在

---

[1] 据电影艺术家沈寂回忆，60年代初期，小说《金沙江畔》要改编成电影剧本，导演傅超武找他商量改编事；剧本完成后，又找他商量女主角珠玛找谁演。他想起前些年曹聚仁曾托人带信，说女儿曹雷喜欢演戏，有机会的话引荐一下，于是就推荐了曹雷。剧中有一段戏，是讲红军长征途中因没有粮食，准备杀了珠玛的马，珠玛不舍，骑马逃走，又顾全大局折返。这段感情戏，曹雷把失去爱马的感情过程完全表现出来了，尽管她还是刚从上戏毕业的学生。因此，傅导很满意，沈寂很得意。(《沈寂口述历史》，第206页，上海书店出版社2015年1月版)

雪地里解手。小便还好，尿完走人；如果大便，那个雪遇热即化，人好像就坐在那个粪堆上，赶紧拔脚，换一个地方蹲下继续。剧组的场工，为了做出红军在雪地上走过的脚印，用手套在道具鞋里，一个个地在雪地里按出来，结果手都冻伤发黑了。

除了寒冷、缺氧外，高原反应更令人难受，它直接影响人的正常言行，更别说演戏了。好在我的台词不多，因为我演的是藏族公主，我的戏又多是跟解放军在一块，语言不通。我们摄制组共有二十多人，好几位老演员晚上睡觉都需要接氧气。我是演员中最年轻的，可能心肺功能好一些，但即便在平地走路也会上气不接下气，连说话都困难，更别说爬坡了。在这种环境下，剧组所有演员，没有一个说请假不拍戏的，身体不适就硬撑着，有的演员干脆带个氧气瓶到外景场地，气接不上了就吸点氧接着拍戏。晚上回到驻地，由于高山反应，常常头疼得怎么也睡不着。那时候我们全组人马除了有一点伙食补贴，并没有更多的特殊待遇，但是拍起戏来，大家仍是不管不顾的那种劲头。我们《金沙江畔》剧组的每个人，也算是真切地体验了一回红军长征过雪山的味道。

《金沙江畔》剧组，有好几位相当于我父辈的老演员，那时他们四五十岁，我二十多岁，他们对我的帮助很大。饰演指导员金明的冯喆，我与他有较多的对手戏。冯喆原来就是上海的演员，解放前是上海国泰影片公司的小生演员。1952年，他在上海拍摄的电影《南征北战》中饰演解放军的高营长，之后又在《铁道游击队》中饰演游击队政委，他的军人形象，早已为观众认可。上海电影界对冯喆很熟悉，这次导演算是找上老搭档了。50年代后期，四川成立峨眉电影制片厂，广东成立珠江电影制片厂，上海的一些资深演员和技术人员，就分别过去支援了（20世纪五六十年代上海的其他行业也有整体搬迁支援内地的）。当时上海的电影业有三家厂，分别是海燕、天马、江南。江南厂原先在大木桥路，后整体支援四川峨眉电影制片厂，包括摄影师等技术人员都到峨影去了。演员剧团也分流，冯喆就是那时候支援到峨影去的。

老演员张伐饰演我的父亲、藏族土司。他特别会用眼睛演戏，剧中有一段戏：有人报告他，女儿珠玛被红军抢走了，他眼睛猛地一抬，那眼神真是让人震撼！他告诉我，拍电影不同于舞台，因受镜头限制，表演往往不能用大幅度的肢体动作，需要更接近实际生活状态。他教我如何在镜头面前用眼睛把心里的感情表达出来。在这部戏里，我饰演的藏族姑娘与红军语言不通，没有多少台词，但心里的感情起伏很大，眼睛的表演就显得格外重要。

还有老演员卫禹平，很喜欢跟我聊天，常把我当老朋友那样的聊。他在戏里饰演一个反派角色、国民党的特派员，戏份不多，没拍摄任务的时候，他会独自跑到藏区去兜兜转转，回来后给我讲述他在藏区的见闻，还给我看他买来的藏刀之类的宝贝……多年后，他调去了上海译制片厂，既当配音演员又兼译制导演。后来也是他把我推荐给了译制厂厂长陈叙一。可惜我调到译制厂后不久他就病重了，让我失去了在电影配音工作中与他合作的机会。

饰演老班长的齐衡老师待我也特别好，我在片中跟他合作的戏份也多一些。他原来也是舞台演员，他会把自己拍戏的经验告诉我，面对镜头的表演跟舞台上的表演有哪些不同，分寸怎么把握，等等。我也会给他补补袜子什么的，在生活上帮助他。难得遇到我们两个都没戏的日子，他会带我去爬山，他说去看看这儿的景色，以后不大会有机会看到的，我们就带点垫饥的土豆出发了。爬到山顶，眼前只有连绵不断、层层叠叠的雪山，一种地老天荒的感觉涌上心头，那一刻我会不由得想：我的家在哪儿呢？我怎么翻过这重重雪山回去呢？

那个时候正是我国遭遇经济困难时期，副食品供应很差，口粮也有定量限制。我们住在解放军军营里，驻地旁边有一个宰牛厂，负责摄制组伙食的同志就到宰牛厂去买藏民不吃的牦牛内脏，与部队送来的他们自己种的土豆一起煮，作为我们的夜点和早餐。饥不择食，能填饱肚子就行。尽管吃了身上会有一股膻腥味，但是自己感觉不出来。部队里的藏族小战士们,休息天会去打野鸡、马鹿等野味,烤熟了送给我们改善生活。

我在戏里穿的戏服都是藏服,那时也不可能为演员重新量身定制,都是从藏民那里借来的,包括佩戴的首饰、马鞍等道具,不料我因此染了一身虱子,全身痒痒! 我还从没见过虱子,就问别人身上这小虫子是什么,老演员们哈哈大笑,说:"这孩子没见过虱子。"他们教我找一口大锅,放上水,把自己的衣服泡上,搁在炭炉子上煮,能把虱子烫死。五个月后,我拍完戏回到成都,那时已经是冬天,我穿着一件羊皮大衣,走在马路上,走过我身边的路人都拿异样的眼光回头看着我,我当时不明白这么高的回头率是为什么,也没在意。回上海以后,我把大衣抖抖晒晒,搁在箱子里;第二年打开箱子,哦! 那个膻味,呛得我都要吐了! 可见从外景地回来时,我身上那个味有多熏人!

那时我刚毕业,就有这么重要的一个角色交给我,责任感和压力都很大! 所有的心思就是怎么演得像藏族姑娘。整个戏里,我是剧情发展的主要线索,我要把当年藏民与红军的关系转换——从误会不解到真心不舍体现出来。那时因为西藏地区刚平叛不久,为安全起见,不允许剧组人员跟当地的藏民接触。我没法去当地藏民那里体验生活。不过,我们住在解放军的军营里,军营里的藏族小战士是我能够直接接触的藏民。也许是年轻人易沟通,更由于我饰演的是藏族姑娘,是他们熟悉的人物,让他们感觉亲切吧。主观上我也想融入他们之中,让他们感觉我就是藏民,是他们中的一份子。所以我跟藏族小战士的关系非常好,也为此受益匪浅。

有一个藏族小战士,参军前就是土司家的奴隶,剧组请他来教我怎么穿藏服,怎么按藏族的礼节施礼。他先让我站在床上,把衣服带子系好后,再让我下来,突然"啪"地一下,他在我面前跪下了,我忙不迭地说:"别,别,我可担当不起!"他却说:"我不跪的话,就没法给你穿衣啊!"他一道道地按程序来教我如何穿上衣、藏袍,如何扎围裙、戴藏帽。这些规矩,我们摄制组里还真没人懂! 因为我演藏族公主珠玛,他们就不折不扣地把我当作公主来伺奉,把我感动得手足无措。有一次拍戏回来,发现床上枕头那儿怎么热乎乎、油腻腻的，原来是藏族小战士用打来的野味包的包子，专门给我留一份，塞在枕头底下可以保温。有时还会塞上一包酥油炸的点心，他们有点好吃的就想到我，把我当作他们的自己人，让我心里又感动又温暖！

我在戏里骑的那匹白马，又高又大，是解放军骑兵连连长骑的马。这匹马很厉害的，它是军马，不穿军装的人走近它，它根本不让挨身。所以我要是走近它的话，它碰都不让我碰！我只能天天去亲近它，给它喂食，跟它套近乎！拍戏需要上马时，得有两个解放军骑兵牵着马，把马制服了，另一个战士把我托到马鞍上，骑上去了，一不小心还会被马摔下来。有一次，一位藏族小战士做我的替身，穿上我的藏袍，要从枪声四起、硝烟弥漫的战场中穿过去。小藏兵骑术很好，可是军马没经过拍戏的情景训练，马奔到预定地点，地下埋的遥控炸药炸了，马一惊，就把小战士掀地下了，摔得半边脸上全是血。我也被摔了不止一次，所幸伤得不重。

说点后话。20世纪90年代初，傅超武导演拍了一部电视连续剧《郑板桥》，后期配音交给我们上海译制厂做，那时我已转到上译厂工作，厂里让我担任这部电视剧的后期配音导演，这是数十年后我与傅超武导演的又一次合作。对白配音完成后，他很满意，请一起工作的配音演员们吃了一顿饭，作为答谢。席间，他旧事重提，对我说，"曹雷啊，当时我真着急啊，你刚从学校出来，万一把你的眼睛弄伤了，欠你一辈子啊！我这辈子都不得好过！"

傅超武说的是什么事呢？他说的是拍摄《金沙江畔》时的一次意外。当时剧组里一共有四位女性，住在一个房间，其他三位分别是副导演张鸿眉，饰演金秀的赵抒音，饰演护士的向梅。因为我的造型比较复杂，戏份又重，差不多每天清晨四点钟光景，化妆师就要来敲门叫我起床化妆。我那时年轻，睡得特别沉，往往是全屋的人都被吵醒了，大家再一起把我叫醒。用作化妆间的屋子里没有电灯，化妆师在小药瓶里倒上火油，用线捻根灯芯浸到瓶里，自制油灯，小油灯的火苗一晃一晃地跳跃着。那天要拍我的特写镜头，化妆师要给我粘假睫毛，让我眼睛显得更有神，可当时没有现成的假睫毛，是拿头发丝绕在一根线上现做的，做好了用胶水粘在眼皮上，再用火夹把它与我本人的睫毛夹在一起。忽闪忽闪的油灯下，化妆师看不清，不小心把烫热的火夹戳到我的眼睛上了。这可是个令人担忧的事故！摄制组马上把我送到当地的部队医院去检查，还好，医生说是二度烫伤，没伤到眼球里层，最后也没有在眼球上留下疤痕，真是大幸！

几十年过去了，傅超武导演还一直记着这件事。我对他说："我主演的第一部电影是您做导演，您的这部电视剧让我给您做后期配音导演，我们俩是一辈子的交情！"谁知这部电视连续剧竟成了他导演的最后一部戏！不久他就在午睡时悄然去世了，年仅70岁。

《金沙江畔》摄制组回到成都的时候，已近春节，因为拍戏的近半年时间里，当地部队给了我们很大支持，摄制组排了几个小戏，慰问成都军区的解放军，演了好几场。我同演员李康尔合作演了独幕剧《张铁娃闹笑话》。那时正是大家推广普通话的时期，我女扮男装演一个四川籍战士张铁娃，剧中他是连长的通讯员，觉得四川话好听，是"天府之国的国语，鱼米之乡的乡音"，就是不愿意学普通话。李康尔演山东籍连长，他以其人之道还治其人之身，也用山东方言跟铁娃说话，结果让铁娃闹了好多笑话。剧中，连长让通讯员把洗脚水倒了，山东话"倒了"的发音就是"豁了"，按四川话的发音"豁了"就是"喝了"，因各地方言的音同意不同，通讯员误以为连长让他喝洗脚水，"洗脚水脏又臭，朗格好喝呢！"我演的通讯员一脸委屈，把下面看演出的官兵及军区的首长们笑翻了！他们以为我在川西拍戏半年，练出一口地道的四川话，真像个"川娃儿"了。其实我的四川话是有童子功的，我在虹口江湾小学时，好多同学都是抗战胜利后从大后方四川迁回上海的，我跟他们一起玩，自然就学会了四川话。

《金沙江畔》上映后，反响还不错，直至现在，仍有四川、湖北的观众到上海来采访我，让我讲《金沙江畔》的拍摄往事。我很高兴，五十多年过去了，这部电影还不断被提起，没有湮没啊。

自始至终的林岚

拍完《金沙江畔》回学校报到后，我就以"实习助教"的身份跟着罗森老师当助教，给学生们上课、排小品。后又跟着朱端钧副院长修改莎士比亚的剧本《威尼斯商人》，准备排练。那时学校成立了上戏的教师艺术团，为了让学院的教师有更多的舞台实践机会，所以朱老师打算排演一些中外经典名剧。

《威尼斯商人》的导演是朱端钧老师，让我兼任剧组的场记。这也是让我多一个跟朱老师学习的机会。朱老师说，剧本是一剧之本。舞台演出的台词必须口语化，让观众一听就明白，不能产生歧义，而翻译家的文本往往很难顾及这一点，所以他认为，在投入排练之前，要亲自和演员一起，参考各译家的译本，寻找每句台词背后人物的思想活动和感情变化，推敲整理出一个准确体现人物个性及内心矛盾冲突，并便于口头表达的演出本，才能进入正式的排练。

演出本的整理工作快结束时，这部戏被突然叫停，因为当时市委宣传部提出了戏剧要"大演十三年"的口号，也就是要提倡反映新中国成立后十三年来的人民生活及社会变化的现代戏。这时表演系的陈耘老师新创作了一部话剧《路》，主题恰好符合上面的精神。20世纪50年代后期，陈耘老师曾带上戏的学生们去福建前线体验生活，回来后就创作了以福建前线解放军炮击金门事件为背景的一部话剧《英雄小八路》，由上戏的学生们演出过。1961年，这部戏改编拍摄了同名电影，电影里的主题歌《我们是共产主义接班人》成了中国少年先锋队队歌，"我们是共产主义接班人，继承革命先烈的光荣传统……"陈耘老师俯首耕耘且鲜为人知，但他创作的经典作品，不仅那时家喻户晓且永久流传。

《路》这部话剧讲述的是1962年夏天，一群大中学校毕业生如何对待工作、前途的故事。剧中塑造了几个革命青年的形象，如地质学院毕业生、勘探队员萧继业，服从祖国需要，到青海探测矿源，作出了优异的成绩。高中毕业生林岚，认识到农业对祖国社会主义建设的重大意义，坚决投考农学院，赴考前，因救护病人耽误了考试，因而决定到江西共产主义劳动大学去学习和劳动。这个话剧也描写了另外两个害怕艰苦生活、一心想留在大城市的青年学生林育生、夏倩如，在革命前辈林坚和同学萧继业等的帮助下得到转变的过程。

上戏教师艺术团很快投入《路》的排练，罗森老师任导演兼演父亲林坚，青年教师李志舆、邱世穗分别饰演剧中的林育生与萧继业，我演林育生的妹妹林岚，幻真老师演林母，许蓉莲演夏倩如，魏淑娴演萧奶奶，卢若萍演小李子。1963年6月3日在学校的实验剧场（就是现在的端钧剧场）首演，演出时剧名改为《年青的一代》。首演之前，学院还举办了几场招待演出。[1]在学院剧场公演多场以后，又到长江剧场、解放剧场及各高等学校剧场去巡回演出，前后演了一百多场。

《年青的一代》演出期间，空军政治部文工团到上海来交流演出话剧《年轻的鹰》。空政文工团的领导跟上戏的党委书记杨进熟悉，两个单位关系也很好，我们互相观摩学习。他们看了我们的这部戏后，就提出用他们团的《年轻的鹰》与我们的《年青的一代》交换。戏剧学院把《年青的一代》剧本给空政文工团排演，《年轻的鹰》则作为上戏64届毕业班的毕业公演剧目。

空政文工团回北京排演《年青的一代》后，空军司令员刘亚楼看了，他敏锐地意识到，这个戏非常适合当时的形势，当时正是中央连续发表了与苏联论战的"九评"文章、批判苏联修正主义的时候，帝国主义想把和平演变的希望放在中国第三代、第四代身上，所以中央很重视年轻人走什么道路、接什么班的问题。在北京的不少中央领导看了这台演出，据说周总理还亲自对剧中林育生的亲生妈妈在监狱里写给儿子的遗书作了修改。中

---

[1] 时任市委宣传部部长夏征农、教育卫生部部长杨西光、高教局局长姚力、文化局局长孟波、团市委副书记潘文铮等前往观看。(《解放日报》1963年6月4日第二版)

央领导要求在全国推广这个戏，北京不同的剧团（包括北京人艺），同时推出了好几台，全国各个省的话剧团也开始排演，有些地方的戏曲剧团还改编成戏曲剧目演出。

这个情况反馈到上海，上海市委的领导也就更重视了，决定对剧本作进一步修改，把剧本主题从原来的"青年人要服从分配，到祖国最需要的地方去"提高到"如何防修、反修，与资产阶级、修正主义争夺下一代"的高度。市委书记柯庆施亲自抓剧本的修改，市委宣传部文艺处处长章力挥、干事徐景贤直接参与剧本修改工作。上海市委的领导认为这个戏是上海创作的，现在全国都在演了，我们上海更应该多演。一时间上海各剧团都排演了这部戏，上海青年话剧团排演了一台，上海人民艺术剧院也演一台，电影演员剧团又一台。上海戏剧学院除了我们教师艺术团那一台，64届毕业班学生又排了一台。后来上海沪剧团、上海越剧团等地方戏曲团体也都改编演出了，好几所大学的艺术团也排了，我还被第二医学院邀去帮他们学生排戏。上海戏剧学院也没想到，这部戏会一下子火爆成这样。

上海青年话剧团那台戏上演期间，演林岚的演员刘玉突然因病一时没法上台，临时把我找去顶戏，我跟娄际成、焦晃他们在青话的舞台上还合作了几场。饰演林育生的娄际成挺"坏"的，有段剧情是林育生买了很多吃的东西，爱吃零食什么的，岚岚看不惯他的生活方式，会数落哥哥。那次娄际成在台上失手了，把一个装食品的盒子"啪"地掉在地上了，他顺势一脚踢过来，"岚岚，捡起来"。他临场发挥加台词、动作是机智的，可我是近视眼，上台又不能戴眼镜，哪知道他把饼干盒踢到哪儿啦？不是很难接戏嘛！不过这么一来，舞台效果还蛮好的。

1963年12月，上海市委宣传部决定选送《年青的一代》参加华东区话剧观摩演出[1]，同时决定参加华东区话剧观摩演出的这台戏的演员要

---

[1] 参见《解放日报》1963年12月29日第一版。

集中上海的优势，把各剧团演过这部戏的演员选优组合，成立一个新的剧组。所以华东区话剧观摩演出版的演员阵容由来自上海四个单位的演员组成：上海青年话剧团的娄际成演萧继业、焦晃演林育生，上海人民艺术剧院的周谅量演夏倩如，上海电影演员剧团的张伐演父亲林坚、蒋天流演母亲夏淑娟，上海戏剧学院的教师魏淑娴演萧奶奶、卢若萍演小李子，我呢，仍然演林岚。

参加华东区话剧观摩演出的这台戏是朱端钧副院长导演的，他有意在这部基调硬朗、革命主题突出的戏中加入了很多具有生活气息的细节。譬如，他让美工把戏里的主要场景、林坚的书房布置得比较有书卷气。又如，这部戏的发生时间是在盛夏季节，他就在舞台上插入一些夏天的生活细节，让蒋天流饰演的林母端一碗绿豆汤上来给丈夫。我饰演的林岚，在剧中是性格硬朗、语言尖锐的"小钢炮"角色，朱老师也给我加了些体现女性性格温和的生活细节，譬如安排我帮小李子练"压腿"等，我还留有一张工作照，就是朱端钧给我们排那场戏的时候，他把自己的腿翘起来搁在凳子上，示范林岚怎么去帮小李子练"压腿"。"文革"中有人批判朱副院长把小资情调放到革命的戏里面，在我看来，他并没有因为加一些温情戏而削弱整部戏的基调，反而是增加的这些生活气息让整台戏的人物及人物关系更可信，也更接近生活，更能让观众接受。记得在排最后的告别那场戏时，他对我说："你要冲到台口，把全场观众当成来给你送别的亲人，向他们说这段告别词的时候，要真诚、要满腔热情，要像放一把火把全场烧起来！"他要我充分展示林岚身上充满革命激情、朝气蓬勃的一面。

1964年3月底，文化部在北京举行全国优秀话剧授奖大会，《年青的一代》的作者陈耘、章力挥、徐景贤获得优秀创作奖，上海戏剧学院获优秀演出奖[1]。

---

[1] 参见《解放日报》1964年4月1日第一版。

话剧得奖后，上海市委宣传部又决定把这部话剧改拍成电影。当时有领导认为，上海电影演员剧团的演员平均年龄偏高，拍电影不像舞台剧，很难靠化妆来改变角色与演员的年龄差距，要求电影摄制组选择年龄、形象贴近剧中人物的演员。这部电影是天马电影厂拍摄的，导演赵明当时是上海电影专科学校的校长，副导演凌之浩是上海电影专科学校的老师。电影版《年青的一代》的演员与之前话剧的演员阵容变化很大，最后确定的演员是：刚从电影专科学校毕业的达式常饰演林育生、朱曼芳饰演夏倩如，青年话剧团的杨在葆饰演萧继业，上海电影演员剧团的温锡莹饰演父亲，赵抒音饰演母亲，沙莉饰演奶奶，只有我，依然演林岚。

　　从最早的上戏教师艺术团排演的话剧，到华东区话剧汇演的话剧，再到电影《年青的一代》，我始终扮演林岚这个角色。记得我的班主任宋顺锦老师，她说我演的林岚太本色了。编剧陈耘老师就是我们一个系的，我们彼此太熟悉了，他在构思人物时，就先入为主选了我吧。先后演我哥哥林育生的四位演员：李志舆、娄际成、焦晃、达式常，每个人在角色里都糅合了个人的特质，我与他们都配合默契。

　　电影公映后，我收到很多年轻观众来信，谈到这部戏如何激励、影响了他们的人生。记得有一位北京地质学院的学生写道，我们都是毕业班的同学，看完电影后我们激动得不想乘车回学校，大家一路走回去，走过天安门广场的时候，就唱起影片中的《地质队员之歌》，回到学院当晚就填写毕业志愿，都写了"到祖国最需要的地方去，到最艰苦的地方去"。直到前两年，还有当年看了电影后去了新疆建设兵团的上海知青回沪来看我，他们都六七十岁了！应该说《年青的一代》确实是影响了一代年轻人。作为演员，我做到了朱端钧老师的要求，演出了"点燃心灵之火"的效果。作为同龄人，我在舞台上表现出了那个时代青年人的风貌。所以说，这是我生命中很特殊的一部戏。也由于林岚这个人物的社会影响很大，最早且全程塑造这一角色的我，还作为上海文艺界青年演员代表，出席了共青团第九次全国代表大会。

电影《年青的一代》拍完后，上海市委负责电影部门的领导发话，认为上海电影系统的演员队伍要年轻化，所以要把这部影片中非电影系统编制的青年演员都留在电影厂。上戏表演系的党支部书记冯健老师找我谈了这次调动，可我不想去拍电影，大哭一场。虽然拍过两三部电影了，但我仍觉得自己不适合当电影演员，我是近视眼，在镜头前不传神；表演上也不习惯受镜头的限制；我自认自己的声音、语言更适合在舞台上发挥，在舞台上塑造人物才有光彩。电影中的表演是自己把握不了的，你不知道最后剪出来是什么样的效果。但是，纵然心中十分的不愿，服从组织安排是那个时代做人做事的基本准则，我还是去海燕电影厂报到了。

不料，《金沙江畔》拍完了，《年青的一代》拍完了，当我正式调到电影厂后，却一部电影也没拍，因为，"文革"开始了。

1. 1955年，与祝希娟(左)、汪梅(中)在复兴中学演出剧照
2. 1956年，朱健夫老师和米拉姑娘剧组
3. 1956年夏，拍摄电影《两个小足球队》期间在青岛栈桥外景地
4. 1956年，电影《两个小足球队》饰演班长张爱华剧照(后排左起：赵茅、尤嘉、金嘉翔)

1. 1961年，与陈裕德为来校访问的日本俳优座剧团演出独幕剧《打豆腐》
2. 1962年上海戏剧学院毕业照
3. 1962年，毕业公演大戏李香君定妆照
4. 1962年，毕业公演大戏玩偶之家定妆照
5. 1962年，毕业公演大戏玩偶之家剧照

1. 1962年，在《金沙江畔》中饰演藏族公主珠玛剧照
2. 1963年，朱端钧老师给我和卢若萍说戏示范
3. 1963年，上戏教师艺术团话剧《年青的一代》魏淑娴饰奶奶，卢若萍饰小李子

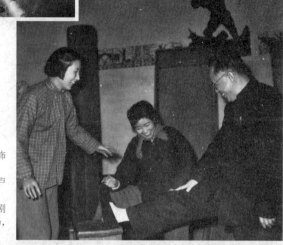

1、2. 1964年,电影《年青的一代》
　　中饰演林岚剧照
3. 1963年,为上海高校学生排演
　　话剧《年青的一代》工作照

十、东莱大楼

我家原先在溧阳路住的房子，是三户人家合住的，厨房、厕所都是共用的。1956年起，爸爸每年从香港回来总是被安排住在苏州河北岸的上海大厦，市里会安排专车接送，车在弄堂里进进出出，不太方便，我们只能到上海大厦去看望爸爸，所以市里有关方面就考虑让我们搬家。

1959年国庆节，我们家搬到了南京西路587号东莱大楼102室。这个日子特别好记，因为是国庆十周年。姆妈本来是跟爸爸一起应邀参加天安门的国庆游行观礼的，因为接到上海有关方面的搬家通知，就先回来了，在上海参加了市政府举办的国庆活动。

东莱大楼虽然沿街，但公寓楼的内部环境比较私密，上下有电梯，住户之间没有太多的来往。我家的这套公寓是三室一厅的，可以把年事已高的外公外婆从愚园路接来同住，姆妈的弟弟妹妹都不在国内，只能是我们来照顾二老了。最重要的是，如果爸爸回来的话，可以安排在紧邻国际饭店的金门饭店(华侨饭店)，离家较近，步行就能走到了。

困难时期的侨汇券

我家搬到东莱大楼后不久，国家就进入60年代初的三年经济困难时期，自由市场30块钱一只鸡、5角钱一只鸡蛋，我们家是吃不起的。记得只有外公病得卧床不起时，才专门为他买过一点好吃的。那时爸爸会在香港买了食品提货券寄回家，提货券上分别标明猪油、面粉或糖。我们拿了食品提货券到设在南京西路金门饭店底楼华侨旅行社的一个柜台去换食品。猪油是铁罐装的，吃完了把罐头洗干净，可以当储物盒用来装针头线脑等各种零碎。面粉和糖是装在龙头细布口袋里的,吃完了拆开布袋、洗干净后可以用来缝作内裤或做衣服的口袋布等。1961年,国家为了吸引外汇,在上海南京东路、浙江路口的七重天大楼里开了一家华侨商店,里面供应的东西就不只是食品了,还有自行车、手表等各种紧俏高档的生活用品。爸爸寄回家的是港币,我们拿着汇款单去银行换成人民币,100港币换42.7元人民币,同时附一张外汇额度记账单。去华侨商店买东西时,除了按商品售价付人民币现金外,还要出示外汇额度记账单,买了多少就扣多少外汇额度。之后银行简化了外汇管理程序,取消了外汇额度记账单,外汇直接兑换成侨汇券。那些年,我们过日子要凭各种票证限量,从一块豆腐开始,用侨汇券在华侨商店买东西,不仅可以抵各种票证,还可以买到市面上难见到的紧俏商品。

我们家经济一向不宽裕,除了头些日常生活必需品,化不了多少侨汇券,有时听说同学想买什么紧俏商品,我就会送点券给他们。杨在葆是上戏比我高一班的学长,我们一起拍摄电影《年青的一代》时,他饰演与我志同道合的萧继业,我叫他继业哥哥;他的未婚妻夏启英又是我的好友祝希娟的好友,自然也是我的好友。那年他们准备结婚,同学间自然都要送礼物表示一下的。杨在葆家是安徽农村的,我想就送他们几张侨汇券,可以买点外面市场上没有的紧俏商品。结果,"文革"中他贴我大字报,说我到处炫耀家里有外汇,用外汇券来腐蚀同学。送同学几张外汇券这样的生活小事,本来我早就忘了,却因为这张大字报,反而成了我的人生记忆。

"文革"中,杨在葆组织了个扫雷纵队,据说扫雷就是要扫毛主席身边的雷,是反周总理的,就被隔离审查了。他隔离审查期间,他妻子夏启英的慢性肾炎病情加重,祝希娟就托我个事,让我遇到徐景贤时打听一下杨在葆的情况。因为我当时在电影《春苗》剧组,徐景贤是主抓这个项目的,经常会到剧组来开会。祝希娟曾经被扫雷纵队关在卫生间里毒打,但是夏启英病了,她还是来找我帮老朋友的忙,我们都不忍心看到夏启英受罪,我想就帮她问一下吧。有一次剧组开会，碰到徐景贤了，我就问他杨在葆的事情，徐景贤一听杨在葆，脸色都变了："你为什么问这个事！"我急急解释道："他爱人身体不好，托老同学帮着问问的。""这个事你不要管。"徐景贤疾言厉色的，吓得我不敢吱声了，我读懂了徐景贤的潜台词，这事你不要掺和。杨在葆释放后，为这事跟我打过招呼，意思是在他最困难的时候，为他去找徐景贤，我回答说也没帮上忙，还挨了一顿训。后来他调到北京去了。前些年，上海戏剧学院的学生们重排话剧《年青的一代》，让我们这辈老演员一起参加，把杨在葆也请了回来。在后台吃晚饭的时候，他端着盒饭挨着我坐下了，淡淡地招呼着，他没说啥，我也没吭声，但我能感觉到，他希望弥补修复我们之间的隔阂。

周总理访问老友

东莱大楼是1937年建的多层普通公寓，在南京西路上并不怎么显眼，里面的居民有的是原来的老住户，也有的是有背景的统战人物。譬如我们楼上的一位老先生，平时也不怎么打招呼的普通老人，有一次他们家马桶漏水了，渗到我们家天花板了，当时他家没人，我们只好找房管所报修，这才知道他是独居的，还是全国政协委员，去北京参加全国政协会议了。据说他曾是蒋介石的牙医，解放前帮助共产党营救过被捕的地下党员和进步学生，为共产党做过不少好事情。有一天，有辆轿车停在东莱大楼旁边的弄堂口，车里下来两人，进了大楼，乘电梯去老先生家。专管开电梯的房管所小张，发现其中一位很面熟，觉得很像是周恩来总理。后来证实确实是周总理，带着一位随从一起去楼上看望这位老先生。说明周总理不忘老朋友，也由此知道这位邻居身份不一般。孙道临老师也来过这栋楼，楼上有户人家的夫人是道临老师燕京大学时的老同学。

闻捷自杀

"文革"期间，东莱大楼里有9个人自杀，其中好几个是跳楼的。东菜大楼是四层楼的公寓，每层的层高有3米多，楼顶有个平台，平台上搭建了一排住人的平房，所以还有非本大楼的居民，跑到我们楼顶平台上往下跳。记得有一次天朦朦亮的时候，我们被窗外街上的大呼小叫闹醒了："侬楼里有人跳下来啦！"其实那天跳楼的不是住这楼的人，发现跳楼者而大声疾呼的，是送菜进城的农民。那个年代，上海居民的蔬菜都是上海近郊的农民骑着28吋自行车，后挂拖车，在天亮前送到菜场的。

在一起起自杀事件中，我亲历且深感震撼的是诗人闻捷的自杀。闻捷，真名赵文捷，很有才华的诗人，写过《吐鲁番情歌》等，我在学生时期就朗诵过他的作品，他住我们楼上204室。那天早上，我出门上班，只见住楼上的一位老太太（上海眼耳鼻喉科医院院长的夫人、我们这个楼的居民小组长）站在楼道里，操着一口天津话气急败坏地朝我嚷着："不好了，不好了，赵文捷死了，开煤气啦！"赵文捷？我一时没反应过来，不知老太太说的是谁。"写诗的！诗人！"哦，是闻捷！刹那间我似乎嗅到了空气里的煤气味，立刻冲上楼，第一反应就是快关煤气！摸进黑乎乎的厨房，只见煤气灶上耷拉着一条毯子，我把手伸到毯子下面去摸煤气的开关旋钮，已经关上了，估计是先到现场的闻捷的女儿关的。煤气灶台前的地上铺着被褥，闻捷躺在上面，再用一条大毯子从煤气灶上罩下来，把自己的头全蒙在里面。诗人在他生命的最后一刻，还能想到不让泄漏的煤气影响邻居！闻捷的小女儿，因为姐姐下乡了，妈妈自杀了，爸爸又在上海郊区的"五七"干校，所以平时就去邻居家，与邻居的女孩结伴睡觉。那天晚上，爸爸回家了，她本应该回家住的，可闻捷却故意把她支开，让她还是去邻居家住，然后自己用酒吞咽了安眠药，再打开煤气……

"文革"初期大抄家时，闻捷的太太就跳楼自杀了。她是在中国银行工作的，因为娘家出身成分不好，被贴了很多大字报。闻捷说来也是1938年入党的老革命了，那时正在上海作协的"五七"干校接受审查，审查他的专案组组长是上海作协的造反派戴厚英。戴厚英比闻捷小15岁，学中文的她当然是闻捷诗作的读者。也许是直接受到诗人的感染，本来政治立场对立的两个人竟成了恋人，还打报告申请结婚。如此出格的行为，绝对被那个世道不容，闻捷又多了"拉拢腐蚀革命青年"的罪名而加倍受到惩罚。在强大的政治压力下，戴厚英打算结束这段感情，闻捷则以生命为代价，告别持续了100天的爱情。

闻捷的家，曾是我非常喜欢去的地方，因为他的书房就像我的小图书馆。他家的书橱是背靠背排列的，每排4个书橱，他欢迎我去借书，我可以自由穿梭在书橱间，找寻自己想要看的书，没有借阅数量、时间的限制，一本本地拿回去阅读，看完了再去换。他走了，我从他那儿借来的苏联译作《黑面包干》，只能永远留在我的书橱里了。在我的印象中，他是个很单纯的人，是充满美好想象和感情的诗人，他的《吐鲁番情歌》写得多美啊，那是他的著名诗篇。

闻捷和戴厚英的这段经历，戴厚英后来都通过文学作品《诗人之死》《人啊，人》记述发表了，还被改编成话剧在香港上演过。数年后，有一次我从家里出来，刚走到电视台门口，见戴厚英从对面过来，她看到我问："你怎么在这儿？"我指指身后的东莱大楼说："我就住在这儿啊。"她愣了一下说："啊，你也住在这栋楼里啊！"接着就用手捂住口鼻，眼泪"哗"地就下来了。我明白，这是她的伤心地，就不敢再说什么，只能匆匆作别："再会，再会了。"谁知从此就再也不可能会面了，因为不久就听到她在家中不幸遇害了。

突如其来的抄家

东莱大楼给我留下的最大伤痛就是被抄家。那是"文革"初期，当时厂里的演员组组长李玲君带队，领着一帮陌生人突然来我家抄家。我姆妈说，她一辈子都忘不了李玲君的那张脸，像噩梦一样。李玲君是1954年拍摄的电影《渡江侦察记》里演游击队长刘四姐的。她丈夫刘泉，原来在上影厂文学组的，后来当过副厂长。他们都是解放初期从山东老区来的南下干部，因为是革命老区来的，在她眼里，我们都是资产阶级，都是要挨批的。"文革"以后，他们把孩子送出国了，两口子也跟着走了，再没有一点消息了。

来抄家的那些人我多半从没见过，估计是公安系统的，因为当时市里派来进驻电影厂的工作组是上海市公安局的，是为了要查30年代与江青熟识的影剧界的老前辈们。抄家时，除了银行存折和姆妈的戒指等一些小首饰外，他们紧盯着讨要的是爸爸的家信。爸爸在香港的十几年间，每个星期都有来信，少说也有几百封，妈妈被逼无奈，只好把信拿出来，堆在她睡的那张大床上，他们既不点数，也不登记，把床单的四角一拎，打个包袱，装上卡车就走了。

给周总理报信

卡车呼隆隆开走的那一刻，心里空落落的我突然意识到，爸爸的家信被不认识的人抄走了，不知道会落在什么人手里？不知会惹出什么麻烦？这次抄家的目的很可能是想找一点与周总理相关的东西，因为我在厂里因爸爸的海外关系被批，在为自己声辩时就说出了周总理请爸爸吃饭的事。他们找这些信，莫非是想从字里行间找出什么来，那就是大麻烦了。我跟姆妈说了自己的直觉，姆妈也着急了，爸爸的这些信，可能牵扯到两岸的事情，虽然爸爸绝不会在信里跟我们讲什么机密关键的内容，但是会在信里告知他的行程和有些活动，什么时候、去哪里、见什么人，等等，落到不知内情或有什么企图的外人手里就很麻烦了。而且那个时候，市里原来负责联系我家的同志也联系不上了。过去爸爸回来的时候，上海的柯庆施也见过他，柯庆施也不在了，去找谁？怎么办？上海是没人可以帮我们了，只有去北京找有关方面，最好让周总理知道，他们知道爸爸的情况。我跟姆妈说了自己的打算，第二天没跟单位里任何人打招呼，悄悄地独自去了北京，我不能让人发现我的行踪。那时我在单位里既不属

98

于什么群众组织，又不算批斗对象，也挂不上哪条文艺黑线，我的行踪不容易引人注目。

除了个别远亲，我在北京没有可落脚的地方，这时我只能去找我的老同学李德铭。他与我是复兴中学同届不同班的同学，当年他是复兴中学的学生会主席，我是学校的文艺骨干，虽然都是学生中的知名人物，彼此知道，却没有直接的交往。那年我拍了电影《金沙江畔》，他在北京西单商场看到巨幅电影海报，遂写信到电影厂向我表示祝贺，我才知道他高中毕业后考入北京的中国人民大学新闻系，毕业后分配到中央广播事业局对外部工作。由此，我们开始通信联系。"文革"前，我在安徽定远参加社会主义教育运动期间，他来信问我什么时候可以回上海，他也要回上海探亲。得知我回沪时间后，他就中途下车，到安徽定远与我会合后一起回上海。记得我们工作组购买回上海的火车票时，经办人不知道李德铭的名字，就登记为"曹友"。

走投无路的时刻，我找李德铭，首先因为他是老同学，比较熟悉；再则他在中央的新闻单位工作，接触上层的机会可能性大一点，对北京情况也较了解。李德铭属于办事比较沉稳的那种人，他把我安排在中央广播大楼内他们的招待所住下，然后帮我一起措词，写了一封信给周总理，报告了家里抄家的情况。我们打听到府右街上有一个总理办公室，他帮我借了一辆自行车，我们一起骑着自行车，从西单的广播大楼骑过天安门、长安街，到府右街，找到总理办公室的接待处，把信交上去。传达室的同志让我留下住址后回去等回信。据说这封信是交到了总理办公厅主任童小鹏的手里，后来总理办公厅派人到广播大楼的招待所来找我，说我能够专程到京汇报情况很好，放心回去吧，他们会采取措施的。我就悄悄地一个人回到上海。

多年以后，"文革"结束了，上海市委办公厅有人找过我核实一个情况，他们拿出一张纸条，是当年在北京的张春桥给上海市里有关部门的一个电话记录稿，大意是曹雷家里的情况我们是知道的，曹雷有问题是她本人的事情，抄她家不好，抄走的东西应该还她。[1]当时张春桥是"中央文革小组"的成员，估计是周总理通过他给上海打电话处理这件事的。当时的"上海市革命委员会"的人知道捅了娄子，把被抄走的东西大部分还给我家了，就是最珍贵的家信，至今一封都没有还给我们。"文革"以后，我们到市公安局去问过，他们说，当时经手的人都已经不在了，搞不清楚。但是我揣测这些信可能当年就送北京了，被国家有关部门封存了，父亲当年为两岸之间做的事，至今还未完全解密。

落难之际获真情

自这件事开始，李德铭就开始关心我家里的情况了，我们的关系也有了质的变化，从老同学变为家人。那年头，我被熟悉的老同学、老朋友揭发、贴大字报，真是心都寒了。身处别人避之不及的逆境中，李德铭却提出要与我结婚，他是党员，又在中央人民广播电台对外部这样重要的岗位工作，乱世当中能够有这样一个人可以信赖依靠不容易。我们之间，除了普通男女的爱情外，是他给了我和风雨摇曳中的我家莫大的安全感。

1967年的"五四"青年节，我们准备登记结婚。当时结婚双方都要先在工作单位开未婚证明，才能去民政局登记领结婚证。可是，李德铭去电影厂为我办证明时，遇到了当时在电影厂掌权的造反派头头杨在葆，他

---

[1] 上海市革命委员会办公室　沪革办（67）字第74号（机密）
主送：红旗（原海燕）电影制片厂造反派负责同志
抄送：政宣组朱锡琪同志
　　张春桥同志七月七日从北京来电话，特转告你们。春桥同志来电原话如下：
　　"可以告诉红旗电影制片厂的造反派，我们对曹聚仁的情况是了解的。抄他的家，不好，抄的存折等物，应当归还。
　　对曹雷的情况我不了解。如果曹雷本身有什么问题那是曹雷的事，如果为了她父亲曹聚仁的关系而搞她，那这一条就不能成立。"
　　请照此办理。
　　上海市革命委员会办公室
　　　　　　　　　　　　　　　　　　　　　　　　　　　　　一九六七年七月十三日
原件存上海电影译制厂曹雷档案。

责问李德铭：“曹雷是什么人！你居然想跟她结婚？你对曹雷了解吗？”老李回答：“我跟她中学同学六年了，我怎么不了解？”杨在葆说：“曹雷这个情况就是不能开结婚证明。”李德铭不得不据理力争：“我是中央广播事业局对外部的，我们是涉外单位，我们单位的组织都开证明了，你电影厂凭什么不批！我给你电话号码，你可以找我们组织部的负责同志去问！”最终他们也不敢打电话，勉强开了证明。那个场景，我老伴说，他一生难忘！

那段时期，我们家人都处在很压抑的环境下，我们选择远离上海，到李德铭的工作城市北京办婚事，好让自己精神上缓冲放松一下。1967年夏天，姆妈和我一起坐着硬座火车去了北京。爸爸病倒在香港的医院里，没法看到女儿我出嫁。结婚前，我给爸爸寄去一张与李德铭一起的照片，好让爸爸知道李德铭的相貌，这是朋友拍的一般风景照，我们没有去照相馆拍过正式的结婚照。爸爸在照片背面题了首小诗送我：

京中春历梅亦迟，十年结想形知之。

此日归京梅共茂，天安门外月低迷。

爸爸是回想起了1958年寒假，我去新侨饭店与他共聚的短暂数日，因为我病倒在饭店里，他买了一盆梅花陪我。爸爸还写信给姆妈，责问新女婿为什么不给他去信？他哪里知道，因为他这海外关系，我们曹家人都不得安生，还能牵连李家吗？

到北京后，李德铭把我们安排住在中央广播事业局的专家楼里，这本来是给外籍专家住的，“文革”时期，专家都回国了，所以空着。我们把李家、曹家在北京的亲戚朋友都请来，在单位附近的小饭店里请大家一起吃顿饭，算作婚宴酒席了。一大桌子菜，样数不少，却没花多少钱，因为最贵的菜也不超过五角钱，“文革”初期北京的物资供应、食品消费就是这个水准。

婚假结束，我和姆妈还是乘硬座火车返回上海。不料半道又遇到了意外。火车开到望亭那个地方，眼看离上海不远了，突然停了下来，在那前不巴村、后不着店的地方困了两天两夜。原来是那里一个工厂的造反派，把前面的一段铁路扒了，火车被迫停运了。大太阳底下，车厢里热得像烤箱似的，乘客们只好下车找个树荫躲躲，好多人把头枕在铁轨上，就地躺下睡觉。周围的农民把地里的瓜果拿过来，卖给我们充饥解渴。当地的老乡真善良，白天把乘客中的老年人接到附近的他们家的房子里去休息，我沾了姆妈的光，跟着她总算在一家老乡的床上睡了一觉，老乡还特意为我们挂了顶帐子。望亭有一个发电厂，那里的职工把我们女乘客接到他们厂里浴室去洗澡。没想到，我的婚礼进行曲居然还有这么个意外的尾声。

结婚后，我们两地分居，一年只有两个星期的探亲假，要么我去北京，要么他来上海。那时候我在奉贤的电影干校，请探亲假去北京，去程一天半火车，回程一天半火车，只给我3天路程假，我想争取个4天吧，因为在火车上坐一天一夜多，连个脑袋都没处搁，实在太累，到了目的地睡上一天也不够。军宣队的干部就教育我："你不能这么算，雷锋有多少假期？焦裕禄有多少假期？"遇到这么会唱高调的，我也不客气地回敬了一句："那你为什么两个礼拜就要回上海家里一趟呢？我这可是一年才团聚一回啊！"当然，这样的结果只能是换来更严的管控。

那时分居两地的夫妻，要想调到一个城市，都要自己去找对调的对象，还要落实工作单位。好在老李是在北京工作的，京沪的户口找到对调的人可能性还大些，如果是小县城，那就很难了。直到1975年，老李与《文汇报》的一位家在北京的记者对调成功，才回到上海，到上海人民广播电台工作。分居八年的两口子总算团聚了。

接连夭折的孩子

1968年，我怀了第一个孩子，却在怀孕的时候被隔离审查了，说我里通外国，起因是得罪了造反派。之前我们几个没有参与厂里派系斗争的，组织过徒步长征队，重走红军路。回厂以后，我们既不是保皇派，也不是造反派，你说逍遥派吧，好像又不够超脱。我们看不惯造反派，尤其是他们打人，连老演员王蓓（作家白桦的爱人）这个年纪的女演员都不放过。我们七个人中，都郁是部队复员军人，出身硬，说话比较直白，我们以"齐晓兵"署名写大字报，得罪了造反派，造反派就找我们茬。我爸爸在香港，海外关系自然是可以被揪住的软肋。也许是他们斗我时精神受了刺激，我被关进造反派的隔离室就感觉不好，我对看守我的小青年说，我好像要流产了，得马上去医院，如果出事的话，你也负不了责任。那看守是厂里的年轻工人，他一听吓坏了，就放我出来了。我从厂里出来的时候，没敢找任何人帮忙，一个人从海燕厂里扶着墙往外走，从一条小夹弄走到外面的三角街，叫了辆三轮车，让他拉我去长乐路的第一妇婴保健院。三轮车夫见我那样，嫌我要搞脏他的坐垫，我就把胳膊撑在坐垫上、双膝跪在踏脚板上。虽然及时赶到医院，还是流产了，孩子也就没了。

1971年，我怀了第二个孩子。顺产一个女孩，但生产时婴儿被羊水呛到了，有点窒息，这是产科新生儿常见的情况，应该先把婴儿嘴里的羊水吸出来再给接氧气就可以了。但是那时医院的老医生都受审查靠边站了，给我接生的是个刚上来的新手，毫无经验，看到孩子缺氧，直接给孩子吸氧气，结果孩子吸氧时，把嘴里的羊水吸到气管里，引起吸入性肺炎，抢救无效而亡。当时的第一妇婴保健院和很多医院一样，都是老医生靠边站、造反派上一线，产生的后果，只能是病家自认倒霉了。孩子没了，医院还不敢告诉我，只说孩子情况不大好，让我先回家，让家属去一下。老李在北京一接到消息就往上海赶，待他到医院时，孩子早已经没了。为了瞒我，他就出去转一圈，假装去医院了，回来对我谎报蛮好蛮好。

直到1975年，我35岁了，才有了一个儿子。因为之前的事，对第一妇婴保健院产生了心理阴影，所以去的是在徐家汇的国际和平妇幼保健院。怀孕期间，一次我坐在公交车的末排中间座位，前面无遮挡的，一个急刹车，我从后排摔到前面走道上，跪在地上，手紧紧扒住旁边的座位，一个男人也被摔得压在我身上，车上的人惊呼："快点呀，快点呀，压到大肚皮了呀！"我去医院检查，经此激烈震动，胎儿已被脐带缠绕，且无法正位。医生让我回家多补营养，以防孩子先天不足。像我这样的胎位不正的高龄产妇，是可以剖腹产的，但是医生悄悄对我说，现在剖腹产都得针刺麻醉，你肯定受不了的。分娩时，医院安排了一个男医生，骑在我睡的产床上又推又压的，直到我几乎休克而吸氧，七斤八两重的儿子才安全落地。结婚生孩子，家家女人都有的平常事，我却受尽折磨！

痛失大弟

除了我自己痛失两个孩子外，我家还经历了更大的不幸：我的大弟弟曹景仲于1970年牺牲了。大弟小时候是个聪明好动的孩子，从中学到大学都是很优秀的学生。之前我在藏区拍摄《金沙江畔》的时候，接到了大弟弟的电报，告诉我一个喜讯：他以高分考取了清华大学冶金系。"文革"中，从清华毕业的他由于家庭出身和海外关系等原因，被分配到靠近内蒙古的河北沽源县农机厂，那里是拍摄电影《北国江南》的地方，冬天寒冷到零下四十度。当时正好中苏边境局势紧张，由于珍宝岛事件，县里面成立了战备办公室，要自制自卫武器，当地缺有文化、懂技术的人，就把大弟弟调到战备办公室。景仲在清华就是出名的能动脑动手的优秀生，他在那里居然利用农机厂的土设备制造出了半自动步枪、手榴弹、遥控地雷等自卫武器。有一次，一块金属碎片弹到眼睛里伤了眼球，他回上海来治疗，不幸一只眼睛还是失明了。爸爸在香港知道这事后心疼不已，他打听到有移植技术，想把自己的眼球移植给儿子，他在家信里写道："……既然科学进步到可以动得手术，那也不必看得那么严重，让我的眼睛，可以在平儿头上多看几十年世界，何尝不是一件大快事，这也是一样有趣的遗产呢。"爸爸万万想不到的是，他的长子将要失去的何止是一只眼睛。大弟弟眼睛伤愈后很快就回到当地投入武器研发生产，1970年1月底，因为别人的误操作，他们制作的地雷被引爆，景仲被炸身亡，年仅24岁。当场死伤的还不止我大弟弟一个人。我和姆妈、丈夫李德铭，还有当时尚在黄山茶林场的小弟曹景行先后赶到那里，参加了县里的追悼会。我们看到的大弟弟的遗体，从头到脚都用白纱布裹得严严实实的，大家心里很明白，一定是惨不忍睹。当地还没有实施火化的条件，只能在冰天雪地中，用炸药把冻土炸开，然后把大弟弟的棺材落葬。那天是小年夜，在中国人合家团聚的日子里，我们送走了家里的长男。大弟弟作为因公殉职人员，政府按规定每月给姆妈24元的补助。24岁的青春年华，24元的政府补助，多么残忍的数字巧合啊！老年丧子的姆妈，肝胆俱裂，还要瞒着爸爸。小弟弟景行很贴心，接妈妈去黄山茶林场小住，陪她度过那段艰难的日子。

姆妈不敢把大弟的噩耗直接告诉爸爸，而是写信给爸爸的朋友、香港《大公报》社长费彝民，拜托他酌情处理。费彝民约爸爸见面，当面告诉了他。那一刻，爸爸难以确信残酷的现实，想到了韩愈的《祭十二郎文》："其信然耶？其梦耶？抑传之非其真耶？"伤心欲绝的爸爸写了《哭平儿》一文，在香港报纸的"檐下絮语"栏目连载三天。"半年以前，平儿曾回上海医眼，假期未满，又赶回工地上去。我原说我的双眼很好，待机会留给他去换上。……想不到他已遇难，用不着我的双眼了。……老年丧子，连孔老夫子都要哭之恸，我这样正如张定璜所说的'……乃是舟子在人生的航海里饱尝了忧患之后的叹息'呢。"

罹患乳腺癌

"文革"以后，电影厂开始恢复电影拍摄工作了，我因"文革"中参与了电影《春苗》的创作，《春苗》又被当时的领导看中，属于需要"讲清楚"的有问题对象，再次被打入另册。

1981年，厂里让我去《鹿鸣翠谷》拍摄组任副导演，算是让我恢复工作。导演派我去西安找影片中需要的小演员。那时我们出差，都是坐公交车的，两车间隔也比较长。我在车站等车时，居然站不住了，就靠在一根电线杆上，还不行，只好一屁股坐在了上街沿上。到了联系单位，接待的同志安排我在会客室坐下后去找人，我居然一头倒在桌子上迷迷糊糊起来。就这样咬牙坚持着，我把合适的小演员一一落实了。回沪后洗澡时，突然发现自己胸部出现肿块，而且根据之前赤脚医生教我的诊断方法，表面光滑的、摸上去质地不硬的、推得动的、一般是良性的；表面不光滑的、摸上去疙疙瘩瘩、推不动的，恶性的可能性很大。我能判断出这个肿块不像是良性的。

我马上去了瑞金医院。那天看门诊，碰巧遇到医院的傅培彬院长在门诊值班，他用手仔细一摸就说："你最好尽快住院检查！"住进医院后，主治医生带了两个年轻医生来查房，他站在床尾，不发出声音，对他的学生用嘴做了一个口型，我一看就知道了，我是搞配音的，还看不出来他吐的是什么字？自己的判断被确认了。我很冷静地对老伴说："你好好看看我，现在我是个完整的人，手术出来后就不是完整的了。"李德铭说："你不要开玩笑，不能开玩笑的。"他还心存侥幸，不想接受残酷的现实。

记得傅培彬院长跟他的学生们说，如果我们国家的妇女，都能像这位病人（指我）一样，对疾病有基本常识，能够自己早期发现问题、主动跑到医院来求治，那么乳腺癌的死亡率将会降低很多。所以，虽然我因参与《春苗》的创作受到审查，甚至积郁成疾，但也正是与赤脚医生的共同生活，我用所学到的知识救了自己。如果说，之前对于参加《春苗》创作所经历的遭遇还是有怨气的话，大病之后，真的无怨无悔了。这是不是又一次印证了祸兮福所伏，福兮祸所倚呢！

进手术室做术前准备时，医生护士故意跟我聊电影，想分散我的注意力、舒缓我的紧张情绪，我跟他们讲了法国电影《老枪》的故事，一边讲一边打麻药了。先是局部麻醉，医生从病灶部位取了一小块活体去做活检，那时我脑子是清醒的。不一会儿电话铃响了，手术医生接了电话，我知道活检报告出来了，但是没人告诉我结果是什么，然后我听见手术室里有人说："林主任来啦！"我知道，主刀医生林主任进手术室来了，就意味着我将接受比较大也比较复杂的手术。不容我多想，在那一瞬间，麻醉药注射进

106

血管，我被全身麻醉了，啥都不知道了。由外科林主任和年轻的优秀外科医生李宏为（后曾任瑞金医院院长）为我做的手术，非常顺利，愈后也极好。

手术痊愈出院后，我没有接受常规的放疗和化疗，因为我还想保存自己仅剩的体力和精力，让自己在下半辈子还能有力量做一些自己喜爱的工作。我征求了老中医的意见，吃中药调理了三年，基本恢复了健康。

虽说我家搬到东莱大楼后，住房条件大大改善了，该楼所处的地段又很好，但是这里给我留下了太多难以释怀的不幸回忆。走进那幢楼，就会有说不出的压抑感，很想换个环境，开始另一样的生活。1987年9月，我们三口之小家搬离了这栋住了近三十年的老楼，住到老伴单位分配的上海广电局的南江路宿舍。姆妈依然留在老房子，直至1991年6月离世。

十一、动荡岁月中的迷茫

参加"四清"运动

1965年秋,我去上海海燕电影制片厂报到。进厂后,马上被安排到电影《杏花雨》摄制组。《杏花雨》是一部反映安徽农村生活的故事片,根据鲁彦周的同名小说改编的。剧组里还有张瑞芳、顾也鲁等老演员。当时全国农村都在搞社会主义教育运动,也叫"四清"运动,厂里决定《杏花雨》剧组到安徽农村去,与贫下中农同吃同住同劳动,以社会主义教育运动工作组的名义体验生活,明确不参与"四清"的具体工作。去的时候是带着拍摄任务下去体验生活的,连剧本都给我带着。可是真的下去后就只让我们参加社教运动,没有再提拍电影的事了。一去十个月,回上海时,"文化大革命"开始了,这部影片也就停拍了。

我们去的地方是安徽定远县,与民谣中所唱的"十年九荒"的凤阳县相邻。我们电影厂去的人员,分散在各个大队,每个生产队一至两名,与安徽本地旳干部一起组成"四清"工作组。当时对我们的要求是"三同",与老乡同吃同住同劳动。当地确实是个贫穷地区,安排给我住的老乡家只有一位大妈和他未成年的儿子。她家一共两间房,一间是娘俩的卧室,另一间小披屋既是烧饭、吃饭的灶炉间,也养猪,堆柴禾和杂物。我去了,就更多功能了,还是我的卧室。村民们帮着忙,用稻草搓成草绳,绷起一张床板,又从树上截下手臂粗的树枝,扎起四条腿,就是我的小床了。老乡家养的那头猪就钻在我这张小床底下,我与猪睡上下铺,理论起来还是我占了猪圈吧。那头猪身上的跳蚤毫不客气地钻到我被子里来了,只要一掀被子，就会看见跳蚤在里面开"运动会"，不几天就咬得我身上没有巴掌大的一块地方是没疱的。在那里，基本没有细粮吃，主食是糙高粱，我们城里去的人不习惯，吃得我大便都拉血。

村里也没有干净的水源，全生产队的人共用一个池塘，早晨起来刷牙洗脸，都得去舀那口池塘里的水，池塘水面浮着小虫子，用杯子撇开水面的虫子舀点水就刷牙了。我问老乡为什么不打口井，他们说，原先这片池塘就是口井，后来井塌了，若买砖买水泥修复井的话，得花200来块钱，生产队拿不出这笔钱来。我那时每月的工资是60元5角，我想自己下乡来也不花什么钱，就说：我把两个月的工资给你们，你们看看够不够把这个井修起来？他们一听说我有100多块钱给他们垫底，兴奋得不得了，就商量着组织劳力上山打茅草，拿到集市去卖，很快把钱攒够了，买砖、买水泥把井修起来。记得那阵子每天天不亮就有村里年轻男女在窗外叫我："曹姐，曹姐，我们上山去了！"那是他们出发打茅草前跟我打个招呼。那时已是冬天了，修井时他们都是光着脚下去的，劲头十足！全村都有井水喝了，对村民、对我来说都是件幸事！"文革"中，电影厂有人贴我大字报，说曹雷收买民心，给老乡砌井，还要在井上刻她的名字。其实我哪有那么多想头啊，就是想喝上一口干净的水而已！再说当时在乡下，每个月的工资都是由厂里转到我们在安徽的工作组，由工作组负责人再分给每个职工的。在农村，工资发了也没有地方花，更因为工作组成员的基本要求就是与老乡同吃同住同劳动，老乡吃啥我就吃啥，也不可能花钱搞特殊。那时候，一心就是要让自己像个农村人，以后才可能演好农民，想法真的很单纯。

我们这一代演员，从戏剧学院的学生时代开始，每个学期都要去工厂、农村锻炼和体验生活，上海郊区的每个县我们都去劳动过，与当地农民一起冬天挖河泥、积肥，春天春耕、插秧，夏天双抢（抢收早稻、抢种晚稻），秋天收割。我还曾去上港码头开过吊车，到纺织厂织机前做过挡车工，在预应力厂做过电焊工……塑造角色之前，深入下去体验生活很有必要。你要反映真实的社会问题、演绎工农兵的感情，你就得熟悉他们的生活。

在定远的时候正是冬天农闲季节，我们8个上影人：康泰、顾也鲁、吴芸芳、孙渝峰、李康尔等，排了三出农村题材的独幕剧《一分钱》《小保管上任》等，顾也鲁演富农，我跟孙渝峰演《一分钱》的小夫妻俩，为了一分钱怎么花争吵打架，还有快板、朗诵、表演唱等。我们去周边公社、大队宣传演出。每到一地，借老乡的桌椅板凳做道具，大队里给点上汽灯，就在空地上演了起来。为了更贴近老乡们的真实生活，我们还学了当地的语言，用方言演出。这一台节目能演将近2个小时，很受老百姓欢迎的。

所以我们在农村跟老乡的关系确实相当好，我们回沪的时候，生产队的乡亲送了一程又一程，一直送到镇上，还一起合影留念。回到上海后，上影厂还让我们把那台在定远演的小节目在厂里为全厂职工演了一场，算是汇报演出吧。反响也相当热烈。

三天三刀子

从安徽农村回上海不久，"文革"开始了，厂里也开始乱套了。我对厂里的情况非常不了解，人员也不很熟，因为参加《金沙江畔》和《年青的一代》的拍摄，都是在剧组，没与厂里其他人打过交道，但厂里的人都知道我，因为拍过的两部电影都很有影响。不知为什么，那时把演员剧团也拆分了，有的去天马厂，有的去海燕厂，我被通知去海燕厂。

接下来发生的事就是骇人听闻的了，上海市公安局的工作组进驻了电影厂，是公安局的副局长带队的、高规格的工作组。"文革"结束后，大家才明白，因为我们厂有很多三十年代就进入电影界的电影导演和演员，公安局的工作组是奉命来执行江青的防扩散任务的，不仅要查抄物证，还要置知情者于死地，郑君里等老艺术家都因此死于非命。

本来这种特殊行动是与我这个小字辈无关的，不料我却无辜中枪了，我称之为"三天三刀子"。起先是厂里有人贴大字报揭我家老底，说我爸爸是三十年代的黑记者、蒋经国的红人，留在香港给反动报刊写文章，还说我的海外关系不一般，有里通外国的嫌疑。我知道爸爸是在台湾和北京之间传递信息的人，所以毛主席还请他到家里吃过饭，并称他为"鲁仲连"。但这在当时是国家机密，我是绝对不能随便说的，我是无奈之下为了自救，脱口而出辩解说："我爸爸回来时，周总理还请他吃过饭。"老演员张瑞芳马上把我怼了回来："周总理请吃饭的人多了，还请特务头子吃饭呢！"张瑞芳是老革命，她与周总理的关系大家也都是知道的，我一时无言以对，又不敢说出更多的关于父亲的情况。接下来，上海戏剧学院的造反派到我们厂贴大字报，说我是修正主义文艺路线的黑尖子，是杨进（上戏的党委书记，当时被揪出来批斗了）捧出的红人（那时的各级领导都被说成是走资本主义道路的当权派，从国家主席刘少奇开始）。最后一刀是厂里的造反派带着公安局工作组的人到我家来抄家。

重走长征路

"文革"初期的折腾以后，厂里一度处于无政府状态。像我这样既不被造反派青睐，也够不上被打倒进"牛棚"的一些人，反而成了没人管的逍遥一族，也就自然"人以群分"地聚拢在一起。1966年8月，大连海运学院的15个红卫兵步行两千里进京，经《人民日报》报道后，全国效尤，步行串联成为最时髦的革命行动。当时海燕厂很多人都去北京串联，我们几个不想赶那风头，就成立了一个长征队，准备走当年红一方面军的长征之路，以表示我们继承革命传统的决心。临出发前，我们还挺有组织观念的，因为海燕厂原有的组织系统都打倒了，只有各种造反队，我们又不属于哪个队，所以直接去找了当时市委宣传部的工作人员备了案。

我们这支步行串联长征队的人大多不属于"红五类"，只是大家憋着一口气，要以我们的实际行动来反抗极左的口号"老子革命儿好汉，老子反动儿混蛋"。我们的队员有赵丹的儿子赵茅，1956年我们一起拍摄过《两个小足球队》，他是海燕厂的导演；赵茅的女友、粤剧演员红线女旳女儿红红；演员徐阜，他是文化部副部长徐平羽的儿子；徐阜的妻子朱云鄂，武汉话剧团的演员；海燕厂的青年木工钱玉瑾；还有都郁，海燕厂的青年导演，虽然出身红五类，但是特别看不惯造反派，就跟我们走到一起了。他曾在海军潜艇服役，因潜艇事故，被从深海中救出，但心脏和呼吸器官均受了伤，因此复员，后考入中央戏剧学院导演系，毕业后分配到海燕厂导演组。都郁是个非常有思想和才华的青年导演，不料刚毕业就遇到"文革"，分配到上海后没机会在艺术创作中发挥他的才华，后因心脏旧伤复发，英年早逝，非常可惜。

红一方面军的长征出发地是江西瑞金于都。我们抵达瑞金于都后，找了当地的老乡给我们每人做了一身灰色的红军军装，帽子上面还有一个红布缝的五角星，这套衣服我至今还留着。我们从瑞金于都出发时，每人一个二十来斤的背包，装了被子、衣物和《毛泽东选集》四卷，还打上了绑腿。步行路线完全是按照当年红一方面军走的路线，经过江西、广东、湖南、广西、贵州，最后走到遵义。出发是1966年的10月，走到第二年的1月，三个月里走了四千多里地，中途从来没搭过一次车。走得最多的一天是一百二十多里，还是挺有体力强度的，所以走着走着就有人退出了，我、徐阜、都郁、钱玉瑾是走到底的。

这一路上虽然艰苦，也是很有意思的。出发时是秋天，翻山越岭看着满山红叶，色彩缤纷、风光无限，到了冬季，天寒地冻的，走得渴了就打下一根结了冰凌的树枝，啃冰凌解渴，大自然赐予的冰棍，也只有我们想得出、吃得到。因为我们是完全按照红一方面军的长征路线走的，走的多是田埂小路和山路，也有公路。三个星期就要走穿一双新球鞋的鞋底。脚上打泡的话，当地老乡教我们拔一根头发用口水消消毒，穿在缝衣针的针眼里，再把针从泡里穿过去，把头发留在水泡里，水泡里的积液就会顺着头发流出来，这样的简单处理，一是不会疼，二是起泡的表皮马上贴合皮肤，不会感染。真是老红军留下的法宝！每天晚上，我们就在沿途的串联接待站或老乡家打地铺过夜。走到贵州、广西那些地方，就在少数民族的老乡家里的火堆边打地铺，中间烧一堆火，大家围着火就地而卧。有时老乡还会围着火堆跳锅庄（一种当地的民族舞蹈）。

有一次我们走进了一座大山，在山里头绕来绕去地走了一天，怎么也走不出那座大山。天黑了，翻过一个山顶，忽然看见远处山脚下一大片灯光，脚下也有公路了，就直奔那灯光下了山。下到山底，看到一排平房，里面有人，我们敲门进去，他们见到我们非常诧异：怎么有人从后面那片大山上下来？原来这里是部队的一个工厂，我们走不出去的大山就是他们的天然屏障。了解了我们的情况后，厂领导待我们可好了，让食堂给我们做吃的，腾房间给我们过夜，让我们好好休息了一晚上。还说明天是他们厂休，他们有车送职工到遵义市去，你们就坐我们的车一起去吧。

第二天一早，我们打起背包就向遵义市出发了。我们认为，走长征路就应该有始有终，既然是"徒步"长征，就不该乘车。走到半路上，工厂的厂车追上来了，车上人招呼我们说："上车来吧！我们带你们去遵义。"我们说："我们是徒步长征队，不能乘车，谢谢啦！"傍晚时分，他们的车从遵义返回时，我们还走在距遵义二十多里地的公路上，我们再次相互挥手道别。

到达遵义后，我们才知道中央已向全国发出通知，让大家停止串联，回原单位"抓革命，促生产"。好在我们计划中的长征路也圆满地走完了，心愿完成了。这次走长征路是"文革"中的一次特别收获。

意外的是，我在遵义竟遇到了老同学李德铭。我曾在信中告诉过他，我们徒步长征的终点是遵义。他是记者，跟随中南民族学院学生的徒步串联队也到了遵义。全国停止串联了，李德铭与我们长征队的伙伴一起转道贵阳，乘火车回上海了。到上海时，"文革"中的标志性事件"一月风暴"已经过去了。

无奈成"帮凶"

"一月风暴"以后，各单位都被造反派夺权接管了。不久，工宣队、军宣队进驻上影厂。1969年，按照毛主席的"五七"指示，在上海奉贤县的海滩边一个叫柘林的地方，办起了上海文化系统的"五七"干校，每个单位给一块荒地建房种地。电影厂的人去电影干校，那里有一条小河，河对岸是新闻出版干校。我们白天劳动，晚上学习，学习内容往往结合本单位实际，也就是要挨个批判所谓"有问题"的人。那一段时间，我的角色从被人整转换到整人了，不是我主观上要整人，是领导派的"活"。我的嗓音是戏剧学院专业训练出来的，给工宣队、军宣队看中了，无论是大小批判会、还是大游行，就分配给我任务："领头喊口号"或者"念大批判稿"。这真是非常折磨人的事。因为我喊口号要打倒的某某某，都是我的老师辈，跟我无冤无仇，可是喊革命口号又不能喊得有气没力的，必须喊出精气神来，否则就是阶级立场问题了。喊口号也是高风险的活，精神高度紧张。我有一个同学，分在北京的某单位工作，也是让他领头喊口号，喊错了一句话，立马就成了现行反革命。记得有一次，我被通知到监狱去参加批判赵丹，到了那里，我看到监狱里不让赵丹老师系裤带，他是提着裤子出来的。我不敢正视他，眼睛只能向下看，发现赵丹老师穿的鞋也是没有鞋带的。据说这是监狱的规定，防止犯人自杀。1956年，我参加电影《两个小足球队》的拍摄，我们一批学生演员与赵丹的儿子赵茅就成了朋友，经常去他家玩。赵丹叔叔、黄宗英阿姨，是看着我们小一辈长大的。现在我不仅要装作不认识，还要铿锵有力、义愤填膺地喊口号，这种角色真是太难演了，充当整人工具的日子太痛苦了。

创作《赤脚医生》

1968年，《文汇报》刊登了《关于上海郊县"赤脚医生"发展状况的调查报告》，该报记者在开篇第一句写道："赤脚医生"是上海郊区贫下中农对半农半医卫生员的亲热的称呼。这个调查报告，报道了上海川沙县江镇公社培养农村医务人员，解决了当地农民缺医少药看病难的问题，重点介绍了代表人物：赤脚医生王桂珍，第一次把拿着生产队工分，又为农民看病的农民卫生员命名为"赤脚医生"。当年9月发行的《红旗》杂志第三期转载了这篇调查报告，标题是《从"赤脚医生"的成长看医学教育革命的方向——上海市的调查报告》，9月14日《人民日报》又全文转载。毛主席看到这篇文章后，于9月30日批示："赤脚医生就是好。"早在1965年6月26日，毛主席就说过"把医疗卫生工作的重点放到农村去"，被称为"六·二六"指示，随后全国普遍建立起农村合作医疗制度。川沙县江镇卫生院推行的赤脚医生制度，正是对毛主席"六·二六"指示的最有效实践。毛主席批示"赤脚医生就是好"以后，全国各地都有人到川沙江镇观摩学习，王桂珍也成了模范人物。改革开放以后，国家统一称之为"乡村医生"了，还出台了相应的管理制度。

除了赤脚医生的代表王桂珍外，记者在调查报告中，还报道了江镇卫生院的年轻医生黄钰祥，他在卫生院工作期间，遇到很多农民看病的实际问题，他觉得一方面卫生院力量有限、应付不过来；另一方面，有些小病也不用跑那么远到卫生院，把小病拖成了大病。因此他就找了一批有文化的农村青年来办卫生员培训班，教他们治疗常见病的医学知识，尤其是利用中草药治疗的中医知识，他自己在这方面也有所研究。卫生员生活在农村，能够最快速、最简单有效地解决农民的常见小病。卫生院还给农村卫生员配备专用药箱，卫生员出工时，扛着锄头、背着药箱，在地头就能及时地给农民看病，所以农民就管农民卫生员叫"赤脚医生"。王桂珍是黄钰祥医生培养的众多卫生员中比较突出的一个，所以成了赤脚医生的代表人物。她是一个热心人，非常热心尽职于卫生员的工作，不仅白天背药箱到田头为农民解决问题，晚上收工后，她还会走家串户去出诊，不是在家坐等病人上门。

读了这个报道，尤其是王桂珍的事迹，我觉得这是很好的文艺创作题材，脑子一热，就打了一个申请报告，大意是毛主席批示让我很感动，作为文艺工作者，应该主动地走与工农兵相结合的道路，我很愿意跟随赤脚医生深入生活，去创作能够反映赤脚医生的文艺作品。彼时的我，内心还有个想法：尽快摆脱眼前这种违心地喊口号、念批判稿的尴尬处境。

很幸运，我的申请报告居然被领导批准了。主要是契合了当时的政治背景：上面领导这时正要求上海文艺界能拿出反映"文化大革命"成就的文艺作品。北京拍了电影《决裂》，上海的领导当然不甘落后的，我也没想到我的报告正踩在了领导的节拍上。当时市领导决定成立两个创作组，一个工业题材的，写万吨水压机的制造；一个农村题材的，就是写赤脚医生。我自然就成为《赤脚医生》创作组的一员，创作组成员还有上影文学部的赵志强、杨时文、王苏江（王苏江后来调到《战船台》那个组去了）。我们这个创作组还有带队的工宣队员顾师傅，一个苏州籍的老工人，他虽来自工厂，但出身农村，熟悉农村生活。

我在毛主席批示过的川沙县江镇公社赤脚医生王桂珍家里陆续住了前后两三年光景，她出工、出诊我都跟着，王桂珍的妈妈管我叫大囡（当地方言，大女儿之意），叫王桂珍小囡，因为我的年龄比王桂珍大。她家墙上至今仍挂着我与她们的合影。共同生活的过程，确实让我了解到赤脚医生的不简单，尤其是他们就地取材、利用中草药的治病方法，既有效又便宜，很适合农民的医疗服务需求。他们会用中草药处理毒蛇咬伤及各种外伤，会通过手摸检查外部，判断一个肿块是良性的还是恶性的，等等。我有个本子，记了很多这方面的土办法。记得我给爸爸写信时，讲了农村治病的这些情况，爸爸回信说我们老家浙江乡下也有好多这样的土方子。除了住在王桂珍那个地方，我们还去了江苏、安徽调查访问，因为各地都有赤脚医生的先进事迹报道，搞得轰轰烈烈。那时候当赤脚医生的人，都是一些真心诚意地为农民服务的好人。

1974年，王桂珍曾作为中国上百万赤脚医生的代表，参加了世界卫生组织大会。中国的乡村医生制度，至今还在被世界关注，这是发展中国家解决医疗服务的有效途径。现在还会有不同国家的老外到王桂珍家里去访问，王桂珍会拍了照片发到我的微信里。

德国海德堡大学的一位教授，喜欢集邮。前两年，他看到了1974年6月发行的《赤脚医生》邮票，一套四张，引起了他的注意。听说我搞过赤脚医生的文艺作品，就专程到我家来了一次，了解当年赤脚医生的情况（他娶了个中国妻子，可以在语言上沟通）。我见他确实关心这事，就把当年关于赤脚医生的工作笔记送他了。

我们这个创作组，最初写了一个话剧本《赤脚医生》，想在舞台上先树起来，便于修改，给电影创作打基础。剧本写成后，听取领导和各方意见，不记得改了多少稿，并在上海的曹杨影剧院舞台上演出，我演赤脚医生李红华，其他演员还有达式常、林彬等，上海戏剧学院的一批学生也参加了，担任群众演员。

折煞人的《春苗》

1971年的下半年，《赤脚医生》准备拍电影了，成立了摄制组。导演组有鲁韧、梁廷铎和颜碧丽，鲁韧是《李双双》的导演，得过百花奖的，擅长农村戏。所有主创人员又下乡深入生活，准备修改剧本。市里认为原话剧本写的仅是"好人好事"，没有写路线斗争，没有反映"文化大革命"的必要性。原话剧本写的时间段，是根据历史真实，从1965年毛主席"六·二六"指示到"文革"初期，徐景贤他们要求全部故事都放在"文革"期间，以突出"文革"的必要性，还要把女主角升华为路线觉悟非常高的英雄人物。徐景贤还派秘书张家龙来指导剧本的修改，实际流程就是我们写的稿子交给市里，他们修改后返还剧组，导演根据这个本子再做分镜头剧本来拍摄。稿子历时三年、前后八稿，终于1974年7月通过审查。女主角改叫田春苗是我的主意，我想用春苗寓意赤脚医生这个新生事物，又是农村姑娘，就姓田吧。最后上映时，片名也改为《春苗》了。

正式拍摄前，根据市领导指示换了导演，鲁韧换成谢晋。1974年夏天，摄制组抵达绍兴。我们都住在一座闲置的破庙里，谢晋导演就在骨牌凳上做分镜头拍摄本，然后试拍了一场戏。样片送上海市领导看后，立刻发来指令，认为我演主角年龄偏大，没有田春苗的青春朝气，要求马上更换。临阵换女主角，真是给导演组出难题了，副导演梁廷铎等马上去北京、天津等地找演员，最后确定了天津人艺的学员李秀明。李秀明没有南方农村的生活经历，所以让我还留在剧组做导演助理及场记，主要为了帮助李秀明尽快入戏，她进入角色还是挺快的，气质也不错的。我虽然不能演主角了，心里也没不满意，毕竟在剧组待着，做的还是跟艺术有关的工作，总比回厂里搞大批判强。我教李秀明扎金针等具体的赤脚医生的技能，帮她尽快接近角色。跟着王桂珍的这两年，我对赤脚医生的基本功也驾轻就熟了。虽然李秀明后来脱离了文艺界，但是她演的田春苗这个角色，我觉得是称职的。

1975年夏天，张骏祥导演的一部艺术纪录片《大庆战歌》[1]，厂里安排孙道临和我配解说词，要我们去大庆深入生活。传说中的张骏祥导演是如何厉害、如何铁面的"法西斯导演"，以致我尚未与他见面就有点莫名的惶恐。不料，出发前竟收到张骏祥导演给我的一张纸条，问我孩子安顿好了没有，家里的事情是不是都有人照料？因为他听说我刚生完孩子不久。这么个大艺术家，还是领导，关心我这个普通小演员，顿时让我非常感动，心里很温暖。我当然回答说都安顿好了，没有问题。我给孩子断了奶，交给姆妈和外婆，就跟孙道临等一起出发了。

我们在大庆工作期间，听到一个关于《春苗》的传说：那年邓小平复出后，有关部门把《春苗》的样片送给中央领导看，邓小平也在。片子看到一半时，邓的秘书通知他要开另外一个会，他就说："就走，就走。"结果旁边的人听成了"极左，极左"。1976年3月，《红旗》杂志发表了《坚持文艺革命，反击右倾翻案风》的文章，文中提到了上面的这个传说，说邓小平连呼"极左，极左"拂袖而去，作为邓小平右倾的罪证。那个年代，各种政治传说很多，我也不会上心，只是这个传说事关《春苗》，我就记住了。

1976年10月，"文革"结束后，《春苗》作为"四人帮"的"文革"产物被批判了。作为这个作品的始作俑者，我自然又脱不了干系。那时每

---

[1] 早在1965年，张骏祥导演就完成了《大庆战歌》的拍摄工作，因形势变化而封存入库。1975年，张骏祥导演接到通知，为配合"工业学大庆"大会的召开，要对该片作出修改后上映。摘自《上海电影志》第464页，上海社会科学院出版社1999年版；《张骏祥传》第166页，上海人民出版社2010年版。

个单位都在搞"讲清楚"运动，就是交代"文革"期间做了什么，记得电影厂以前的党委书记丁一，官复原职了，就抓这个事。要我交代为什么要写《春苗》，有什么不可告人的动机。一次次组织开会，让我把这个过程讲了一遍又一遍，说我对自己的问题轻描淡写、推卸责任。文学组的组长赵志强，我们一个创作组的，他说"很多点子都是曹雷出的"，"都是曹雷的意思"，等等。还有人揭发我跟徐景贤的关系不一般，话说得很难听，说我巴结领导什么的。其实我在上海戏剧学院演话剧《年青的一代》的时候就认识徐景贤了，他是市里派来的创作干部，参与剧本改编，剧本还获得了文化部的优秀奖。十年后，他作为"文革"中主管文化的市领导，又管起了《春苗》剧本的修改。到剧组开会时，徐景贤没有因为地位不同而端架子，见到我就像遇到熟人一样跟我打招呼；我也没什么顾忌，有什么意见就直率地提出来，不像其他人觉得这是"徐老三"、上海的大领导，会有怯意。除此之外，没有任何个人交往。但这种历史原因形成的客观差别，竟然也成了我的罪名。

虽然这次折腾最后也不了了之，但是我的憋屈只能深藏心底、难以诉说。我的初衷只是想创作表现赤脚医生，想在银幕上树立和歌颂赤脚医生的形象，后来市里的写作班介入后，我们原创作组的人对剧本已无权过问，只能唯命是从了。我一腔热诚地下乡自讨苦吃，想在舞台上树立一个中国特色的赤脚医生的形象，怎么却成了罪人？我怎么也想不通，简直要疯了！好端端的一个创作主题，被政治风浪裹挟着，弄得最后面目全非，参与创作的人员则不得安生。谢晋导演还作为电影界的"讲清楚"代表，在全市宣传文化系统的大会上自我批判。一次次折腾带来的心理阴影，给我的身体带来了隐患。不久我就发现了自己身上的肿瘤。不过，也正是下乡跟着赤脚医生的那段经历，让我学会了怎么判断肿瘤是良性的还是恶性的，让我在恶性肿瘤早期作出了判断，及早跑去医院诊治并做了切除手术，救了自己一条命。又一次"福兮祸所伏，祸兮福所倚"吧。

不能出镜的日子

"文革"后的折腾结束以后，厂里分配我去沈耀庭导演的影片《405谋杀案》摄制组当场记。当场记就当场记，我会把场记学好、做好。每天拍的不同镜头中，同场戏的道具、服装怎么连接，这一个镜头下面跟哪个，镜头中的演员位置应该在哪里，我都搞得清清楚楚，以致摄制组同仁发现我这个当演员的做起场记来也很有感觉。沈耀庭可能觉得我也算老演员了，在他手下当个小场记有点不够意思吧，还在影片中给了我一个小角色，是跟演员严翔配合演一段戏，也就三两个镜头。

摄制组的工人们对我都特别好，因为他们知道我是"文革"前演过《金沙江畔》《年青的一代》女主角的，他们不因为我落难当小场记而落井下石，我也很热诚地融入拍摄工作中，认认真真地做好自己的工作。记得有一次在安徽拍外景，送饭的汽车来了，我拿饭的时候，顺手把自己的眼镜搁在送饭车的车盖上面。大家吃完饭后，车开走了，我才发现眼镜没了。有位照明工人看我那着急的样子，就不声不响顺着车开走的方向走出去一里多路，在公路边把我的眼镜找了回来。每天出去拍外景的时候，我都会带个大茶缸，沏好一大缸茶，现场的照明工人、摄影人员在大太阳底下忙着拍摄，渴了，就会到我这儿来拿起茶缸咕嘟咕嘟喝几口，我这茶缸就像是我们集体共有的。摄制组的人一点没把我当外人，让我感觉到人情温暖。

《405谋杀案》杀青以后，我又被派到《鹿鸣翠谷》摄制组担任副导演。这是我以副导演身份参与的第一部戏。《鹿鸣翠谷》是一部反映抗战时期东北地区故事的儿童剧，导演胡成毅说，儿童演员多，有个女的副导演好。因为片中的儿童角色都是北方农村的，建组后，导演首先派我去北方找小演员。就在到西安找小演员的时候，我发现自己的身体突然变得从未有过的虚弱乏力，回来确诊是乳腺癌。我动手术那天，胡成毅导演在瑞金医院的院子里走来走去候着，等我的化验结果，听说是恶性的，十分吃惊，无奈只能回厂换了沈伦做副导演。

手术后我康复得不错。那时《鹿鸣翠谷》全片已经完成拍摄,导演征求我的意见,问我能不能帮助做影片后期的配音导演,因为这影片的主角是几个孩子,需要在上海选择有经验的演员给孩子配音。我当然很乐意能和大家一起把这部影片完成,有始有终嘛!于是我负责了后期的配音工作,还为其中一个男孩配了音。那些天,我自己坐公交车去上影厂,一路上觉得整个人都是软绵绵的,浑身没劲。

知遇之恩

在我不能出镜拍电影的那段日子里,汤晓丹导演却一直来找我。1977年,他拍摄《祖国啊,母亲》,就找了孙道临和我为其中的男女主角配音。这是一部关于内蒙古的戏,男女主角都是蒙古族的。1979年,他拍摄《傲蕾·一兰》,又找我去为张玉红饰演的女主角傲蕾·一兰配音,还是与孙道临搭档。可能是汤晓丹导演认为我具有用声音塑造人物的能力,所配的台词,不仅声音好听、普通话标准,还能走入角色内心吧。后来,我调到上海电影译制厂工作了,评高级职称时,汤晓丹导演还帮我写了推荐材料[1]。因为我到译制厂的工作时间短,积累还不多,之前都在电影厂。

---

[1] ……十多年前,曹雷在为我导演的影片《祖国啊,母亲》和《傲蕾·一兰》的女主人公配音时,就显示出她在语言艺术上的造诣。她能全身心地投入角色,并细致入微地深入人物感情,通过语言表达出来。配出了洪戈尔的粗犷、泼辣,还配出了傲蕾·一兰在不同年龄时的语言、声音变化,给影片增添了光彩,因此该两片也获得中央政府大奖。从曹雷这些年所配的影片来看,我感到她的配音有两个与众不同的特点:一是有深度,能展示人物内心复杂的感情;二是有鲜明的性格色彩和声音语气变化多端。她担任译导的影片有不少是由文学名著改编的,要把握好这样的影片,需要很好的文学基础和一定的功力,才能理解原著和改编者的精神。她任译导的《战争与和平》《看得见风景的房间》《斯巴达克斯》《靡菲斯特》都达到了相当的还原。后两部片子获得奖绝非偶然。

曹雷译导的影片很会用演员,看来演员阵容很理想。对年青演员也敢于培养,能与很多演员很好的合作,发挥了演员的优点与长处。至今,她除了为百多个人物成功地配了音以外,还译导了四十多部电影和六十来集电视剧,数量与质量也属上乘,有些可说是精品,如《是,大臣》《早安,巴比伦》《福尔摩斯外传》《柏林之恋》等,在社会上也很有影响。

摘自汤晓丹的《同行专家评价意见表》,1992年5月6日自从我正式调到电影厂后，就没拍过一部电影，还一度内定为"不能出镜拍电影"的演员。从25岁到40岁，一个女演员的创作黄金岁月就这么荒废了。下农村体验生活，搞创作，做场记、副导演，在蹉跎岁月里折腾了十几年。但这些经历也使自己意识到，虽然我学的是表演、擅长表演，却还可以胜任与表演相关的其他工作，可以搞创作或做导演的。

1981年乳腺癌手术后，我在家里休养了半年。那时的我，两星期要看一次中医、配中药，每三个月要去医院复查，再也不可能去摄制组白天黑夜地工作，更不可能出外景，哪个摄制组敢要我？有人劝我病退回家，保命要紧。但我觉得"文化大革命"结束了，终于可以从事自己喜爱的艺术创作了，我还没开始呢，怎么就病退了呢！我才41岁啊！我无法接受这个现实！考虑到最后，决定打报告给电影厂领导，要求调去上海电影译制厂工作。之前，上海电影译制厂曾经借我去配过好几部译制片，那里的配音工作，既是我体力能适应，也是我喜爱的。报告从我们厂转到上译厂厂长陈叙一手里，他当场就拍板说要了。听说我大病初愈、只能上半天班，他也要我，由此翻开了我演艺生涯的新一页。

1. 1959年，与小弟景行合影
2. 1959年11月，摄于上海一公园（左起：曹聚
   仁、曹雷、曹景行、邓珂云、曹景仲）
3. 1959年秋，最后的全家福

1. 1961年秋，母亲带我和小弟景行参加静安区政协活动，摄于佘山天主教堂
2. 1962年夏，母亲在照片背面留言：雷女将赴川拍摄《金沙江畔》，平儿考入清华亦将离沪，闲儿升入初三，摄此留念

1. 1966年,大弟景仲(右一)从清华回沪于南京西路东莱大楼顶层平台合影
2. 1966年,在安徽定远参加"四清"工作队结束后,与所在的大沟大队村民合影(中排中为曹雷)

1. 1967年夏, 偕母同往北京举办
   婚礼期间
2. 1967年夏, 赴京举办婚礼期间
   夫妻同游香山

| 1 |
| 2 |

1. 1968年，大弟景仲为曹雷拍的
   肖像照
2. 1968年，与大弟景仲的最后合影
3. 1970年初，去河北沽源告别大
   弟景仲后，与小弟景行、姆妈在
   京转车期间留影

1. 1970年，上海人民公园。母亲在照片背面注明：平儿初逝（前左起：李德铭、外婆、母亲，后左起：小弟景行、曹雷）
2. 1976年，全家四代合影（后左起：曹雷、李德铭、曹景行、蔡金莲，中左起：母亲、外婆，前左起：子李征、侄女曹臻）

1 | 2

3

1. 20世纪80年代,回东莱大楼协助母亲整理父亲遗稿,右为小弟景行
2. 母亲晚年的始终陪伴
3. 1987年,与母亲去美国收集父亲资料期间摄于斯坦福大学

1. 约1970年,夫妻对弈
2. 约1980年,母与子(李征)

1
—
2

十二、声音属于角色

1982年5月，我去上海电影译制厂报到。厂里很照顾我，同意我只上半天班。可是真的投入工作后，根本就做不到。改革开放了，进口了大量的各国影片，译制片市场大火！全厂的人都在加班加点没日没夜三班连轴转地工作，我怎么可能上半天班呢？每天早起，我要花上一个半小时熬好中药，然后提着装中药汤的小热水瓶去上班。那个时候，满脑子啊，都是角色、台词，早忘了什么病呀、累呀，在厂里，能保证一天两顿按时服药就很不错了。奇怪的是，身体也就这么一天天地越忙越好了。

喜爱译制片

讲到上海的译制片，还得从我小时候谈起。抗战胜利回到上海后，爸爸偶尔会带我去电影院看美国的《白雪公主》等适合儿童看的电影。那时美国电影大批来华，上海的大光明、皇后这几个高档的影院，差不多都是放美国片的。影院在每个座位上装一个小的耳机，看电影时，观众戴上耳机，耳机里就会有一个很好听的声音，一般都是女声，把外国演员的每句话翻译成国语给你听，就像现在的同声翻译，当时叫译意风。

新中国成立后，看外国电影的形式才改为配音制作成译制片放映。我到译制片厂后才知道，当年的译意风小姐，有的就进入电影厂的翻译组做翻译或配音工作了，"影院译意风"当是译制片的雏形阶段。所以上海的译制片应是延续了上海电影业的传统。1950年上海电影制片厂成立了翻译片组，属于电影厂的一个部门，厂址在梵皇渡路（现在的万航渡路）618号，1957年4月独立成为上海电影译制厂，1976年迁到永嘉路383号后，进入了上译厂的辉煌时期。

早在上中学的时候，我就迷上了卫禹平、邱岳峰的配音。那时我特别爱读翻译小说，爱看外国电影。当年我家住在虹口的溧阳路，闸北的老北站那儿有个泰山电影院，二轮影院票价便宜，还常有学生场，记得每张票是一角五分。有一次放映苏联的电影《伟大的公民》，这部片子分上、下两集，一个礼拜放一集，我专程坐电车去看上集，第二个星期再乘电车过去看下集。在那部影片中，卫禹平配音的沙霍夫、邱岳峰配音的无政府主义者，给我印象太深了！影片里的大段台词当时我都能背下来。那时我就喜欢上了他们的声音。所以我能有机会到上译厂配音，与卫禹平、邱岳峰老师一起工作真是太高兴了。

"杀"进译制片圈

之前我在电影厂工作的时候，就多次参与了上译厂的配音工作。"文革"期间，虽然拍电影的机会很少，但上译厂有很多内参片需要译制，任务很重，上译厂的本厂演员不够用，就找电影厂的演员去帮忙配音。我能去上译厂配音，是因为前辈演员卫禹平的推荐，拍摄《金沙江畔》时，我们在一个剧组，他跟我关系很好，后来他调去了上译厂，当了译制导演，就把我推荐给了上译厂的陈叙一厂长。

我去上译厂参加配音的第一部片子是纪录片，叫《三城》，在电影史上非常有名。影片分三部，分别讲述柏林、伦敦、列宁格勒三座城市在二战中的经历，每部影片介绍一座城市。我参加配音的是《三城·柏林》，担任全片的旁白配音。影片由一个经过二战的德国中年妇女，以第一人称的讲述，回忆整个二战过程中柏林的变化。至今我还记得片子里面的一些旁白，如"那些日子，英国飞机没日没夜来袭炸柏林，我们跟亲友分手的时候不说'再见'，只说'但愿别死！'因为我不知道自己明天是否还活着"，还有"大火把整个城市烧起来了……满街都是从动物园逃出来的狮子、老虎"。我在配这部影片的时候，回到家晚上睡觉都会说梦话："火呀，火呀！……"我老伴觉得很奇怪，他哪知道，我梦中所喊都是白天配音的台词。这样一部影片我们要连续配三天，中途不能请假，因为要限日限时送北京。至于配音影片的片名、内容、出品国等细节，都不能对外人说，剧本也不可以带回家。我们每天上班的第一件事，就是学保密条令，因为这些都是内参片，必须保密。

1971年，我又一次被借调去上译厂，在一部德国、意大利、罗马尼亚等国合拍的故事影片《罗马之战》中，为哈里特·安德森饰演的东哥特族二公主玛达斯温达配音，这是我第一次为故事片女主角配音。导演陈叙一为什么选我呢？因为在电影干校里，当时的工、军宣队看中我声音洪亮，经常让我干领头喊口号之类的活，还要求"铿锵有力"。陈叙一说，这个角色就要一张"刀子嘴"。我在影片里配的二公主玛塔斯温达是个很厉害的角色，她杀了姐姐夺取王位，说话硬气、利索，还要有力度，所以有人说我是"杀"进译制片圈子的，因为配的第一个人物就是杀人角色。

《罗马之战》是历史片，上下两集，讲的是没落的罗马帝国与东歌德人的蛮族部落之间的血战史。这部片子角色众多，人物形象丰富，上译厂的卫禹平、邱岳峰等配主要角色，从电影厂借的演员，除了我，还有中叔皇、康泰、高博、林彬、于鼎、李兰发等。我与在片中配我姐姐的苏秀搭戏比较多，苏秀是上译厂的资深配音演员，还兼任配音导演，有经验，也热情，她跟我对词、帮我排戏，周围的老演员也都会指点我，传授他们的经验，怎么抓口型、怎么把握语言节奏、怎么突出人物个性，等等，所以我虽是新手，配得也还顺利。

配这部戏时正值夏天，上译厂的录音棚当时还没有空调，热得像烤箱，还要通宵加夜班。那时候棚里只有一个话筒，如果有好几个演员一起录群戏，你一句、我一句的，得一个个演员轮流凑到话筒跟前去说话。男演员中有几个胖子，热得干脆赤膊上阵，我当时正怀孕，挺着个大肚子，在话筒前与其他演员挤来蹭去的，没录几句话就满身汗水！这部片子里有德语、意大利语，由很多国家的演员合拍的，上译厂到上海外语学院请了多语种的翻译。

因北京方面催着要求十天内配完，为了要赶任务，只能是翻译翻好一段戏的台词，就把那几张纸送到录音棚里来，我们马上录配一段，大家戏称："流水作业。"为了在规定期限里把片子交出去，整整九天九夜边翻译、边配音、边后期剪接，连轴转，录音棚内外没歇过工。厂里安排出两间办公室，临时权充男、女宿舍，轮到谁没戏配的时候，就抓紧到草席上躺一会。厂长陈叙一是全片的配音导演，工作期间没法休息，更是累得完全失声了。全片配完，最后把一段段配好的片子连起来让全组看全片作鉴定时，我们一个个都睡着了。几天下来，我累得嗓子全哑了，所以整个片子配好后是什么样的，我一点也没印象。真没想到，第一次配音经历竟是这样的特殊！

过了几年，电影厂有事让我去北京出差，北京的接待单位送给我内参片的票子，到影院一看，正是我们当年配的《罗马之战》，这才从头到尾看完了这部影片。北京的朋友告诉我，这部影片作为内参片，在北京各单位内部轮流放映，已经火了很久了。姜文拍的那部《阳光灿烂的日子》里，有一个情节，是"文革"中一帮孩子翻墙到解放军营区去看内参片，看的就是《罗马之战》。他们剪辑的那一段，正是片中我配的妹妹为了抢姐姐的王位，把苏秀配的姐姐骗到洗澡的大池子里，用热水烫死的那一段。

编外配音演员

陈叙一厂长很会观察人，善用人。《罗马之战》以后，陈叙一就记住我了，他发现我不单单是个刀子嘴，还可以适应很多角色，他知道我毕竟是戏剧学院科班出来的，用声音塑造角色的能力较强，所以就继续找我配片子。那个时候，上译厂配的都是内参片，有几部片子对我一生都有影响。

一部是1942年美国版的《鸳梦重温》，一部是《屏开雀选》，也就是《傲慢与偏见》，这两部都是老版的黑白片，译制导演都是卫禹平，都是毕克与我分别配男女主角。在《金沙江畔》剧组时，卫禹平就挺愿意带着我，那时候我刚从上戏毕业，可能他觉得我还算较有悟性的吧，常主动教我在镜头面前怎么表演、配音与舞台表演有什么不同，就像我的老师。这两部戏的配音不像《罗马之战》，不需要那么赶时间完成，也用不着加夜班。卫禹平下班后喜欢留在厂里打乒乓球，同时帮我排戏，一场一场地把我的戏排下来。他会提醒我，这句话的潜台词应该是什么，等我把那潜台词的意思表现出来了，"对，这就对了，说出那味儿了"。他会这么评价、鼓励我。跟着这样的导演，工作起来心里特别有底。摸准了人物基调以后，很容易把台词贴上去。也许因为我是话剧演员出身，不用形体，仅用语言塑造人物还是比较准确的。非常遗憾的是，等我正式调到上译厂成为专职配音演员时，卫禹平已经因病瘫痪了，没机会继续拜他为师了，所以跟他合作的片子就只有那两部。我是南方人，虽经戏剧学院的专业学习，但说普通话发音还留有不少缺陷，配音的时候，老演员毕克、苏秀他们也会在旁边不时提醒我，让我注意克服自身吐字发音的毛病。

那个时候，因为配音的片子是不对外公映的内参片，剧本都是不可以带回家的，进到录音棚、站在话筒前，就要对着银幕流利地吐出台词来。由于配音必须对准影片中演员的口型，眼睛得盯着电影画面，就不可能同时对着剧本看词。好在我是话剧演员出身，背台词是基本功，没什么问题。我觉得配音是锻炼演员语言功力的非常好的形式。

对口型

我们上译厂的配音工作流程中有一个特殊环节，是其他厂没有的，就是"对口型"。这是多年译制片配音工作中摸索积累建立的一道工序，因为有了这道工序，保证了译制片的质量。这个工作方法是厂长兼导演陈叙一开创的，是他摸索出来的。陈叙一作为翻译，在译剧本的时候，他心里面就是数着音节的。所谓数音节，就是控制配音台词的长度、节奏与原剧一致，还要让配音跟原演员的开口合口吻合，通过调整文字、语速、节奏来达到要求。譬如日语的"早上好"，"噢哈呦-哦扎伊玛斯"就是好长一串词，怎么办？若简单地配三个字，凑不满原片演员还在动的口型啊！我们就要数原片演员的口型，根据演员的说话节奏，把配音的台词编成长度相同、开口合口吻合、符合人物在规定情景的内心活动的中国话。虽然这是个很细致、很麻烦的活，可我们是干这行的，就得把它干好。人物的语言不是随随便便的，你爱怎么说就可以怎么说的，这就是我们厂的片子在译制片领域能够被公认、受到观众欢迎的原因。这也是我们老厂长陈叙一开创、坚守，我们这一代延承、积累起来的一套工作方法。我觉得，这套方法虽然很原始，但也是很科学的，因为我们配的是人，配的是心，不仅仅是配"音"。

陈叙一主要是翻英语本子的，改革开放后，进来的片子多了，各国的语言都有，日本片、南斯拉夫片、德国片，什么语种的片子都有，请来的翻译，也不都是懂电影翻译的，怎么保证音节和语义能与原片演员的口型、动作和表情对应呢？我们厂的做法是在剧本翻译流程中增加一道"对口型"的工序，当翻译拿来译本初对影片画面时，口型员要随着画面上演员的口型，数好能装几个中国字，再与翻译一起把译好的这句台词改成符合原意、字数契合的中国话。对口型工作没有专职人员，都是演员兼的，这也能帮助演员锻炼把握语言节奏感的能力。对口型是个技术活，也是个艺术活，要懂戏。在译制片的生产过程中，这是个非常细致、专业，又是及其必需的一道工序。这种工作方式只有我们上译厂有。我们厂长陈叙一自己就是翻译，是他在几十年的电影译制工作中，摸索出了这套细致、科学的配音工作方法。他常常在吃饭时都会突然放下筷子，手在饭桌上敲节奏，因为这时正好来了灵感，想到了正在翻译的电影文本的合适译词，在数有多少字的节奏，能配多少中文字。我听说，陈厂长病重弥留之际，神智已经昏迷，可他的手指还在时不时地打着节奏……他的心还在他一辈子热爱的电影译制事业中。我们知道，这一刻他的灵魂已经到另外一个他的翻译片的艺术世界里边去了。

有一段时期，很多地方电视台都想配译制片，有的台也请我去给他们当配音导演，但是他们不知道译制片必需的制作流程，以为只要找个翻译，把外文剧本译成中文，找些演员来就能配了。当我告诉他们还需要把翻译好的对白，按照影片画面上演员每句话的口型动作节奏数下能配几个中国字，再按这字数把这句话的译意编成中文，包括演员说话中的停顿、表情、肢体动作都要符合原片，这道工序决不能缺！他们就傻了，说："这种活谁干哪？"我说："按我们厂的经验，只有这样做，才能配好外国片！"

有一年，我被借到北京去配一部电视剧《苍穹之昴》，是北京一家公司跟日本的公司合拍的一部根据日本作家浅田次郎的同名小说改编的清宫戏。剧中演慈禧太后的是日本演员田中裕子，其他的大多是中国演员。借我去，是给慈禧太后一角配音。他们给我的是中文台词本，但是剧中田中裕子说的是日语台词，口型与中文台词差别很大，根本对不上，没法配！我就跟剧组提出来，我得先对口型。他们不懂什么叫对口型，但是也发现了配不上的问题，不知道该怎么解决。我让他们给我一个小工作间，给我一个电视机，并要求导演把我的配音时间安排在每天下午，上午空出来让我"做口型"。然后我每天上午就把下午要配的那几集中的所有日语台词，数下音节，改编成与片中演员口型相符的中文台词。他们对我做的工作很好奇，常跑过来看我，不明白我在做什么。我告诉他们，各国语言结构和词汇音节不同，要在外语的口型限制下配上准确的汉语，就必须数下每句外语台词的音节是多少，再配上相同语速、音节和口型开合以及译意准确的汉语。我们的行话叫"初对"。即首先记下原片外国演员在每句台词的两个停顿之间能说几个中文字，再按这字数、停顿来调整翻译拿来的初译本里的中文字数，组织中文语句。只有这样一句句都重新加工后，演员配音时才有可能把每句词对上原片口型。这是译制片生产中特殊的但又是必需的工作流程。正是我们厂在几十年的译制配音工作实践中摸索总结出的这一整套科学、细致、严密的工作方法，才保证了各语种译制片的质量。

记得有一次我去北京演戏，演出结束后，我从剧院后台出来，看到《苍穹之昴》的导演汪俊在后台外面的街上等着我见个面，他带了一拨人来看戏。他跟那些人说，"她很神的，可以按原片角色的台词数字数，然后编中文台词"。还真不是我神了，这是我们老厂长陈叙一独创的工作方法，我只是传承而已。

声音属于角色

1982年，中影公司给我们厂下达一部捷克斯洛伐克电影的译制任务，片名是《非凡的艾玛》。厂里让我配女主角艾玛·德丝婷，译制导演是杨成纯。这是一部人物传记片，艾玛·德丝婷是二十世纪享誉世界的捷克斯洛伐克女高音歌唱家。这个角色的配音难度在于，作为女高音歌唱家，里面有大段的美声唱段，且必须保留影片中的原声，我要让角色唱完西洋歌曲后开口说中国话时，转换之间的声音要没有违和感，感觉就是同一个人的声音。为此，我在配音前反复听原片的唱段，琢磨音色的特点及发声的感觉。我在配对白时，虽不能完全用唱歌的发声法来说话，却又要有歌唱家的中气，要配出歌唱家的气质。这部影片是捷克斯洛伐克的巴兰道夫电影制片厂出品的，是他们厂的一部代表作。多年后，巴兰道夫电影制片厂的厂长率捷克斯洛伐克电影代表团来中国访问，特来我们厂参观，厂里接待他们的时候，厂长陈叙一为他们放映了中文版的《非凡的艾玛》。这位厂长看后非常吃惊，说一定要回去告诉饰演艾玛的女演员波兹达拉·特佐诺沃娃，中国居然有一个人，能够把她的声音模仿得这么贴切逼真。其实我并不觉得是在特意模仿她的声音，自己只是把握了原片人物的气质和职业特点，比较准确地还原了这个人物在戏里的内心感觉。所以我们说：配音演员配的不仅是角色的"音"，更应把握人物的"神"与"心"。

1982年上映的日本片《啊，野麦岭》的续集，是苏秀任译制导演，她让我在片子里配一个主要角色阿竹。阿竹姑娘出身于贫苦农家，但长相不错，到纺织厂不久就被工头奸污了。她受了凌辱，却求救无门，就有点破罐破摔，用酗酒来麻醉自己。有一场戏，她喝醉了酒，对着同来打工的家乡姐妹哭诉心里的苦楚。排戏对口型的时候，我说到那痛处就忍不住哭起来，苏秀导演提醒我，克制点，排戏是让你熟悉口型，你就这么哭，怎么找得准口型？果然，正式录音的时候，我因为口型不准，反复录了好几遍。这场戏录得很累，录完了以后，导演苏秀还是不满意，说我不够克制，她要求我使劲憋着不哭，实在憋不住了再放出来，最后爆发，那才动人。整部戏录完了以后，又专门为这场戏再补录了一遍。我们的工作要求就是这样的严谨，口型不对当然通不过，可口型对了，还要你的情绪符合这个人物。所以我说，不要以为配音只是个技术活，更要检验演员的艺术水准。

1982年还有一部日本片《蒲田进行曲》，饰演女主角水原小夏的是日本著名女演员松坂庆子。片中的水原小夏是个过气的女演员，情感又受挫，哭戏是少不了的。有一场哭戏，镜头不是拍的人物正面，没法看到原片演员的口型，我就按照自己的感觉哭了起来。导演毕克说我哭泣的气口没对上原片，我说："画面上看不到口型啊！"老毕说："看不到口型可以看肩膀啊，看抽泣时双肩的耸动找气口啊！"这不能不让我佩服！老演员就是在不断地对细节的苛求中历练出来的！后来松坂庆子到上海访问，看了这部片子的中文版，不仅完全认可，还说声音比她的原声还好。我知道这话是客气话，但我从中悟出：配音不单单是对口型，更需把握的是人物的情绪，是配她的心！你与片中人物是"一个人"，从你嘴巴里说出来的中文，必须像她从心里说出的一样。童自荣和施融配的是这部戏的两个男主角，我们合作得很愉快。几十年过去了，观众们还没有忘记，这部戏的经典片段还是常作为各种晚会演出的保留节目。

1983年译制的法国电影《国家利益》，我为片中女科学家安杰拉配音。这部戏是揭露法国的情报部门，以"国家利益"为借口，害死了马洛教授，又让其女友生物学家安杰拉"自杀"，以掩盖法国政府贩卖军火的罪行。饰演安杰拉的意大利著名演员维蒂·莫妮卡，嗓音带点儿嘶哑，很适合表现人物的悲愤情绪。我的音色天生亮、高，适合慷慨激昂、义正词严。陈叙一厂长反复叮嘱我，安杰拉从来不想做英雄，是不问政治、埋头科研且生活安逸的知识女性，卷入政治阴谋是她的不幸，反抗则是她的正直本性使然。所以，让我不要刻意地压低嗓音去模仿维蒂·莫妮卡的声音，而是从角色的情绪心理出发找感觉。这部片子的导演是孙渝峰，可是按惯例，陈厂长对每一部片子都会参与，对新人循循善诱，我们有这样的专家厂长真是太幸运了！该片获得了1983年度文化部优秀译制片奖。

1986年译制的日本片《姊妹坡》，我为影片中四姐妹的老二阿茜配音。四个女孩年龄相近，没有血缘关系，互相帮扶，共同面对人生道路上的各种磨难。我配的这个角色，天生"假小子"性格，敢作敢当，怀孕以后，又呈现出母性的一面，最后因绝症离世前，她把孩子留给姐妹们，作为自己生命的一部分延续她们的姐妹情谊，体现了她的既有主见又很深情的性格特点。虽是同一个角色，但不同人生阶段会有不同变化，在语言和音色上都要变化，才适合角色在那个时间点、那个情境下的那个状态。这部影片也获得了当年文化部优秀译制片奖。

前辈林彬

有一部苏联拍的电影《第六纵队》，也译作《但丁街凶杀案》，剧情讲述了法国一位著名女演员在二战后与法西斯余孽斗争的故事。这部电影我前后看了八遍！因为我迷上了片中上影演员林彬老师为女主角玛德琳·蒂波的配音，我感觉她的配音充分展现了这个人物的内在气质，配出了人物的"魂"。从学生时代起，林彬老师就一直是我崇敬的声音语言艺术方面的师长，不论她在银幕上扮演的人物，或是她为外国电影中人物的配音，都值得我反复聆听，反复揣摩。她的语言清晰而不做作，声音动听而不卖弄，总能准确而不露痕迹地把人物思想和内心感受用语言表达出来，点送到位而不生硬。林彬的语言中有一种大气，把听似不在意中的意思恰到好处地传递给观众，这是要真正准确把握人物个性和内心感情，并有扎实的语言艺术功底才能做到的。这也告诉我们：也许我的声音跟原片的声音听上去不是那么相似，但绝不要去模仿原片中的那个"调"，要贴合的是原片人物的内在气质。

"文革"中，为内参片《罗马之战》配音时，我与林彬有过一次合作。林彬配的是东罗马帝国的皇后，我配的是歌德族弑姐篡位的女王。虽在同一影片中，但人物属于敌对阵营，没有语言上的对手戏。在《屏开雀选》(《傲慢与偏见》的黑白版)中，她和我分别配母女，我配二女儿伊丽莎白，自尊、智慧、伶牙俐齿的，与林彬配的势利眼妈妈有点格格不入。"文革"以后，我跟林彬又在舞台纪录片《家》的配音中有过合作，这部《家》是北京人艺演员英若诚到美国去讲学，在美国给戏剧专业进修班的学生排的一出中国经典剧目，英文版的中国剧作家曹禺的《家》。中翻英剧本是英若诚自己做的，他把美国学生用英语版排演《家》的录像，拿到上译厂做中文配音。在剧中，我为瑞珏配音，林彬配梅表姐。梅是男主角觉新以前的恋人，瑞珏是觉新的妻子，瑞珏与梅表姐有一场对手戏，即已有身孕的瑞珏在家接待来访的梅表姐。配音前，我问导演英若诚，觉新现在真正爱着谁？英若诚导演用手指在我肩上点了一下。把握了这个基调，我心里就有谱了，这时的瑞珏，语言背后的"心理动作"就是：看起来在谦让，实际上是"要保卫自己的爱情和家庭"。林彬老师含而不露的点送，能把复杂的人物关系间细微的心理活动准确到位地表达出来，这真是要有深厚旳语言功底的。这次配音对我来说，是一次宝贵的台词课，受益匪浅！

通过配音实践，我体会到：观众到剧场来看戏，不是来听演员念台词的，这些台词，观众在家里看剧本就知道了。观众到剧场或电影院来，是为了听台词背后的东西，以了解人物的内心活动的，演员必须把这一层揭示给观众。作为演员，站在舞台上，站在镜头前，是把自己本身作为创作材料，来塑造各色人物的，配音演员则是通过自己的声音和语言来塑造各种人物。舞台或影视演员，受到本人外形的限制，可塑造的人物总有一定的限制，化妆可在一定程度上帮助演员减弱部分限制，也只能是部分，但配音演员没有外形的限制,仅用声音塑造人物,天地就广阔很多。当然,这也要看演员声音的天生条件和演员的主动追求。有的配音演员声音柔美好听,适合配某一类型。我天生音域比较宽,我的声音比较适合多变,我也喜欢多变,不想让人一下子就识别出这是曹雷的声音,所以我会有意识地锻炼各种音色和气息的变化,让自己适合各种性格、各种年龄、各种职业特点的角色,这也需要在日常生活中,对接触到的不同人的观察、模仿和积累。同是女性,农村妇女的活动多在野地山间,交流时习惯高门大嗓,大家闺秀只能柔声细语,巫女说话得阴声怪气、听起来瘆人,女皇说话要有一言九鼎的气势和分量,有威慑力……每个人物都有各自性格和身份的特点和色彩,需要配音演员去捉摸、去塑造。我不希望让观众一听就是某某人的声音,要让观众不受干扰地去感受剧中人物的声音和语气。让配的音能与原片演员的表演融为一体,让观众看片时忘记这是他人配的音,更忘记是什么人配的音,这才是我作为配音演员所追求的。

百变之声

我到上译厂的时候,正好赶上译制片事业发展的高峰,各种片子应接不暇,感觉创作天地真广阔啊!开始接到的角色大多是与我本人年龄、个性相近的女性人物,后来我有意识地在更大范围去争取:男孩、女孩、老太太、老妖婆、反面角色,个性温柔的、刚强的、成熟的、狡诈的、阴险的、恶毒的、有教养的、没文化的、粗暴的、柔弱的、高门大嗓的、细声细气的……有意识地锻炼自己的声音,能够上得去,能够下得来,会用气,会变出各种不同的音色来……

在功夫片《少林小子》中,我配的是最小的和尚,那是个说话赖了吧唧的小子,既有武艺在身的自信,还不失五六岁孩子的天性。在美术片《天书奇谭》中,我配那个口齿不清、说话流口水的小皇帝。导演苏秀让我嘴里含半口水来配音,达到吐词含混不清、嘴里还转着口水的效果。我又向导演建议,再给这个角色添上说话结巴,说不清、说不全,二者混合的语言声效,配上有趣的动画画面形象,让小皇帝形象更生动,赢得了孩子们的喜爱。那一刻,我也享受了创作的乐趣。虽然我的形象不会出现在银幕上,但同时我也可以不受自己形象的束缚,纯用声音语言可以塑造的角色就太多了!我感觉自己配戏的路子越干越宽,不管什么形象的角色给我,我都希望能配出特色来。

20世纪80年代,各地电视台开始引进外国电视剧,让我有更多的机会开阔我的配音戏路。有一次,上海电视台特聘我厂苏秀任一部二十六集日本电视连续剧《血的锁链》的译制导演,山口百惠在剧中演女主角幸子。片中出现了两大户人家,老老小小许多角色,苏秀约请了厂内外老少配音演员,我们厂的赵慎之、尚华等好多老演员,包括苏秀自己都参加了配音。配到第十几集的时候,片中出现了女主角幸子的外婆,这个角色是来自海边渔村的八十多岁的渔妇,说话高门大嗓、个性爽朗、能哭能笑。当时配音界的老演员都已经在这部连续剧中安排了角色,谁来配这位最老的长辈呢?苏秀问我:"曹雷,你愿不愿意来试试?"我很高兴能有这机会,我的配音,不管角色是不是主角,也不管这个角色长得好看不好看的,我喜欢挑战、尝试。但是我也担心自己驾驭不了,尤其是外婆的那个笑,要有感染力、要敞开心怀,自己笑得停不下来,还让别人都跟着一起笑。我跟苏秀讲:"配音的那天,你作为导演,替我把着点,配了几段你听着要觉得不合适,赶快把我撤下来。"苏秀回答我:"撤下来?那我找谁去?成,也得成;不成,也得成!"真是赶鸭子上架!她愣是把我逼到这份儿上。我就使劲琢磨怎么来找到八十岁老渔婆说话的感觉。我找到两个参照目标:一个是我家以前的安徽保姆,说话爱高门大嗓;还有一个就是我在安徽定远农村参加社教时,住的那家的房东大妈,说话时张口就像炸雷。我慢慢琢磨她们说话的感觉,把握到了配这老太太的音色基调,人物色彩一下子就出来了。这个片子播放时收视率很火爆,天天晚上都有观众在追剧,我的一些朋友也在看。有位老同学问我:"迭个乡下老太婆啥人配咯?奈能嘎像啦!"我一听就乐了,我没告诉他是我配的,心里暗自得意,因为这正是我的追求目标：让我的声音与角色融为一体。

有一年，上译厂来了一部法国电影《欢迎来北方》，故事说的是法国北方农村的一个农民老大妈，带了大儿子一家到巴黎探望小儿子，影片里几位主要角色说话都带有法国北方乡下方音。由于语音不同，在剧中还闹出很多误会，形成了影片的喜剧效果。这就要求我们的配音也得带有方言色彩，我们选择用中国的东北话配法国大妈的对白，因为原片里的大妈说的是法国的北方话。

说来也巧，1976 年 5 月，张抗抗的一部反映知青生活的小说《分界线》准备改编成电影，厂里要我们深入生活，让我们去黑龙江省黑河地区的军垦农场待过一个多月。记得列车一路向北，身着单衣的我冻得不行。正好，因为要坐几天几夜的长途车，为了有效利用时间，我带着织毛线活，既然感到冷嘛，就把毛线针抽出来，披上织了半截的毛衣御寒。我们住在黑龙江畔，能听得见对岸苏联的大喇叭里传来的歌声什么的。为了便于与当地老乡交流，我努力学了一些东北话。那年 10 月，"文革"结束了，电影厂的创作计划完全改了，这个创作任务也取消了。可我学的东北话却没有忘记，不想在配这部法国影片时用上了，使用东北方言有助我把握、贴近角色。

有的译制片，女角较多，现有的女演员不够分配，就得一个人兼配好几个角色，还得配出不同的音色和语言特点来。记得毕克导演曾做过一部美国片，故事讲大海里有一条怪鱼，专爱吃女人，在这部影片里要吃掉五六个女的。导演一时找不全一一匹配的女演员，就让我一人配俩。虽然都是年轻女人，导演要求我配的声音必须不一样，要完全听不出来是一个人配的。这对演员来说是考验，也是锻炼。

在一部带点传奇风格的英国电视剧《亚瑟王》中，我配亚瑟王的姐姐，她是个巫婆，声音古怪，要让人听了发瘆。记得我在家里琢磨的时候，我弟弟曹景行的女儿，那时候才两岁多，开始她好奇地坐在我边上听我念词，听着听着竟被我的声调吓得大哭了起来："呜……，娘娘吓我！"虽然我感到很抱歉,但也窃喜,说明我找着了听起来感觉瘆人可怕的声音。那天我进录音棚录音的时候,就用了这样的声音来配那女巫。老演员尚华正在录音棚外候场,他从外面的监听器中听到了我的这段配音,当我走出录音棚时,他冲着我说:"太棒了,你那个声音,让我听得头皮发麻!"这次尝试让我进一步坚信,配音演员的声音不是属于自己的,是属于角色的,你得跟着角色走。千万不要卖弄自己好听的声音,而是要配出人物的身份、人物的内心、人物语言的内涵。

不是说声音好的人,就可以去当配音演员。配音艺术对配音演员的要求其实比舞台演员更多。你要会塑造人物,你要知道怎么把握人物的内心,但是你的手段又有限,你不能用你的形象,不能用你的形体动作,也不能用你的表情来帮助你,你只能用你的声音。我觉得给广播剧配音,对配音演员来说,是个很好的锻炼。配外国电影,画面上是有原片那位电影演员的表演的,有个先入为主的模式;配广播剧呢,什么画面形象都没有,全靠声音来塑造形象。我在电台录过不少广播剧,我还录过广播小说《简爱》。《简爱》里罗切斯特的妻子是个疯女人,简爱第一次听到她歇斯底里的笑声被吓坏了。我在广播小说中配简爱一角,导演问,这个疯女人的笑声谁能兼配一下啊?我说,让我来试试吧。那天晚上,录音师让我单录这笑声。他让我站在录音棚外的走廊里录音,能产生带有回声的效果,使那种歇斯底里的疯狂笑声听着更让人毛骨悚然。最后录出来的效果还确实挺瘆人的。后来,电台录了一部《简爱》的广播剧,也把这段笑声收进去了,竟没有人听出是我配的,这让我很高兴。我觉得配音工作让我受到很大的锻炼,再回到舞台上演出,我在人物的塑造过程中,自然会充分运用我在声音和语言方面的能力去丰富塑造的人物。

表演艺术大家们的启示

我调到上译厂去的时候,就有人说过,曹雷这辈子完了,只好在幕后配配音,听起来好像我钻进了一条窄窄的死胡同。但是在上译厂的艺术实践中，让我觉得配音的天地特别广阔，因为配音演员要接触的角色远远多于电影演员，我的声音可以活在很多人物的身上，可以从塑造这些人物的演员的表演中学到太多的东西。配音演员还有机会接触到最优秀的外国演员，更是学习表演的好机会。每部戏的配音工作结束后，我都会记笔记，把心得感悟写下来，总结一下这些演员的表演，有哪些方面可以学习借鉴。

作为一个演员，看电影的时候，除了像普通观众一样看故事情节外，我更多的是在那里学表演。我很喜欢美国的女演员梅丽尔·斯特里普，第一次听到这个名字，是有一次老厂长陈叙一去国外做电影节评委回来，他特别给我们介绍了电影节上的获奖影片《索菲的选择》和饰演女主角的演员梅丽尔·斯特里普。他说，一般演员都是用眼睛红了或流泪来表现内心的情绪变化，而梅丽尔·斯特里普的难得与出色，在于可以在一个镜头中由于人物的心理变化而使脸色也瞬间产生变化！从此我就开始关注这位演员起来。有一天，老演员富润生来找我，问我是否能去参加他在一所大学资料室做的一部影片的配音，原来要配的正是老厂长介绍的影片：梅丽尔·斯特里普主演的《索菲的选择》。这真是难得的学习机会，我什么条件都没问就答应了。这是我第一次接触梅丽尔·斯特里普饰演的角色。那段日子，每天从上译厂下班后，我就去大学的电化教育室做译本……这是上海音像资料馆作为学术片收藏而译制的国外优秀影片，因为那时的上海音像资料馆还没有自己的录音棚，只能借大学的录音棚及设备录制。

影片中，索菲这个角色的语言很复杂，她是受到纳粹迫害的犹太裔波兰女子，在纳粹的集中营里，她被迫在自己的两个孩子中选择一个生存，另一个赴死，作为母亲，这是她心底隐藏着的深深的创痛。梅丽尔·斯特里普在角色的语言处理上，下了很大功夫。影片开始时，她流利地说母语，到了美国后，她开始学习英语。起初一说英语就结巴、带口音，渐渐流利起来。我们配音时，无论角色说波兰语、英语，都是用中文表达，原片的那种真实状态就不能完全表现出来了，只能通过语气的变化来让中国观众有些感受。我为影片中梅丽尔·斯特里普饰演的索菲配音，尚华和童自荣配两位男主角。我把这次配音作为一次探索，工作期间，陈叙一老厂长给了我不少帮助。

由梅丽尔·斯特里普饰演角色的影片，我先后配过九部。属于我们厂承接的中影公司正式进口的只有两部，一部是她的第一部电影《茱莉亚》，还有就是她巅峰时期的作品《穿普拉达的女王》（又译为《穿普拉达的女魔头》）。为上海音像资料馆配的梅丽尔·斯特里普出演的影片有《索菲的选择》《坠入爱河》《克莱默夫妇》《廊桥遗梦》《紫苑草》《相见恨晚》（又译为《简短相遇》）《来自边缘的明信片》等。

梅丽尔·斯特里普的戏路子宽，演什么像什么，这也是我作为演员的追求。配音时就跟着她的路子走，琢磨她怎么塑造人物，如何把握人物内心，如何用语言表达内心。她在电影《黑暗中的哭泣》中出演一个澳大利亚的农村妇女，在片中说一口澳大利亚腔的英语，她在拍摄时就跟外景地的农村妇女学这种语调，在实际生活中去体验揣摩。我觉得不深入生活、不去体验，是很难达到这样的效果的。我还配过她主演的另一部影片，她在片中饰演一个过气的红歌星，因患癌症，声音嘶哑，不能登台演唱了，只能到一个偏远寒冷的城市，在一个小歌厅里面当歌手挣钱糊口，还唱得荒腔走板。梅丽尔·斯特里普把一个落魄歌星的神态和嘶哑歌声，逼真地呈现出来，一点也不在乎糟蹋自己本人的声音和形象。为她配戏，我感觉是在给自己上表演课，也是学习演员修养的机会。

2007年上映的梅丽尔·斯特里普主演的影片《穿普拉达的女王》，也是在上译厂译制的一部重头戏。录音是在一个冬天，配音棚里暖气很足，我顺利地工作了一个上午，中午去食堂吃饭。食堂在另外一栋楼里，去那里要穿过一个大院子，一出录音棚，寒风瑟瑟，冷风一吹，完了！下午嗓子竟发不出声了。戏已经配了一半了，再往下配，声音接不上了，全工作组都急得一筹莫展。我想了想，跟导演商量，恰恰这部影片里有一场戏，女魔头因为工作中碰到挫折，回到家里一个人发作，眼泪鼻涕地撒出来哭，那一刻她的声音是嘶哑的，正好现在我也是"破嗓子"，你就先把这场戏给配了，然后让我歇两天，反正整部戏配完还得五六天呢，你们抓紧把片中其他角色的戏配了，趁这两天我赶紧去治疗嗓子，吃药啊，喷嗓啊，中医西药一起上！过两天，等嗓子恢复了、声音回来了，再把我剩下的戏配了。导演接受了我的建议，调整了工作流程。而那场女魔头嗓子嘶哑的戏，配上我当时的声音，再合适不过了，真是歪打正着，效果还相当好！

法国的凯瑟琳·德纳芙也是我很喜欢的女演员。她出演的影片，我配了五六部吧。凯瑟琳·德纳芙是法兰西的形象代表，胜在气质。我在《总统轶事》中给凯瑟琳·德纳芙饰演的克莱尔配音。克莱尔是个有故事的人，总统的前情人，但也是个有原则的人。克莱尔和总统的情感中不幸缠杂上政治利益，在对突发事件带来的各种矛盾关系处理中，她始终保持了源自骨子里的那种高贵和修养。这部戏的潜台词（台词背后的内涵）特别多，看似不经意的一句词，却内含了人物关系、复杂的内心情绪等。我配音时，努力在平静的轻声细语中，用点送、气息配合画面演员的表情变化，传递出克莱尔的心理活动，以求符合该片中有文化修养的高阶层人士间交往的情境。

1981年的《最后一班地铁》，是凯瑟琳·德纳芙获得法国凯撒奖最佳女演员奖的作品。我们厂的演员刘风（现在是上译厂厂长），他就是看了《最后一班地铁》以后，着迷了，要求调到上译厂来的。他对我说："我永远忘不了你配的玛丽恩！"在纳粹占领巴黎的日子里，玛丽恩·斯坦纳不得不承担起保护犹太人丈夫的安全，替代丈夫承担起管理剧院的责任。在此困难时刻，又与男同事产生了爱情，可残酷的现实和责任让她不能义无反顾地去爱。我在给女主角玛丽恩·斯坦纳的配音中，是按照凯瑟琳·德纳芙的表演走的，一以贯之地采用克制的态度，冷冷地、淡淡地表述着玛丽恩·斯坦纳内心的隐忍和伤痛。我让自己进入到战争给一个女演员带来的痛苦经历中，融入到凯瑟琳·德纳芙塑造的这个人物的矛盾状态当中去。

好莱坞的英格丽·褒曼，说起她来我就心生感动。不仅因她饰演的一个个银幕角色无数次打动我，还因为我与她在同一年龄段、因同一种病魔受尽煎熬。她仙逝了，我侥幸躲过一劫，也许命运眷顾我还年轻吧。我曾有幸在好莱坞早期的黑白电影《爱德华大夫》中，为英格丽·褒曼饰演的康丝坦斯医生配音。这是一个表面冰冷却心中有火、柔中有刚的女性，在发现真正的凶手之后，她勇敢地走进院长办公室，面对凶手，用非常智慧的方式摊牌。我在配这一段时，努力去感受演员（角色）内心的紧张，我设想有把枪抵在后背，把气提到喉咙口，还得努力控制语言节奏、平缓清晰地吐出每一句词，镇住院长这强大的对手，直到他认罪服输。

在工作中，我深深体会到：配音不是一桩简单的技术活儿，也不是仅仅让配音演员借别人的表演来展现自己的好听声音，需要把握的是用声音和语言来塑造人物的艺术技巧，而且是附在其他演员已塑造成型的形象上，这是一门特殊的艺术！

声音女王

有人说我是"声音女王"，也许是指我配过的女王形象较多吧。我数过，自己配音或扮演过的女王类角色有十多个，有俄罗斯的伊丽莎白·叶卡捷琳娜和凯瑟琳·叶卡捷琳娜两位女沙皇，英国女王伊丽莎白二世，法王路易十四的王后，拿破仑的妈妈（也算是太后吧），茜茜公主的婆婆——奥匈帝国的皇太后索菲，弑姐篡位的东罗马帝国的女王，美国的总统夫人安娜·埃莉诺·罗斯福。还有中国的慈禧太后。我先后给5位演员饰演的慈禧配过音，有上海人艺演员王频，有日本演员田中裕子，还配过电视剧《大明宫词》中的武则天和《汉武大帝》中的窦太后。我还在舞台上扮演过国母宋庆龄、清代的慈禧太后等。我对自己说，不能把所有的女王都配成一个样，不同的时代，不同的处境，不同的国家、民族，每个女王都有各自的不同个性。譬如英国女王伊丽莎白二世，不是生活在独裁专制的年代，比较开明、民主。又如拿破仑的母亲，不因儿子飞黄腾达而改变平民本色，识大体、顾全大局，朴实依然。窦太后，虽贵为太后，但不掌权，还双目失明，只是个在皇帝边上敲边鼓的人。受历史、地位、出身、人物关系、扮演者的气质等等因素所限，同是女王，说话的语调、方式以及声音处理，都应该有所不同。

除了历史上真实存在的女王，我还为影视中一些气势不输女王的女强人角色配音。美国电视连续剧《鹰冠庄园》中的庄园主、老祖母安琪·钱宁，性格专横又要强。中国的电视连续剧《红楼梦》中的贾母，更是容貌慈祥内心亦厉害的人物。2010年，周信芳的大女儿周采芹，在李少红执导的50集电视连续剧《红楼梦》中饰演贾母。周采芹长期在国外生活，英语当然很好，上海话是她的母语，可普通话就差了些，导演李少红找我去给她饰的贾母配音。这部剧的演员中还有台湾的归亚蕾，在戏里饰演王夫人。之前我与归亚蕾已有过两次合作，在电视剧《大明宫祠》中为她饰演的武则天配音，又在《汉武大帝》中为她饰演的窦太后配音，看到我在给演贾母的周采芹配音，她就去找导演了，要我还是为她配音。李少红只好做她的工作，说她在大陆拍了这么多年的戏，普通话已经很好了，不需要配音了。最近我在有声书《红楼梦》里又一次为贾母一角出声，这部有声书在喜马拉雅平台上播放，听说有350万听众点击收听。我听说，有听众留言："这个声音很像电视剧里的贾母。"

适逢盛世良机

改革开放以后，上海电视台开了《海外影视》栏目，进口了很多国外的电视剧，但他们没有完整的制作团队，就找我们上译厂的演员帮忙，我参加了许多电影电视剧的配音。较早引进的美国电视连续剧（剧情和人物全剧相连）和系列剧（人物相连，剧情每集独立）有《鹰冠庄园》《神探亨特》《快乐家庭》等，后来又引进了日本电视剧《姿三四郎》《三口之家》等。《鹰冠庄园》有72集,每周播一集,在上视播了三年,配音工作也跟着搞了三年。之后引进的剧目越来越多,大多是二十多集的连续剧。那个时期,白天在厂里干活儿,晚上去电视台开工,是我们配音演员的生活常态。有时电视台临时需要配片中的群众角色,导演一时找不齐演员,时间又晚了,想起我就住在电视台隔壁,一个电话追过来,我急急忙忙地趿拉着拖鞋就跑过去配音了,妥妥地成了编导们随叫随到的"备胎"。那个年代,有个很难忘记的场景:我从上译厂下班骑自行车回家,上海电视台晚七点的《海外影视》栏目开播了,从沿街家家户户开着的窗口,飘出我们配音演员的熟悉声音,一路上能听完一集电视剧,这就是上海曾经的文化景象,这就是历史!

我从1982年正式调至上译厂的这些年里,所配人物已达数百近千,一一列出是不可能的,我也记不全,也反映了改革开放以来,我国文化对外交流的一个侧面。那时候,白天在上译厂配一部影片,晚上又赶到电视台、音像资料馆或上影厂、科影厂去配片子,还有各大学的录音棚也常有需要我们去配引进的专业教学片,加上各种国产纪录片、科教片的配音……那真是一个特殊的开放年代。除了上译厂专业做译制片外,电视台开设了《海外影视》栏目,电影系统内部设立了电影资料馆,电视台内部设立了音像资料馆,收藏各国影片,且多为新片,当时有很多相关单位到资料馆内部包场看片,以便专业人员了解世界电影动态。这段时间,有限的专业译制配音人员是空前的繁忙,这种特殊的时代景象,不是亲历者是很难想象的,我也很难详尽描述。

演员最后能走多远,最后拼的是什么?我想应该是专业能力和文化修养。尤其是那些文学作品改编的影片,若你对文学作品一点都不了解,是很难把握的。我这一生参与了数百部片子的译配,配了大大小小近千个角色,回想起来,我认为从小养成的阅读习惯是非常非常重要的基础,这是一种积累。当你为角色配音时,能帮助你去理解人物,帮助你将脑子里、心里存储着的形象,随时复原出来。对人性的挖掘还是靠文化底子,你理解了,才能用你的声音语言准确地表达出来。

作为一个演员，我从舞台走到电影银幕，然后到幕后配音，最后再回到舞台，在这条表演生涯的轨迹中，上海电影译制厂的这一段，于我就像上了一个高级进修班，是继戏剧学院学习表演以后的一次提高和升华。我配了这么多电影形象，就像是在世界各国的各种各样的人物海洋里游泳，从表演上、导演上、理解作品上以及对各个作品里涉及的社会背景、历史知识上，确实是学到了很多东西，让我在语言的把握、人物的塑造上，走上了一个新的台阶。

十三、译制导演

成功的第一次执导

1986年，上译厂接到中影公司发来的美国影片《斯巴达克斯》。按照常规流程，每部准备译制的原版片来厂后，全厂各部门人员都要先一起看一遍，看完后，厂办再宣布导演人选以及其他人员的分工。那次我们一起看了原版影片后，听到有人议论："这个片子跟小说不像嘛！不是根据小说改编的，不是那个斯巴达克斯啊？"我就与他们争辩起来。我在中学时就看过斯巴达克思的传记小说，所以我知道关于斯巴达克思的小说有两部：一部小说的作者是意大利的乔万里奥尼，他写的《斯巴达克思》的中文译本在我国流传较广；更早的另一部是美国左翼作家霍华德·法斯特写的，20世纪50年代就被译成了中文，我上中学时，从学校图书馆借来看过，译名是《斯巴达克》。两部小说的风格与主题都有所不同。我们厂要译制的这部美国电影，是按美国作家霍华德·法斯特的那部小说改编的。

我之所以很有底气地跟人家辩论，是因为看到影片片尾呈现的极具震撼力的画面：从罗马城到加普亚的大道两边，六千具奴隶的尸体钉在一个个十字架上，这就是我在初中时读到的霍华德·法斯特小说开头描述的场景，当时给我留下了深刻印象。而厂里同事说的则是20世纪60年代出版的那个译本，我也读过，不过书里没有影片中的那个场景。陈叙一厂长可能是听到我跟同事的辩论了，觉得我读过原著，对内容比较熟悉，他也许想考验考验我吧，就对我说，你试试看，这部戏交给你来做。但他没宣布让我当导演，毕竟我只是进上译厂才四年的配音演员。

厂长交给我这么重的一部戏，确实让我感到意外。不过《斯巴达克斯》的故事内容，我早就看过小说，心里还是有底的，我又是喜欢接受挑战的。那时候，我们的工作程序相当严格。作为导演，剧组成立后，先要做口型与原片相吻合的配音文本；配音文本做完后，再定下片中每个角色的配音人选；正式配音前，导演要跟配音演员们做关于这部戏的导演阐述，分析这部戏的风格及各个人物的性格特点。所以我做了很充分的准备，足足讲了两个钟头。我给剧组的同事们分析，大多数人所看过的是乔万里奥尼那部带传奇色彩的小说，他笔下的斯巴达克斯是按历史传奇人物来写的，而我们接手的这部片子，是根据霍华德·法斯特的小说改编的，霍华德·法斯特是美国共产党员，他的这部小说，着重阶级分析，强调了奴隶主跟奴隶的阶级矛盾、阶级迫害。作者霍华德·法斯特本人在美国麦卡锡时代就受到过迫害。所以虽然书名相同、人物相同，但两部原著的主题和风格是不同的。然后我就开始分析剧中的一个个人物。我作导演阐述的两个小时里，陈叙一厂长一直在旁边静静地听着，为我把关呢。

安排演员时，我考虑到寇克·道格拉斯饰演的主角斯巴达克斯是个角斗士、粗人、下层的奴隶，台词很少，主要是靠表情和眼神来说话，故安排了从部队复员的盖文源配音，他的音质比较符合人物的气质。我又安排乔榛配英国著名演员劳伦斯·奥利弗（曾在电影《王子复仇记》中饰演哈姆雷特）出演的贵族克拉苏。宣布角色分工后，乔榛很不开心，他来找我谈，说是感到失落，为什么不让他配第一男主角。我解释说，寇克·道格拉斯饰演的斯巴达克思是个奴隶、粗人，人物的主色调是压抑的，然后逐步觉醒爆发。盖文源是部队过来的，音色厚重朴实，没有华丽的贵族腔，接近角色气质。而他的对立面克拉苏是贵族，两个人物在语言上对比反差必须很鲜明。你配的贵族将领克拉苏，虽然不是第一男主角，但性格特色就是骄横、冷酷、野心勃勃，这个角色巧舌如簧、充满活力，既要行云流水般侃侃而谈，又要瞬间爆发激烈的情绪，从而揭示上流社会光鲜亮丽背后的凶残本质。

劳伦斯·奥里弗以他高超的语言技巧,成功地塑造了这个表面高贵、目空一切,内心却永存恐惧的人物。这是一个在影片中虽然不是排名第一、在配音上却绝对有难度的角色。劳伦斯·奥里弗在电影《斯巴达克斯》中饰演的贵族克拉苏,说明了一个真理:天才演员不在排名先后,而在于因他的存在让整部影片增辉添彩。劳伦斯·奥里弗在他的回忆录中,也提到了自己不是主角的这部片子,他是那种为艺术可以献出一切的伟大演员。《斯巴达克斯》上映后,颇受观众好评,我觉得盖文源在这部戏里确实表现得不错。后来上译厂把这部译制片报到北京,获得了文化部当年的年度优秀译制片奖。

由此回忆起我在上海戏剧学院学习的时候,当时学的是斯坦尼体系,斯坦尼斯拉夫斯基有一句话,让我记忆深刻:"没有小角色,只有小演员。"就是说,角色不分大小,哪怕只有几句台词的角色,能演得出彩,就是大演员。

有人以为译制片导演的工作就是对对口型,其实译制片导演的工作就像排一出话剧一样,必须把握剧中所有的人物关系,把握每个人物的气质,每句台词背后的潜在意思,把握配音演员跟角色间气质上的契合,因此导演对角色的理解,也许要比配这个角色的演员还要更深一些,在做配音台词本的时候,必须把每个人物都预演一遍,还要找出最契合片中每个人物身份性格的语言来编角色的台词。选择配音演员时,你得考虑演员在声音气质上的全盘搭配,当然,首先你要了解原片里的这些人物是怎么搭配的,然后,你要准确了解我们的哪位配音演员符合某角色的气质,具有这方面的角色塑造能力。这是一种感觉,对语言艺术的感觉,是很难用语言说清的,用对人了,则事半功倍。选择演员,不能仅从知名度考虑。再著名的演员,也不可能合适所有的主角,就如劳伦斯·奥列弗这么个演《哈姆雷特》出名的世界顶级的好演员,却不一定适合演斯巴达克斯这样的奴隶。这种搭配有时很微妙,就像一个色彩盘子里面,两个颜色搭配得当,才会各显光彩;搭配错了,就是糊涂涂一片,谁的特色都突出不了,配音亦然。

巨制《战争与和平》

不久，又一部名著改编的作品交到了我手里。1987年，中央电视台送来一个片子，要我们厂译制，是苏联著名导演邦达尔·丘克拍摄的电影《战争与和平》。这部巨制电影分成四部，外加一部拍摄花絮，后被分成九集在央视播出。

《战争与和平》的译制，不是中影公司下达的生产计划任务，是上译厂与外单位合作的创收项目，就像我们厂接上海电视台的译制片的那种性质，属于计划外的，所以无论是工作时间还是演员的安排，都得先保证厂里计划内的生产任务。

我接到片子后的第一步工作，就是要做出中文配音台本来。央视给了我们一个翻译好的剧本，但是这剧本台词只是意译，与影片口型完全不合，必须重做口型本，才能配上画面演员的口型。做口型本必定会修改原译本的语句结构，但语句表达的意思又必须忠实原著作，不能走样。我把《战争与和平》的几个中文翻译版本都找来作为参考，有骆驼书店1948年出版的郭沫若、高植的合译本，有新文艺出版社1957年出版的高植的译本，还有我在"文革"后去书店排队买来的1981年上海译文出版社的高植译本。因为这部巨片不是我厂生产计划内的主线任务，所有工作，在时间、人员和工作场地的安排上，只能在保证主线配音任务之外见缝插针，连口型员都无法配备给我，我只能单独一个人做口型本。同时，厂里正在译配的电影，需要时我还得参加配音。

既然是计划外的任务，我只得见缝插针地挤出时间来做。我把四集影片的所有对白，录在盒式磁带里，白天我若在厂里参加其他影片的配音，候场的时候，我就戴上耳机，听着磁带数音节，再对着剧本编配音本，这是我在做这部片子时练出来的本事。俄语很啰嗦，音节很多，很长一段台词翻成中文就俩仨字。好在我中学里学过俄语，能够把音节准确地数下来。然后去核对几个中文版本的内容（因为每个版本的翻译是有区别的），把初对本改成意思最接近原意、长度能符合口型的配音台词本，这个过程就好像做了回《战争与和平》的中文编剧，整整花了一个半月的时间。做配音本的过程对加深理解剧情和人物关系是非常有帮助的，所以后来的配音工作阶段就比较顺利。

工作期间，我去拜访了住在岳阳路的另一位原著译者、翻译家草婴先生。我请草婴先生到厂里给我们做个讲座，介绍一下《战争与和平》小说原著。那时他正好在翻译托尔斯泰的全集，对这部小说产生的时代背景，作者在原作中表达的主题思想，以及主要人物的思想脉络诸方面做了很全面的介绍。因为大部分年轻的演职人员都没有读过这部小说，在做配音口型本期间，我让他们赶紧去找原著看，他们从电影局的资料室里找到一部，还是用绳子捆扎着，保留着"文革"期间打入冷宫的原样，可见多年无人问津呢！有的演员对我说，这本书看起来很吃力的，看不懂。确实如此，小说开头就是描述一场聚会，有许多人物登场，光那不断出现的人物的一长串名字就让读者晕乎，更别说书中人物正交谈着什么了，没有对19世纪初叶那场俄法战争历史背景的了解，真的是难以读懂。所以直到配音开始，还是有不少演员没来得及看完原著。正式配音前，我只能针对性地把每一个人物的身份及在戏中的地位给演员做了讲解，以求配音到位。

这部小说中出现的人物有四五百之多，邦达尔·丘克导演在电影中做了减法，还是有一百多个。这么多人物，选择音色、气质最符合的配音演员也是要费点功夫的，自己厂里的演员肯定不够的，所以我只好找上译厂外的演员帮忙。配主要角色的演员，有的还得兼配次要角色。旁白的配音，我请了孙道临老师(这是他的最后一部作品)。电影厂的林彬、电视台的张欢等也都请来了。丁建华配娜塔莎，一开始娜塔莎是非常单纯的，到后来慢慢地成熟了一点，我觉得她的配音很出得来那个变化过程。

一部大戏，头绪太多，难免失误，譬如娜塔莎的弟弟小彼得，尚未成年就要上战场，一仗下来，就牺牲了，这对家人的打击当然是巨大的。通常的做法，男孩的配音都是女演员担任的，但是当时我们的女演员配女角都不够用。也巧，中央戏剧学院刚毕业的沈晓谦来厂不久，在我眼里也就是个大男孩，我便安排最年轻的他来为彼得配音。第一场戏录下来，就知道我错了，年轻的沈晓谦声音很老成，配中老年男性角色的可塑性很大，就是配不了男孩子。为了更真实地表现效果，我干脆去附近的中学找了一个变声期的男学生来替换，虽然这学生对配音什么也不懂，只能边教边学，但正是这怯怯的不成熟的声音，能让战争给一个未成年男孩造成的悲剧命运，带给观众更大的感情冲击。

片中还有一个角色，炮兵队长图辛。小说中有一个情节：安德烈公爵到了营地，远远地就听到了图辛的声音，然后就循声找到图辛的帐篷，托尔斯泰对图辛的语音特色有过专门的描写。电影里也有安德烈找到图辛帐篷的情节，但是给图辛配音的孙渝峰，他的声音被其他演员的对话声音湮没了，区分不开，这就不符合安德烈径直找到图辛帐篷的细节。于是我决定临阵换将，换上不能配小彼得的沈晓谦，他是新人，声音又很有特色，在众人声中跳得出来。幸亏我对原著内容熟悉，才没有忽略这个细节，也算是还原了原著和原片吧。作为导演，无论前期如何充分准备，总还是免不了会有纰漏，只能在现场及时调整，以求完美。

这部片长六个半小时的电影，是苏联动用国库资金、耗资五亿六千万美元，临时演员多达三十万，包括调动大量军队，以举国之力拍摄的空前绝后的巨作，在苏联电影史上有着举足轻重的地位。该片多次在国际电影节上获奖，1969年获得了第41届奥斯卡金像奖最佳外语片，苏联电影能在西方世界主导的电影节得奖是很不容易的。作为译制导演，我觉得应以相应的品质来做好它的译制，才对得住原片在世界电影史上的地位。后来我也看过美国拍摄的《战争与和平》，亨利·方达和奥黛丽·赫本主演的那部，他们虽然也是我喜欢的演员，但相比较而言，还是苏联的作品更原汁原味，邦达尔·丘克导演是真正懂得托尔斯泰的原作，并能在作品中真实地表现原作的精神的。片中娜塔莎的扮演者、芭蕾舞演员柳德米拉·萨维丽耶娃初上银幕，就得了大奖，由此成为世界著名演员，此后在国际电影界又拍了很多片子。可惜朋友对我说，现在央视反复重播的是美国拍的《战争与和平》，苏联拍的《战争与和平》很难看到。

接踵而至的好片

那个阶段，文学名著改编的片子接踵而至，继《战争与和平》之后，我又先后执导了《看得见风景的房间》《靡菲斯特》等片子。《看得见风景的房间》是获得1986年奥斯卡最佳外语片奖的英国影片，戏中的男女主角乔治和露茜，是一对冲破世俗偏见走到一起的青年人，我征求了担任此片翻译的老厂长陈叙一的意见，选用了两位青年配音演员任伟和狄菲菲。片中另一位戏份较重的角色、喜欢卖弄风雅的富家公子塞西尔，是后来成为奥斯卡影帝的安东尼·戴·刘易斯饰演的，同样交由戏路较宽的新人沈晓谦配音。这部纯文艺片上映后果然很受年轻人青睐。这部戏的意外收获，是为一对有情人提供了机缘，任伟和狄菲菲由此走到了一起。

由小说改编、德奥合拍的影片《靡菲斯特》，原作我并不熟悉，接到片子的译制任务后，我才去看了小说，还查找了相关的历史书籍。通过阅读，我理解到，作者是通过笔下的演员赫夫根的发迹及沉浮来影射当时的纳粹政权。主角赫夫根是被作者批判唾弃的小人，但他的身份是演员，片中有不少他在舞台上的演出台词，而日常生活中，为了利益，他也会言不由衷、见风使舵地"表演"。这么一个个性复杂的人物，谁来配音才能把握呢？因为角色的身份是舞台剧演员，所以配音演员要有话剧台词表演的基础，最好是戏剧学院出来、受过专业训练的，这样一来，选择余地就窄了。由于赫夫根是个"绝对主角"，在片中戏份极重、很突出，厂里不止一位男演员想配，我的选择肯定会得罪人。一切从艺术效果出发，这是我做导演的原则，最后我选了童自荣。因为这个角色配音的成功，童自荣在以后的戏路上也有很大的突破。虽然童自荣因在法国影片《佐罗》中配了佐罗而知名于社会，我却以为，就艺术水准而言，童自荣的成就应该是《靡菲斯特》中的赫夫根一角。这部影片后来获得了全国的优秀配音艺术奖，我也和童自荣一起去北京接受了颁奖。

上译厂的基石

在我们上译厂,通常一部译制片的生产程序及人员职责是这样的:

1. 翻译剧本。除了少数北京方面已译好一个初译本随影片一起发来外,更多的是由我厂的翻译人员(我厂翻译组有多语种的翻译人员)或外请翻译做的,根据外文剧本译好的这个中文本叫"初对本"。

2. 初对。译制导演、口型员(由配音演员轮流兼)与剧本翻译者三方人员根据原片人物的台词节奏、语速、口型长短开合,对翻译完成的初对本进行加工调整,做成配音本。译制导演和口型员一起,要反复地一段一段看原片,口型员要数出原片人物说的每句话可配几个中文字数,导演再和翻译一起,把初对本逐句按口型员数出的字数,并对应画面上演员的手势、动作、表情,编成中文台词的配音本。通过这个过程,导演对片子就了然于胸了。

3. 确定人选。导演开出片中人物的配音演员名单。

4. 复对。导演向演员做全片阐述,并根据影片主题、风格和每个人物的个性,对演员提出要求。演员根据配音本,对照影片分段对词,这个过程还可对台词作微调修改。

5. 排练。演员对照原片画面和原声带反复排练,找准口型和语气。

6. 配音实录。进入录音棚,分段录音。

7. 全片鉴定、补戏。全片分段录完后连接起来,厂长、导演、全体演员及录音师一起鉴定配好的全片,若发现问题或不足,挑出相关段落补戏。

8. 口型修正。录音师对完成音带对照口型作修整。在胶片电影时代,剪接师还须参加修整。

9. 合成混录。录音师将配好的对白音带与随原片进口的环境音响(如脚步声、车马声、背景人杂声、音乐声及各种自然环境声等)的声音素材混录合成一条声带。若原片音响素材有缺省或干脆没有,还要补录和重录,所以厂里配备了拟音师。

10. 确定字幕。导演开出配音演员及录音、剪辑等工作人员名单,以及片中歌词的字幕。

11. 制作拷贝。将完成混录的音带与字幕内容送至电影技术厂,与画面合成制作成拷贝,供影院放映。

12. 成品鉴定。拷贝制作完成后,导演还要做一次鉴定,确定音响、口型、字幕各方面都没有问题了,签字认定后交付发行。

这套工作流程,是老厂长陈叙一从建厂开始就建立起来并不断完善的。就我接触过的同行,无论是国内的,还是国外的电影厂,只有我们上译厂有这样一套完整严密的生产制作制度。在我心里,老厂长陈叙一就是上海电影译制厂和中国电影译制事业的灵魂。

上译厂的灵魂

跨进译制片这个天地后,我觉着自己就是靠着陈叙一老厂长,才能够很快地在这一行里有所作为。从一名对配音工作完全陌生的女演员到译制导演,进步还算是比较快的,参加配音及执导的作品也不止一次获奖。我能够较顺利地跨入这一行,一方面是自己自小积累的文学修养及之前当演员打下的语言基本功,更重要的是老厂长陈叙一的提携及信任。担任译制导演后,我觉得不仅在文学修养方面有了很大的提高,而且在宗教、历史、地理诸方面都有所丰富,具有更宽泛的知识视野。我不会忘记,在我生命的低谷,是老厂长拍板收了我,给了我第二次艺术生命。在日常工作中,他会无保留地帮到你,只要老厂长在,我就有胆子挑担子。

老厂长陈叙一是上海圣约翰大学毕业的,英文基础好,又喜欢电影。他以前在剧团里干过,熟悉戏剧,所以在电影剧本的台词、对白翻译方面,跟一般的文字翻译有所不同。文字翻译讲信、达、雅,电影剧本翻译还要求口语化,要凑得上原片的口型,这就是陈叙一的所长,也是他的爱好。他外国电影看得多,他"懂行",其他翻译就不一定懂,这方面的积累不是大学里的外语专业可以教的，也不是字典里能查得到的。这种功力，除了基本的语言能力之外，更要有艺术实践和生活经验的积累。陈叙一常说，"翻译要有味儿，配音要有神"。尤其是对外国俚语的处理，最能体现老厂长对语言的驾驭能力。

譬如有一部26集的电视连续剧《快乐家庭》，电视台找我做译制导演，我请老厂长陈叙一做翻译。一般翻译所译的台词，能做到意思正确，但不够口语化，没法用在不同身份、年龄、个性的人物对白上，我们要经过口语化加工，才能符合台词对白的要求，而这正是陈叙一的强项。《快乐家庭》这部戏的男主角，是一个单身父亲，妻子出车祸亡故了，留下三个孩子，最小的是一个4岁多的小女孩，聪明活泼、伶牙俐齿（由陈叙一的小外孙女贝倩妮配音）。男主角有两个男性好朋友，经常到家里玩，跟孩子们都很熟，其中一个要去演脱口秀，男主角带着小女儿去看这个叔叔演出。上台之前，男主角拍了一下他好朋友的肩说："打断你的腿。"这是一句美国俚语，习惯作演出之前的祝贺词。戏里边的小女孩不懂爸爸为什么要打断叔叔的腿，爸爸解释说："我这是为了祝贺他。"机灵的小女孩也想祝贺这位叔叔，马上接了一句："叔叔，那我要抠出你的眼珠子！"这里就是剧中的一个笑点（电视片里保留了原片的观众笑声），因为孩子不懂爸爸的俚语，就按这意思自己编了一句，引出了观众的笑声。我在其他有字幕的美国电影里不止一次看到这祝贺词，字幕打出来的中文就直接翻译成"打断你的腿"。观众看了肯定是一头雾水。若按常规处理，也可以把台词改成"你好好干"之类的词，但小女孩下面的对白就接不上了，原剧的喜剧效果也失去了。陈叙一对我说，"这一段今天先不配，我还得想想，先配别的"。第二天，他对我说："有词了！我把词全改了。"他用中国人的习惯语言，把"打断你的腿"改成"好好露一手"，然后女孩问爸爸："为啥要露手？"爸爸解释后，女孩就说，"叔叔，那你再露条腿！"这样的对白，中国观众都能领会，原来的喜剧效果也保留了。陈叙一翻译出来的词，就是绝！为什么我说陈叙一是剧本翻译"高手"？就是高在这种地方：既能吃透外

162

语原意,还熟悉和积累了很多中文的口语、俚语,运用自如。我真是非常佩服他,对我也很有启发。

老厂长不单积累了很多母语的语言语汇,他也苦苦钻研了很多外国的语言,尤其是生活当中的那些俚语、习惯用语,他在这个方面下了很深的功夫。他翻译出来的东西,往往非常贴合人物个性和人物关系。听他女儿说,在家里,他经常为了一句词,吃饭时会忽然放下筷子发呆。有一次洗脚的时候,因为脑子里正在琢磨词儿,穿着袜子就把脚伸到水盆里去了。只有像老厂长这样,把自己的一生都投入在译制片事业里,才会做出真正的像样的作品来!这些作品才能一直保留下来!本子编得好不好,是大有学问的,他是花了一生的心血的。所以我觉得老厂长是我们上译厂的灵魂。

老厂长晚年得了声带癌,声带被摘除,他不能说话了,跟人交流,只能拿笔写在板上。病重的时候,我们去看望他,他写了四个字:"从此无言。"他用手里的笔在这四个字上用力点戳着,我安慰他说:"老头儿(这是厂里大家对他的昵称),你不要难过,你心里面那些最美的语言,从来不是说出来的,是你写出来的。"他看着我,眼泪顺着面颊流了下来!

有一次,上海电视台找我做二十集的美国电视系列剧《黑暗的公正》,让我做译制导演,还让我帮助找翻译。我一看这部片子,讲述的是美国警察的故事,也就是我们俗称的"警匪片"。每集都有一个案子发生,跟警察打交道的都是三教九流、社会渣滓,他们的语言有很多是俚语、下层的黑话,就连有的警察说话也很粗俗。我心想,做这类本子,非老厂长莫属!他平时注意积累、有研究,只有他才懂得那些话该怎么翻译。其他的年轻翻译,依靠到字典里去找,有的话是找不出来的。那时候,陈厂长声带已经摘除,但是身体还可以,在家里休养。我鼓起勇气给他打了电话,把电视台这个本子的情况跟他说了,问他能不能接这个翻译的活。因为他已不能说话,我就说:"老头儿,如果你能接的话,你就拍一下话筒,不行的话,你就拍两下,我等你回答。"我握着话筒等了一段时间,听到"啪"响了一下,我屏气等着第二下,没有!当晚,我就把外文剧本送去了他家。过了一个星期,我去淮海中路的电影局开会,陈叙一厂长也去了,他见到我就把我拉到一边,拿出包里一叠稿纸,是上海电视台用的那种五百字的大稿纸,他居然把前面几集都译好了,只见稿纸上,正文格子四周的空白处密密麻麻写满了注解,他怕这部警匪片里的很多俚语黑话我看不懂,而他又没法用声音对我解说清楚,就把我可能不明白的地方,都在旁边写上了注解。拿着这份稿纸,我对电视台的负责人说:打印成剧本后,应该把这份原稿作为文物保存下来。也不知后来上海电视台《海外影视》栏目撤销以后,这份手译稿有没有保存,若毁弃了,真是非常可惜。据我所知,这部电视系列片的译本,是老厂长生前翻译的最后一部作品。

老厂长平时待人接物都是很有修养的,可是因为配戏,也会跟人急眼。有一次,有个老演员不够上心,怎么也做不到位,陈叙一又气又急,"我记你一辈子"。他对合作几十年的老同事比较严格,对新来的年轻人就比较宽容。

时代赋予更多机遇

调到上译厂的那些年,从配音演员到译制导演,我主要在厂里从事译制片的工作。随着改革开放的力度逐渐加大,文化的大门也逐渐打开,引进译制片的口子也越开越大了,上海电视台、外省市的电视台都进口了外国影片和电视片,还有各种作为内部研究用的资料片,上海国际电影节、国际电视节引进的片子等。那时,我已退休,我的工作舞台慢慢地从上译厂转向了更广的天地。我的工作也从单纯的译制进口片走向更开阔的领域。

那年,北京一家影视公司要拍摄根据苏联文学作品《钢铁是怎样炼成的》改编的电视连续剧,有二十集。片中人物都是请乌克兰演员扮演的,片中台词说的是俄语,拍摄地点在乌克兰。前期由国内的编剧根据小说写出中文剧本,然后翻译成俄语本,交乌克兰演员拍摄。剧组找到我,是要我把剪辑后的整部电视剧的台词配成中文对白,这个工作说实话是不大好做的。甚至比直接配外国影视片更有难度。

我的第一步工作，就是做完整的中文配音台词本。由于拍摄中台词还在不断修改，再经过导演边拍边剪辑，我拿到的原始台词剧本与外国演员拍成画面的外语口型已经天差地别、无法对应还原了。我只能老老实实地按照上译厂的工作程序，从数画面上演员每句台词的口型开始，根据每句口型的长短，参考原剧本的译意，重新编写台词。十几万字的台词本，我花了近900个小时才啃下来，实实在在地体会了一把"钢铁是怎样炼成的"！

电视连续剧《牛虻》的导演吴天明，原先根本就不知道有"口型"这一说，以为拍完片子以后请中国演员把原剧本台词配上就可以了。结果到了后期配音时，发现口型完全对不上，就不知道该怎么办了。制作方说，那得找做译制片配音的人。结果就把我找去了。我开始做口型本时，导演不知道我要干什么，问为什么不直接让演员配音？我说，外国演员讲的那些外国话，要把中文台词直接对上去，这是不可能的！必须经过一道工序，这道工序只有上译厂的才会做。于是，我还是按照上译厂的工作方法，一句一句数口型，根据剧本重编中文台词，再请配音演员一起完成了这部电视连续剧的中文配音。叶大鹰拍摄的电影《红樱桃》，片中用了不少俄罗斯演员，也有大量的俄语台词，最后中文台词的配音工作也是找我去做的。

迪士尼来了

我与美国迪士尼影片公司的合作也是很值得记一笔的。最早来到中国的迪士尼影片，都是打中文字幕的。后来进口了一部《狮子王》，中文配音是迪士尼公司在台湾做的。美国人以为都是中国话嘛，台湾做的片子也可以到大陆来放映，没想到在大陆放映时，我们的观众听了台湾口音都哈哈大笑，他们才知道台湾的国语跟我们大陆的普通话是有区别的，不能用一个配音版本，以后他们的华语版就分别做普通话版和台湾国语版了，就像中文图书有简体字版和繁体字版一样。毕竟大陆观众多、孩子多，有票房，中国大陆是他们的重点市场。

迪士尼影片要开拓大陆市场，译制环节当然首选已有四十年历史的上译厂。记得1994年，厂里接过几部迪士尼的动画片，分配给我的活是《乌兹岛人》，可是双方探讨进一步合作可能时，就出现问题了。那时迪士尼公司已经用数字录音设备了，而且是立体声的，我们上译厂没有这个设备，一时也不可能更新匹配的数字设备。迪士尼提出给我们厂提供一套数字设备，前提是要厂里按合同数量保证完成迪士尼的片子。上译厂的生产首先是要完成中影公司下达的译制片任务，怎敢用合同来保证完成迪士尼的活呢？此外，演员的稿酬也有差距，我们厂里的片子，即便是主角，每部片子是200—400元，迪士尼的片酬是市场标准，两者有相当差距，片酬搞双轨制，厂里的管理也是很有难度的，合作受阻。

《玩具总动员》

1995年，《玩具总动员》到中国大陆来做普通话配音。迪士尼公司找了上海电视台技术中心与香港合资的新新传媒制作公司合作，在上海租了一个很好的录音棚，找我去做译制导演，让我帮助解决翻译、演员，组建工作班子。迪士尼方面对配音工作很认真的，与工作片同时送到的是每个角色的声音形象的文字说明。所以每个角色我都要在厂内厂外找几个演员来分别录音，录完音、编上号，再传到美国给制作方听，他们觉得第几号的声音接近原角色，才能拍板人选。有的录音还是从录音棚里通过电话直接传到太平洋彼岸的。我很尊重迪士尼方面的意见，毕竟他们是原创作方，熟悉角色；他们也很尊重我，因为我熟悉演员。这种远隔重洋、双方不见面的合作，既陌生又有趣。最后筛选下来，主要角色还是上译厂和上海电视台的配音演员，都是专业人员。上译厂的童自荣、程玉珠分别配里面的两个主角：胡迪和巴斯光年。按照迪士尼的译制片惯例，片中的歌曲不能用原唱，要译成中文歌词找中国歌手配唱。片中有几段布鲁斯风格的、美国乡村风格的歌曲，我找了广东歌手高林生来唱。后来，高林生在上海体育馆的一场演唱会上，演唱了《玩具总动员》的主题歌《你是我好朋友》，全场沸腾，可见大众对该片的热爱。

更有挑战的是，与国内的配音工作程序不同，迪士尼的配音流程是每个角色单独录一个声道，最后再将十几个声道合成的。也就是说，每个演员要分别自说自话地把全片的台词录完，不像我们习惯的那种，按场景有对手的配音流程。这就需要导演全盘把握每个角色、每句台词的分寸，才能使后期合成的角色对话搭配合理、符合剧情。

1996年7月，《玩具总动员》在上海影城举办首映式，原片的导演约翰·拉塞特专程来上海参加，因为这是新中国成立后首部放映的普通话配音版迪士尼影片，迪士尼方面特别重视。这时，距离我完成译制工作已经七个月了，这期间，我一直牵肠挂肚地放不下，新技术、新方法，各种第一次，效果如何心里还真没底。当天，我陪导演和观众一起看完普通话配音版后，大银幕上还在走字幕呢，约翰·拉塞特摸黑跑到我的座位前，给我来了个大大的拥抱，嘴里一迭声地："谢谢，谢谢，非常非常感谢你！"灯亮了，观众都站起来向他欢呼，他非常激动地拉着我站起来面向观众致意。约翰·拉塞特说："虽然电影的对白我一句都没听懂，但我感受到了人物的情绪，这种感觉不亚于原片，这就是我的影片！"此刻，憋了半年多的我，终于长舒了一口气。

首映式时，为了庆贺和配合宣传，主办方专门印了片中主角头像的T恤出售，他们送了我一件作为纪念。到后台贵宾室的时候，约翰·拉塞特让我把T恤交给他，他当场提起画笔，亲自在T恤上为我画了片中两个主角人物：牛仔警长胡迪和太空骑警巴斯光年的大头像，以示感谢。他是动画片的导演，更是动画大师啊，在美国有当代华特·迪士尼的美誉。

迪士尼公司的片子大多全球发行的，所以公司内部有一个艺术水准鉴定部门，负责对几十种不同语种的译制片作出评价。《玩具总动员》在全球有二十多个语种的版本，虽然这部影片不是我们上译厂承接的，但是参加配音的主要是我们上译厂的演员，约翰·拉塞特对童自荣、程玉珠的配音和高林生的配唱都很赞赏，能够得到原片导演的认可，我觉得这是最高的奖赏。我有幸做了中文版的译制导演，而且这个版本会与海外的华人观众见面，也给我们上海电影界、电影人长脸了。迪士尼公司发行部门的一位女士曾问我："你应该很有成就感吧。"她说得不够准确，我的真实感觉是欣慰，是做完了一件事的那份踏实。

三十八岁的约翰·拉塞特像个大孩子，痴迷于电脑、玩具，玩出了《玩具总动员》。他说，"我有一个心地善良的妈妈，她不喜欢内容不健康的影片。我有四个儿子，我拍的影片要让他们觉得好看，这是我的宗旨。"如此朴素的语言，道出了他拍电影的标准，根据这个标准，他拍出了内容健康且好看的《玩具总动员》，不仅体现了正面的价值观，而且赚了大钱。他遵循了一个朴素的准则，却创造了电影史上的奇迹，这就是约翰·拉塞特先生给我们的启迪。

遗憾的《钟楼怪人》

《玩具总动员》的译制完成以后，迪士尼方面很满意，接着就陆续送来了好几部片子，《101忠狗》《恐龙》等都是由我任译制导演在上海译制的。其中有一部配音难度非常高，也是我这一生的译制工作中遇到的最复杂的影片，那就是根据法国著名作家维克多·雨果的著名小说《巴黎圣母院》改编的动画片《钟楼怪人》。这是一部音乐剧形式的动画片，片中九个角色，八个是要又说又唱的，有的还有大量的唱段，而且唱的歌曲也因片中角色不同而风格不同，有的是摇滚风格，有的是美声男中音，还有流行歌曲风格等，片头还有一段四个声部的大合唱。按迪士尼方面的要求，那些歌词必须全部译成中文，由中国的演员完成配音。我们的配音演员擅长配对白，很难达到那样的专业歌唱水平，我只能从上海各专业单位把唱歌的演员一一对应找齐了。但是有的歌唱演员虽能唱，台词方面却达不到要求，所以我不得不找齐两套配音班子，找两位音色相似的演员配同一个角色：

配音演员配台词,歌唱演员配唱,让角色在歌唱和说话之间的声音转换无缝衔接,观众在听觉上没有违和感。

片中的弗洛罗神父是一个男中音,有大段的唱,我请来了歌剧院的男中音歌唱家杨小勇配他的唱段,但杨小勇的普通话达不到配对白的要求,也没有配译制片的经验,于是我又找了音色与他相近的配音演员林栋甫来配神父的台词。又如,卡西莫多的唱段带流行歌曲风格,还夹杂一点民歌风,我找到上戏的学生高强为他配唱段,因为我听过他在大学生歌唱比赛中的演唱,他还获了奖,音色与配对白的演员梁正晖也比较接近。片中的吉卜赛姑娘艾斯米拉达唱民歌和说话都比较豪放野性,朋友向我推荐影视演员杨昆,杨昆与原片中美国当红女演员黛米·摩尔音色相似,沙哑且富有魅力,在影片中配对白和唱段深情又投入,把角色忧伤、失落的情感演绎到位,甚至打动了美国来的配音导演。片中歌曲分量最重的是乞丐王高洛宾,大量的台词是"唱"出来的,我找了东方电视台的主持人张民权,他原是上海歌剧院的男高音演员,记得当时他正讲解足球赛,非常疲劳了,还是一遍遍地参与排练。片中还有一个小丑,他的唱段是带摇滚风的,我周边实在找不到合适的歌手,结果制作方在香港录粤语配音版时找到一位歌手杜德伟,他刚去美国学了摇滚,就请他用广东话唱一版,普通话再唱一版,后者就配在我们这版上。片中两段大合唱,是四个声部的混声合唱,我请来上海歌剧院的合唱班子,还请专业指挥来为这庞大的合唱队伍排练。说实话,从唱到配音还都是很有质量的。可以说,这是我这辈子遇到的最难译制的一部影片了,没想到竟然严丝合缝地把这个大工程完成了!出品方美国迪士尼公司也比较满意。由此我也有个意外收获:发现了歌唱演员中适合配音的,配音演员中能唱歌的。

这部片子还有我儿子李征的一份功劳,剧本是他翻译的,那时他还是外语学院英语专业的学生。我接到这部影片的译制任务时,正值"五一"节,前后有七天长假,上译厂的翻译都放假了,各自家里会有安排,不方便打扰,找厂外的翻译吧,又没有办法从早到晚与我一起工作。

配音工作是有期限的，我不能让这七天白白过去啊！无奈之下，我只能激我儿子：你敢不敢翻译这本子，你把意思翻译出来，我们一起来组织句子，可以找小说参考。儿子真壮着胆干了，这部影片也是我们母子俩难得的一次合作。

过去，由于台湾的"华语"与大陆通行的"普通话"在语音语调上有较大的区别，为了两地的观众更好地接受影片，迪士尼公司一般都请两地的配音演员各配一版。唯独这部影片，台湾破例放映了我们大陆配的这个版本。那是因为这部影片可说是部"音乐剧"，在后期制作上同一个角色既要配对白还要配唱，唱的歌曲还需要不同风格，美声、民歌风、流行歌曲、摇滚风、合唱等，难度太大，台湾找不出上海这么齐全的艺术人才。作为译制导演，这是我接到过的最复杂、也是配音难度最高的一部影片。

但是啊，这部片子也成了我这辈子的一个遗憾，片子做完后，没在我们大陆放。为什么呢？因为就是那一年，迪士尼公司还拍了一部讲达赖的片子，外交部提出抗议，决定那一年不进口迪士尼的片子。迪士尼的规则是当年没有卖出去的拷贝，第二年也不卖了，要卖计划中的其他片子了。怎么那么巧，都赶在同一个年头呢！

真是无事生非

记得退休前的那几年，由于电影、电视圈里找我干活确实蛮多的，厂里有的人就有看法，说是为什么都直接找你个人做？应该通过厂里走程序安排，领导也为此找我谈过。我也挺为难的，人家都是有困难才找我帮忙的，我也是完成厂里工作任务以外、利用业余时间做的，至于外面为什么直接找我不找厂里，你让我怎么解释？怎么回答？

这种是非有时还会干扰正常工作，有一次，还真把我给惹恼了。那是北京中影公司下达到厂里的美国影片《无事生非》，这是根据莎士比亚名剧改编的影片，时间要求又很紧，厂领导找我做这部影片的译制。那是1997年6月下旬，我因参加市里庆祝香港回归晚会的排练，和曹可凡等几位年轻人搭档做主持人,脱不开身,厂领导就让王建新把影片带子送到后台交给我的。

我在上戏一年级的时候,正好苏联专家给导演培训班排毕业大戏《无事生非》,后来焦晃那个班的毕业大戏也是排演此剧,我是一直在那盯着看的,看得台词都烂熟于心了。所以领导找我救急,我觉得心里有底,就一口答应了。我马上联系了在电视台《海外影视》栏目长期合作的、很得力的老翻译邹灵一起做本子,还去找了当年青年话剧团的演出剧本作参考。活干到一半,来事了。

记得有天演出完回家后,很晚了,王建新来电话,通知我,厂里要我停止手里的《无事生非》工作,让我把做到一半的对白译本交出来,交给乔榛做。这种做法在我们上译厂的历史上从来没有过。我就电话联系厂里的罗守柱书记,问他为什么! 罗书记说实在没办法,怕有的人闹事。原来是乔榛从外地演出回来了,听说安排了我做这么重要的片子,就不高兴了,他要做。这理由太荒唐了! 是对我所做工作的践踏! 我拒绝了。他们又找邹灵,邹灵也婉拒了。那天晚上,厂里来了辆车,罗书记等我下了戏,直接把我从后台拉到厂里,谈到午夜。既然在厂里没地儿说理了,我也不愿就范,就打电话给电影局局长叶志康反映情况。据说,局领导找厂班子谈了话,要他们在厂中层干部会议上检讨,向我道歉。为了避免矛盾激化,决定另找一位导演来做。根据局领导的意见,厂里决定交给苏秀老师做。虽然这个结果我并不满意,无故停止我工作的问题并没解决,但出于不为难领导们,我同意把完成了一大半的译本交给老苏。可是老苏也不愿搅到是非里来,提出了条件:如果双方都同意,她才接手。结果乔榛不同意交给苏秀做,最后片子交给伍经纬导演了。那年7月底,听邹灵说起,《无事生非》还有麻烦,电影局又到厂里调查了。既然已经退出了,我也懒得过问。记得那天晚上,开车把我从剧场拉到厂里谈话的是时任厂长助理的青年演员沈晓谦。罗书记跟我谈完后,他送我回家,一路上一声不吭,最后分手时,他说了一句:“我感到羞耻。”沈晓谦后来辞职出国了,他是中央戏剧学院毕业的、很优秀的青年配音演员。如此这般，我遗憾地错过了自己喜欢的这部莎士比亚剧目。

何必配音

我喜欢的片子未必能有机会，烫手山芋有时候却会接到。那是1995年，黄蜀芹导演的电视连续剧《孽债》，是讲去云南的上海知青返城后与自己留在云南的子女之间的故事，根据叶辛的同名小说改编的，做成沪语版的，很有地域特色。这部剧播出后很火，中央电视台也要播出，要求上海做一版普通话的。黄蜀芹对这个要求挺抵触的，做成普通话版的，就有违她的创作意图，不愿做。可是不做普通话版，就不符合中央电视台的播出要求，就不能播出了呀！上影厂领导做她的工作，她就把这个烫手山芋扔给我了，"倷去寻曹雷好咧"。我们关系挺好的。上影厂找我后，我看了片子，觉得确实有问题，配上普通话，不仅导演意图要打折扣，有的剧情就不成立了，怨不得黄蜀芹有情绪。譬如开场戏，在云南长大的知青子女，在上海火车站下车了，周围都是上海话，好像到了陌生的国度，给孩子们带来心理压力和不安全感，导演就是通过一开始的语言不通，来铺垫之后的因文化经济等种种差异，从而产生矛盾冲突的。改成普通话，就不存在这个效果了。还譬如，剧中有一位乡下阿婆，一口浦东本地话，是上海滑稽剧团的老演员演的，一开口，人物的身份、性格特色都有了，改普通话就没有这个效果了。怎么办？我找黄蜀芹商量，总得想办法做啊！"随便倷奈能弄！"一副爱谁谁的样子。记得有一场戏，已经重组家庭且有了孩子的父亲，面对突然到来的云南的亲生骨肉，要当着孩子的面与妻子讨论怎么安排这个孩子，原剧是用上海话对话，孩子听不懂，就很自然。改成普通话，剧情就不成立了。我又不可能重新剪剧本，只好改台词，婉转隐晦一些，还压低声音轻声说，使其既符合场景，又能延续剧情，但是只能做得不露破绽而已，没有原创的特色了。这种给原剧效果做减法的活，只能一边做一边叹息，再努力也是遗憾的。在我看来，方言片子还是要保留方言特色，配上字幕就可以了嘛。

另类配音

还有一次也是挺另类的配音，是中影公司派给我们厂的活，厂里让我做译制导演。那是1990年美国拍摄的传记电影《耶稣传》，也译作《耶稣的生平》。原版是英语，要求用上海方言配音，还要说上海本地话，要求用尖团音发声的。我把厂里演员中会说上海话的全揽在一起，还去厂外借了演员，即便如此，也达不到要求。一是我们平时交流所说的上海话，与上海本地话的发声还是不同的；二是宗教的专用词汇我们不熟悉，普通话照本宣科还可以，上海方言就不知如何发声了。虽说中文剧本是现成的，但要配上海方言，还得二度翻译。

好在上海就是资源多。19世纪，法国天主教在土山湾安营扎寨，就是用上海方言传道，还用上海方言编写教材的。我去徐家汇天主教堂找神职人员请教，按照上海方言的宗教用语表述方法修改成沪语台词本，再去上海人民广播电台找顾超，他是著名的沪语栏目《阿富根谈家常》的主持人，我把沪语台词本和一盒TDK磁带交给他，要求他不带任何感情色彩地通读全剧台词，只要音准就可以。然后我就底气十足地揣着录音带、提着四喇叭录音机走进录音棚开工了。

配音演员的语言模仿能力很强的，遇到吃不准的读音，就打开录音机听顾超怎么发声的，鹦鹉学舌般把音咬准了，譬如"七""亲"这类尖团音。也许正是这个片子的特殊性，有点挑战吧，大家都很起劲地投入其中。记得是王玮配耶稣，乔榛担任全片的解说，还有翁振新、童自荣、严崇德、杨晓、丁建华、程晓桦、周瀚、席与荣等。

片子做完了，我还是不敢怠慢，这部片子的主要受众是基督教的教友们，他们对上帝的虔诚、对《圣经》的熟稔，是不容片子有任何差池的。所以我又请宗教界的权威人士看样片，确认无误后才交活的。

该片中主演耶稣的查尔顿·赫斯顿，是主演过《宾虚》《十诫》等大片的美国影星。1988年，我们厂引进过他主演的《地震》，或译作《大地震》，我也是该片的译制导演。那年10月，查尔顿·赫斯顿来沪访问，美国领事馆为他举办了电影招待会，邀请我过去，与美国电影代表团见面，那天受邀的还有上影厂女导演史蜀君。查尔顿·赫斯顿在我随身携带的小记事本上留下了签名，摄影师祖忠人为我们留下了合影。

导演该管的"闲事"

作为译制导演，有时还会遇到一些意外的是非。有一次，中影公司给厂里下达了一部爱尔兰片子的生产任务，片子内容是关于大学校园生活的。爱尔兰片子很少遇到，又是青春题材的，大家都挺愿意做的。不两天，女翻译突然来找我了。"曹雷，我勿翻、我勿翻！"我很诧异。"里厢忒下作[1]了。"原来这部片子是讲性解放的，画面上倒是没什么裸露的镜头，可演员的台词里有好多是教年轻人如何性交往的，我们的配音演员真的是说不出口的，除非重新编台词。我只好报告厂领导，领导让我写报告给中影公司。中影公司很重视，来了个工作组，也许是来兴师问罪的吧。幸亏工作组有两位女性，我要求单独同两位女同志谈，才好意思把片子的详情汇报了。她们听了很吃惊，这件事多少反映了中影公司的境外选片工作不够专业，也许会因此有所改进。

还有一次，中影公司来了部片子《黑马兰花》，电影杂志上已经刊登了该片的宣传海报。看到片名，我心里咯噔了一下，它让我想起一件旧事：1956年暑假，我参加天马电影制片厂的影片《两个小足球队》的拍摄，韩非饰演我们的体育老师，就在拍摄期间，韩非老师被紧急叫走，因为之前他参加配音的电影《马兰花芳芳》翻译出错了，把郁金香错成马兰花了，所有涉及马兰花的台词都得重新配音，片子就是中影公司的。我把心中的疑惑告诉了老厂长陈叙一，他让我写个文字材料，与中影公司去沟通了。不久中影公司反馈意见来了，片名改成了《黑郁金香》，就是阿兰·德隆主演的那部片子。

---

[1] 上海话，里面太下流的意思。

十四、邂逅音乐

早在20世纪70年代后期，我还在电影厂的时候，就经常被上海人民广播电台叫去做节目，解说、旁白、文学作品诵读，等等，更多的还是录制广播剧。

参演广播剧

与我联系最多的是电台文学组的编辑孔祥玉，她是我在上海戏剧学院的同班同学，作家孔罗荪的女儿，文笔好，在福建军区文工团时就创作过话剧剧本。从20世纪80年代起，我与孔祥玉合作的广播剧有《两个人的车站》《舒曼与克拉拉》《黑桃皇后》《在那相聚的日子》《远去的月亮》《在命运的废墟上》《地平线外》《独眼女人和她的儿子》《米黄色凡尼丁》《燃烧的石头》《黑太阳》《死婴之谜》《南非钻石》以及系列广播剧《刑警803》等。其中《两个人的车站》是我改编的本子，《地平线外》是我根据尤金·奥尼尔的作品改编的，还担任了导演和解说。

孔祥玉退休后，接她班的文学编辑是雷国芬。我跟雷国芬合作的广播剧也不少，那时国家、上海对广播剧开始评奖了，我与雷国芬合作的广播剧《无言的歌》《彩虹蝶》《星星点灯》等获得了国家奖。《星星点灯》是讲失独家庭的，我在剧中演吴老师，获得了2011年第十一届中国广播剧专家奖连续奖金奖，排名第一；2012年国家新闻出版广电总局的"广播剧大奖"。

创作音乐广播剧

经常去电台，跟那儿的人都熟悉了。有一次，电台音乐组的老编辑彭秀霞问我，能不能给音乐组写一个关于柴科夫斯基的音乐广播剧，可能是她看我在文学组又编、又导、又演的。彭秀霞是前辈了，电台的同事们都称她"彭妈妈"。她的这个建议让我既心觉忐忑，又有点欣然欲试的冲动。我唱歌水平属业余，连五线谱都不识，但是喜欢听音乐，音乐能舒缓平复人的情绪，尤其是在逆境中。我对音乐的认知感悟，更多来自电影中的配乐，譬如银幕上出现一个人的背影，仅从电影画面上看不出什么，但是通过音乐旋律节奏，观众就能理解这个人物此刻的心情、状态，音乐好似一种神秘的语言，诉说着电影情节。相较我的迟疑顾虑，彭秀霞倒显得胸有成竹，好像有什么必胜法宝，她带我去拜访谭冰若先生，谭先生是她坚强的学术支持。

谭冰若先生是上海音乐学院的教授，从事音乐史教学、研究。他对彭秀霞的选题设想非常支持，作为音乐史研究者，能够通过电台这个平台，用广播剧的形式，向听众普及音乐史知识，自然非常乐意且积极投入。于我，能聆听音乐大师的教诲，且与之合作搞创作，也是求之不得的机遇。

谭先生给我讲柴科夫斯基的故事，分析柴科夫斯基的音乐作品，还提供相关的参考资料。在他的教诲下，柴科夫斯基的身世经历以及和他相关的人物，一一走入我的心里：终身未见面的挚友梅克夫人、钢琴家鲁宾斯坦、会唱俄罗斯民歌的大胡子花匠……广播剧是用声音来表现的剧，与舞台剧一样，要有剧情结构。理解把握这些人物的关系后，就可从中选择进入剧情的素材，我决定从柴科夫斯基与梅克夫人的人物关系着手构思剧情。我把自己设想的剧情结构与谭先生、彭秀霞一起讨论，形成大纲，然后回去写剧本对白。谭先生则根据我提供的剧情，在柴科夫斯基的作品中选择与剧情发展相对应契合的音乐片段，以合成完整的广播剧。就这样，一个不懂音乐的编剧，一个不谙戏剧的音乐家，联手创作了音乐广播剧《柴科夫斯基》。

这部剧的配音演员阵容强大：上影厂的孙道临配男主角柴可夫斯基，我配梅克夫人，上译厂的邱岳峰配钢琴家鲁宾斯坦，李梓担任全片的解说，还有施融、盖文源等。谭先生选取的柴科夫斯基作品的乐曲片段，更是精准地契合剧情，传递着角色的感情，强化了广播剧的感染力。

这部剧播出后，观众反应异常热烈，电台音乐组收到大量观众来信，音乐界也颇多好评，也许是因为这种新的艺术形式，使阳春白雪的古典音乐走进了大众生活吧。不久，电台决定再录一版立体声版的，那时刚开始使用立体声技术。立体声版的《柴科夫斯基》录完后，还出了盒带，风靡一时。很多年后，还有外地听众给我写信，找我帮忙翻录或刻盘，因为听得遍数太多了，盘片磨损得声音失真了。

就在准备录立体声版期间，发生了一起意外且痛心的事件。电台决定录立体声版后，我一一联系各位配音演员。我约为剧中钢琴家鲁宾斯坦配音的邱岳峰老师时，他非常高兴地应允了，但是，两天后，他却突然不告而别于人世。震惊之余，我匆匆找了上影厂的韩非老师来配鲁宾斯坦。所以，音乐广播剧《柴科夫斯基》的普通版和立体声版，鲁宾斯坦的配音演员是不同的。

这部音乐广播剧的成功，让谭先生对广播剧这种艺术形式的兴趣大增，第二年，他就向彭秀霞提议，还是要与我合作，再做舒伯特。下一年又提出了做约翰·斯特劳斯。他准备一年做一个音乐家，把世界著名音乐家做成一个系列。于我，每做一部广播剧，就像上了一堂音乐课，对一个音乐大家的历史和作品有了新的认识。

舒伯特的这部广播剧，剧名采用了他墓碑上的一句铭文：被埋葬的财富和希望。我做完编剧做导演，配音演员有孙道临、李梓、毕克、高正、朱莎、吴文伦等。约翰·斯特劳斯的剧名是《播种欢乐的人——"圆舞曲之王"约翰·斯特劳斯》。做约翰·斯特劳斯的时候，我已经调到上海电影译制厂了，所以我把剧本完成后，就请上译厂的苏秀来做导演，由此，苏秀也成了谭先生的朋友、学生了。

与谭先生逐渐熟悉后，他告诉过我，他原是学声乐的，曾留学日本。后因染上了肺结核，肺叶功能不全，当歌唱演员是不可能了，便改行做音乐史。肺结核是传染病,所以他不结婚、独身一辈子,领养了一个孩子。

20世纪80年代起,译制片的爆发式增长,使我不再有任何属于自己的闲暇时间,一早出门、半夜回家,周末不休息是常态。谭先生着手准备了的李斯特及计划中的系列音乐广播剧,我再也没时间顾及了,真是非常遗憾。有一次,在百乐门的一个活动上,我意外地遇到了谭先生,且惊奇地发现,古典音乐功底深厚的他,还是流行音乐的倡导者。后来,我曾专程去看望他。他在自家弄堂里租了一间房子做工作室,许多爱好音乐的年轻人会去他的工作室上课。他邀我去他的工作室,教孩子们朗诵。还没等我安排呢,谭先生就病了、住院了,我与谭先生的约定又一次无法兑现。

亦师亦友的孙道临

我做的这几部音乐广播剧,有一个重要人物是不可缺的:老前辈孙道临。他或配男主角,或担任全剧旁白。孙道临被大众熟知,是通过他饰演的电影中的角色,觉新、萧涧秋……而他的音乐天赋似乎被湮没了。他不但喜欢音乐,而且音乐素养极高。我们一起录制广播剧时,中间要安排休息时间的,孙道临就会在录音棚一角的钢琴前坐下,自弹自唱。那一刻,我们就会互相提示,"嘘……"压低嗓音,"老孙要开唱了。"他会唱自己喜欢的舒伯特的小夜曲,还会用德语唱《菩提树》《鳟鱼》等。那一刻,我们都会静静地听着,一起分享这美妙时光。

我和孙道临的合作很多,记得张骏祥导演的艺术纪录片《大庆战歌》是我们一起担任解说的,还有其他纪录片。汤晓丹导演的故事片《祖国啊,母亲》《傲雷·一兰》是我们分别给男女主角配音的……好似被导演们默认的合作搭档。工作时,孙道临会提醒我,"再往后一点"。他是要求我后鼻音到位,这是我这个南方人发声上的短板。我在担任苏联影片《战争与和平》的译制导演时,请孙道临担任贯穿全片的解说。有张工作照,是我在给孙道临讲《战争与和平》的历史背景梗概。他是20世纪40年代从燕京大学毕业的,英美文化教育底子厚实,我是新中国成立之初的中苏蜜月期里成长的,对俄罗斯文化比较熟悉。工作之余,他会非常幽默地开开玩笑、活跃气氛。他很绅士,非常尊重同事,自己又很博学,与他共事是非常舒服愉快的过程。孙道临年长我近二十岁,是前辈,我称他道临老师,但他一直把我当妹妹似的照应着。他身上有一种老派绅士的味道,那种与生俱来的谦谦君子之风度,让我觉得他更像一个温厚的大哥,我们就是这种亦师亦友的关系。我调到上译厂后,要评高级职称时,道临老师还为我写了推荐意见[1]。

跨界演艺活动

也许是几部音乐广播剧产生的社会效应吧,此后音乐界的有些活动就会找我去参加。譬如钢琴诗人萧邦诞辰200周年纪念音乐会,又如罗伯特·舒曼诞辰200周年纪念音乐会,都是由我写了介绍音乐家生平与艺术成就的讲述词并主持纪念音乐会的。也是因为与谭冰若先生的结缘,使我对音乐艺术的兴趣有了更高层次的追求,学着把自己对古典音乐的感悟写出来与公众分享,先后发表了《圣·桑的管弦乐组曲〈动物狂欢节〉》《柏辽兹的〈幻想交响曲〉》《舒曼、克拉拉与〈童年情景〉》《与命运之神搏击——柴科夫斯基〈第四交响曲〉》《舒伯特及其〈未完成交响曲〉》等文章。我还给孩子们写了一本童话小书《奇妙的乐器王国》,把一个交响乐队里的各种乐器拟人化,设计了一个叫小音符的童话人物,走进乐器王国,与各种乐器交流对话,从而了解每种乐器在交响乐中的作用,算是音乐知识的普及吧。

---

[1] ……《鹰冠庄园》中的安琪、《多叶之秋》中的爱薇娜、《雇佣警察》中的黛拉、《蒲田进行曲》中的水原小夏,都是相互很不相像的角色,观众很难相信这是由一个演员配出来的。……不仅广览群书,勤于笔耕,而且热情参加其他艺术品种的创作实践。我个人曾和她一起合作过音乐广播剧和诗词朗诵的录制、诗歌朗诵的活动……曹雷曾说:"金钱名声都是虚荣,只有作品是真的,会留在世上,因此需要认真地对待。"她的成绩也体现了她的价值观。

摘自孙道临写的曹雷国家一级演员评审《同行专家评价意见表》,1992年5月6日
上海电影译制厂曹雷档案

我和老伴去法国旅行时，专程去了距巴黎数百公里的乡村若昂，那里是法国女作家乔治·桑的出生地，更是她与萧邦共同生活的地方。这是一个与外界保持距离、相对僻静的角落，一片丘陵中的一座古老的庄园。几百年来，老房子依旧，客厅的一角，萧邦使用过的钢琴原物原位依旧。中间摆放着一张饭桌，我们坐在桌前，想象着一百多年前的场景：乔治·桑在桌边写作，萧邦在一边弹钢琴。那个地方雨水很多，萧邦说，他喜欢看乔治·桑打着雨伞的侧影，所以萧邦在此写了《雨点》。他的一些作品就是抒发感情、即兴而作的，眼睛里看到的、耳朵里听到的，就会被他化作好听的旋律弹奏出来。音乐就是一种抽象的感受，大家一起听同一段曲子，每个人的感觉却未必相同。

　　朗诵，也是伴我一生的艺术活动。从学生时代始，此生参加的朗诵活动真是不计其数。直至今日，年过八十的我，依然邀约不断。对于朗诵这件事，我的基本观念是，朗诵作品的我只是一个传达者，首先得理解作者意图。我拿到要朗诵的作品，一般都会先找诗歌作者沟通，除非找不到的。我要了解诗人在写诗的时候是怎么想的，他的感觉、他的意图，他想表达什么，我要走到作者的心里去，就像演戏要走到角色的心里去一样。我是作者的代言人，不是借他的作品来显摆我的声音怎么好听、我多会朗诵。所以，我和有的诗人，譬如赵丽宏就很有默契，特别是彼此熟悉以后，拿到他的作品，我会找他讨论请教，加深对作品的理解，所以他总是第一个想到找我朗诵他的诗，觉得我可以把他诗作的真谛表达出来。

　　作为演员，广播剧、朗诵会等艺术演绎形式，都是我喜欢且擅长的。

十五、重上舞台

有的人，生来属于舞台，我想，也许我就是。尽管从学生时期拍摄《两个小足球队》到为国内外的电影、电视配音，我在电影圈里幕前幕后地转了半个多世纪，但我内心深处，深深地向往着舞台，觉得自己就应该属于舞台。

三岁即首秀

我的第一次登台，是三岁那年在赣州的幼儿园。那是蒋经国夫人按照苏联模式办的实验幼儿园，搞得很活跃，有各种幼儿运动会、演出，等等。不止一次听爸爸姆妈笑谈我的第一次演出。那天天气比较冷，我得穿着裙子上台唱儿歌，姆妈怕我着凉，就在裙子里面加穿了一条毛裤，把裤腿挽上去、用别针别住，别露到裙摆外边来。谁知我刚上台就绊了一跤，赶快爬起来以后，先掀起裙子看看，看里边的毛裤裤腿有没有掉下来，然后面不改色地走到台中央唱起了儿歌："老鸡骂小鸡，你是个蠢东西，我教你唱咯咯咯，你偏要唱唧唧唧。"童年的这段"首演记"，因常听姆妈提起，故我到现在还能把这首儿歌的内容记得一字不差。爸爸姆妈不止一次在亲友面前说起这事，不就是得意三岁的女儿在舞台上表现得淡定从容。

上学后，我一直活跃在学校的舞台上。小学一年级，我的演讲《我要当一个演员》就获了奖，一面三角形的奖旗挂在教室黑板的上角。1949年上海解放的时候，全市举行大游行，游行队伍里有反映时政的街头活报剧，我在活报剧里演宋美龄。进了复兴中学后，我又在话剧队排演的苏联的多幕话剧《米拉姑娘》中饰演女主角米拉。在上海戏剧学院的毕业公演中，我又一人饰演了两台大戏的主角，《玩偶之家》的娜拉以及《桃花扇》的李香君。在上戏的戏剧大师熊佛西、朱端钧及班主任罗森、宋顺锦老师的耳提面命、谆谆教诲下，使我对舞台从热爱迷恋升华至责任与使命，我憧憬的人生就是把生命融入聚光灯下的一个个角色，永远穿梭在后台、侧幕、舞台之间……

但是，一切都在1966年戛然而止了。

正式调入电影厂以后的二十年间，在一个女演员的黄金年龄段，我只在70年代初上了一次舞台，在话剧《赤脚医生》中塑造了一个女赤脚医生的角色，就是后来的电影《春苗》在舞台上的雏形。直至20世纪90年代后，年过半百的我才频频受到邀约，重新站上了梦牵魂萦的话剧舞台。

半百重上台

1991年的上半年，上戏的校友叶千荣突然从日本来上海找我，说他打算在上海排一出小剧场话剧，想邀我出演。那是我第一次接触到"小剧场话剧"这种演出形式。

叶千荣是上戏表演系1982年毕业生，曾在上海人艺做过演员，后来去日本留学，热衷于学习小剧场戏剧艺术。他这次来上海，带来一个法国剧本《护照》，而剧情则是发生在俄罗斯的。日本的剧社把它翻成日语后在日本演出过，相当受欢迎。叶千荣把它译成中文，想拿到上海来排演，推广这种国内当时还没有的"小剧场戏剧"。叶千荣说他看过我的戏，留给他的印象很深，他还请来了上海人艺的老演员李家耀，让我们俩合作。

这出戏的背景是沙皇时期的俄罗斯，场景是俄罗斯的一个边防检查站，人物是一个边防检查官与一个农村妇女。这部戏的剧情是农村妇女没有护照，却要通过边防检查站去探望境外的儿子。边防检查官是个官僚，办事打官腔，而农妇压根儿不懂啥叫护照，矛盾冲突由此发生。整台戏就是我和李家耀你来我往地掰扯，个性冲突形成喜剧效果，情节不复杂，重在台词功夫。导演叶千荣不让我化妆，也不要人物造型，服装就穿自个儿的，他说你就本色出演。布景道具呢，就一张桌子。他说就让观众看你们俩的戏！这种现代派风格，有些像我国传统京剧那样"一桌两椅"的戏剧演出，我还是第一次接触。

李家耀很适合边防检查官这个人物，我跟他虽然是第一次合作，但配合默契，因为我们俩都是上海戏剧学院的斯坦尼斯拉夫斯基体系下培养出来的演员，他是我的学长，当年就读于苏联专家带的那个班。

《护照》的运作模式，也是一直生存在体制中的我第一次遇到。不找单位、剧团，也没什么财团资助，叶千荣直接找了我和李家耀两个演员。因为当时上海还没有专业的、适合这类剧目演出的剧场，剧组就出钱租了上海波特曼酒店的宴会厅，在大厅中间搭个平台作为演出舞台，观众就坐在四周观看。观众呢，有一部分是住酒店的外国客人，作为夜生活的一种选择。还有一部分内部票，我也不知道怎么处理的，可能是请文艺界戏剧圈的同行吧。《护照》演出了三场，社会舆论反响还挺大，大家都对小剧场戏剧感到新奇，上戏的一些年轻教师也来波特曼酒店看戏。经过"文化大革命"，把过去表演教学的方法都给批判、推翻了，戏剧学院的年轻教师也不知道该怎么教学，他们看到两个人，在这四面观众的近距离舞台上，没有布景、灯光变化，不依靠外在的化妆造型，仅用语言交流来揭示两个人物的巨大冲突和内心变化，这在当时，确实是很独特的一次演出实践。我专门请老厂长陈叙一来波特曼酒店看戏。那次演出，虽然没有多少演出费，于我而言，能够重新站上舞台演戏，就是梦寐以求的幸福了！

长演不衰的《老式喜剧》

1995年1月，为了集中资源出好戏，上海人民艺术剧院和上海青年话剧团合并为上海话剧艺术中心，杨绍林任总经理。他们也曾多次找我去合作。1997年，话剧中心引进的中央戏剧学院导演系刚毕业的青年女导演戴榕准备排演《春姨》，是一老头和一老太两个人的一台戏。因为是刚来的年轻新导演，杨绍林就想找两位老演员来托一把，找了我和娄际成。娄际成是我上戏的学长，60年代初期，我们在话剧《年青的一代》中合作过。我和娄际成看了剧本，感觉那就是小说，实在不是个戏，我们俩都不怎么喜欢，但话剧中心决定排演，我们也就服从了。导演年轻，工作方法也和我们不合拍，很难有默契，排练了一段时间，实在搞不下去了。

　　创作班子已经建立了，总要排戏演戏吧。正在为难时，我想起自己手里有一个油印的剧本，也不知道作者是谁，是人艺老演员魏启明给我的。1996年3月，魏启明来找我，想让我与他合作演这个戏。我看了本子，确实很喜欢。这是一个苏联的剧本，剧名是《老式喜剧》，讲述了一对老年人的黄昏恋，全剧只有两个人物，却个性鲜明，也很有戏剧性。可是当时我还在上译厂上班，没有大块时间排戏演戏，我们商量过一二次后又各忙各的了，没机会进一步落实，这个剧本就一直留在我这儿。

　　我回去翻出这个油印的剧本给杨绍林和娄际成看，他们看了都觉得剧本好，很快就决定改排这个剧本。很久以后，我才知道这个剧本竟是苏联的著名剧作家阿尔布卓夫的晚年代表作，是经典剧作！有一次，我们一批搞俄罗斯文化的人去俄罗斯旅游，团里有个北京的人，半开玩笑地对我说，《老式喜剧》的本子是我翻译的，你们演得那么火，也不给我版税。我连连招呼："失敬，失敬！我们拿到的本子没有署名的啊。"原来我手里的这个油印本是中央戏剧学院在80年代排演过的本子。

　　我们开始排练《老式喜剧》后，考虑到戴榕导演对剧中苏联的生活背景不是很熟悉，又另请上戏的胡导教授来任导演。胡导擅长喜剧，他放手让我和娄际成自己发挥，他再在我们排出的"毛胚"上精加工。

　　《老式喜剧》的时间背景是卫国战争以后的苏联，战后存在太多的破碎家庭，那些幸存下来的人，战后怎么继续自己的生活，是一个普遍存在的社会问题。剧中场景设定在一个疗养院里，两个人物都曾有过曲折的人生经历，经受过战争带来的感情伤痛，个性也很不一样。他们在疗养院相遇后，经过一次次接触、碰撞，最后走到了一起，互相再也难以分开。这种感情深沉又复杂的人物，不是活到一把年纪的演员，还真很难把握。

我饰演的丽吉娅，是个退休的马戏团演员，性格活泼好动、追求个性解放，无拘无束。她到了疗养院，对有规律的集体生活不适应，要么半夜三更在房间里引吭高歌，要么一时兴起，独自一人去河边溜达，屡屡破了院里的清规戒律，不断地被投诉。娄际成饰演的院长、古板的主治医生罗吉昂，不得不一次次找她谈话，矛盾冲突就在两个人之间展开了。丽吉娅两次被丈夫抛弃，独自带大的唯一的儿子，却在刚满18岁那年，在战争结束前的最后一场战役中牺牲了。医生罗吉昂有个感情非常好的妻子，还有个女儿，都在二战中亡故了。虽然两个角色的位置是对立的，两个人的性格也不同，但是他们也有共同点，战争中都失去了亲人，都在承受着感情上的创伤，这是一个可以互相理解和接受的共同点。从对立争吵逐步成为彼此倾诉、聆听的对象，最后谁都离不开谁了。整出戏分九场，一层层地表现两人感情真实细腻的递进过程。

整场戏演出要将近两个小时，只有两个角色。演出中我们俩几乎没有到后台休息的时间，在台上演完一场下去转一圈，又上来接着演下一场，真是非常累心又费力，那时我都57岁了，娄际成还比我大几岁。我演的角色是马戏团演员，在台上又唱又跳，一个晚上的演出消耗很大。在戏中，我要唱俄文歌、跳俄罗斯舞，除了以前在上戏时学过的一些舞蹈动作，还根据剧情，请来上戏舞蹈老师刘芷诺教我们查尔斯顿舞。娄际成演的罗吉昂，开始是沉闷内向的，比较古板，后来被我感染了，个性张扬起来，以致在台上跳起了水兵舞，真是难为他了！虽然这个戏演得费心费力，但是我们自始至终演得很认真。我们这代演员被"文化大革命"耽误得太多，这么多年了，也没演过什么好的作品，遇到喜欢的剧本和角色，自然全身心地投入了。

《老式喜剧》上演后，剧场效果很好，几乎场场客满。有的观众告诉我们，他们是从很远的郊区特地来看我们俩的戏的。经过"文革"这么多年，好久没看到这样的戏了，有的观众看了还不止一遍。一开始，我们是在安福路原青年话剧团的小剧场里演了几十场，后来又转到话剧中心的舞台上，演了大约十来场。过了好多年，还有导演想复排这个戏，来找我出演，可那时我六十多了，要在台上又唱又跳地一晚上，实在演不动了！

演完《老式喜剧》以后，话剧中心排了一部戏叫《装聋作哑》，是上海戏剧学院刚毕业的一位导演排的，找我去演剧中的妈妈，青年舞蹈演员黄豆豆的未婚妻粟奕在戏里演我的儿媳妇。戏演完没多久，她和黄豆豆结婚了，之后我见了黄豆豆就开玩笑："该叫我丈母娘啦！"

配角也要出戏

我在话剧中心参演的最后一出戏是契诃夫的《万尼亚舅舅》。为了全力打造这出契诃夫的名剧，话剧中心聘请了俄罗斯著名导演沙皮罗来执导。为便于沙皮罗挑选演员，话剧中心为他提供了好几部以往演出剧目的录像，其中也有我参加演出的戏。一天，我突然接到沙皮罗的俄语翻译杨伟民的电话，"偷偷告诉你个事，导演第一个就把你定下来了，你得准备好，参加这个戏的排练"。杨伟民是我的复兴中学校友，他的夫人又是我住在溧阳路时的邻居，小时候就认识，所以他会私下提前告知我，让我有所准备，不是他的来电，我还真不知道有这么一回事。后来在排练现场，我上场的时候，沙皮罗又对杨伟民说："这是一个好的。"能被俄罗斯导演认可，我想，可能是他辨识出我是受过斯坦尼表演体系训练的吧。虽然经过各次政治运动，批判斯坦尼体系是修正主义的、宣扬人性论的，我也作为"修正主义路线培养的黑尖子"被贴大字报，不得不表态与斯坦尼体系划清界限，在表演实践中毕竟还是很受益的。回想起来，当年受到的熏陶、积累的功力，也只有老到的导演才能一眼看得出来。

在《万尼亚舅舅》这出戏中，我饰演的是个配角，是他们家雇来的奶妈，万尼亚舅舅的外甥女索尼娅是这奶妈带大的。在这个庄园里，其他角色都是主人、亲人，奶妈是唯一没有血缘关系的下人。但正是这个奶妈，为了挣钱养家，不得已放下自己还在吃奶的孩子，来当索尼娅的奶妈，陪着索尼娅长大，所以她对索尼娅是视作己出的，凡是涉及到索尼娅的事，她都不可能无动于衷。作为演员，首先就要研究戏里这些人物的关系，弄清楚我演的角色跟其他角色的关系，在奶妈看来，虽然他们都是我的主人，但内心是有亲疏之分的。我看到有评论家的分析文章说，奶妈在这个家里几十年了，她是众人当中的独行者，清醒地冷眼看着这个家庭的变化。奶妈最疼的是自己奶大的索尼娅，会用生命去保护她。主人之间的冲突，奶妈虽然有看法，但是不会插嘴，因为她只是一个下人。

我在台上，虽然很多时间只是坐在舞台一角的秋千架上面，手里织着毛线活，但耳朵要竖着，眼睛要瞟着，心里是焦虑的。舞台中间正在发生激烈争吵，万尼亚舅舅的妹夫、谢列布利雅可夫教授，要把万尼亚舅舅经营多年的庄园卖掉，另买别墅，万尼亚舅舅跟他怼了起来，最后老实的万尼亚忍无可忍，朝妹夫开了枪。整场戏里，我的台词不多，但对眼前正在发生的冲突，你是要有态度的。譬如打枪了，在场的人物有的吓得把自己的耳朵捂起来，而奶妈是下意识地首先要去护着索尼娅，像亲妈那样。你这角色可以没有一句台词，但是演员得有人物的鲜明立场态度，还要让观众感觉到这人物的态度，对演员来说，这一点非常重要。演员事先必须把人物的心理活动理得非常清楚，才能做到在舞台上的准确表演。饰演索尼娅的陈皎莹是个很好的演员，很受导演夸奖。当舅舅跟教授吵起来的时候，她就会跑到我的身边，我们俩在台上有一些交流，符合人物的亲密关系。枪响了，我护着她，她抱着我，再次表现了危险时刻相依为命的人物关系。这些表演，剧本里没要求，导演也没安排，是演员自己感悟的。

后来人家让我去看另外一组演的这个戏，我就不太好说了。我觉得奶妈这个人物给演没了,游离戏外了,坐在旁边织她的毛线,谁都不看,好像她不是这个家庭的人了。据说排演前让演员看过以前的演出录像,但是拍摄录像时,镜头大都对着主角,画面里很少有配角,所以也难怪。现在的演员好像这方面的训练不够,没有台词的时候,正是考验演员功力的要紧时候,不能因为小角色没什么词,就不作为了。这些都不用导演来安排,演员自己应该做到位。导演的精力会更多地专注于主角,配角应该自觉做好配合,烘托主题。

记得在上戏的毕业大戏《上海屋檐下》,我演住在灶披间[1]里的小学教员夫妻的儿子,我安排自己在台上的一个角落里打弹子。导演朱端钧副院长说,"曹雷,到屋子里去"。因为我打弹子发出的声响分散人家注意力了,主戏是在前厢房的,所以我得回到灶披间玩。作为配角,不能抢戏,也不能没戏,这是我在学校时就明白的规则。

虽然1962年从上海戏剧学院毕业时,各种原因吧,我未能按自己的意愿成为话剧团的演员,但是退休前后,能成为话剧中心的编外演员,重新回到话剧舞台,也是对我人生遗憾的弥补吧。

我还与中国福利会上海儿童艺术剧院合作演出过话剧《夫人和友人》,我出演的是抗日战争时期的中年宋庆龄。这部话剧是京剧老前辈周信芳的女儿周采芝与丈夫黄浩义从英国回来,在上海组班子排练演出的。过了两年,他们又到上海来组班子,排了一部根据英国剧本改编的话剧,中文剧名《疑云阵阵》,是一部悬疑剧,我在剧中饰演一个大家庭里的夫人。演员中只有冯纯超是我在上戏的师兄,其他演员都不很熟悉。

获白玉兰配角奖

我也回母校上海戏剧学院参加排演过两部戏:一出戏是上戏为校庆排的《清宫外史》,演员全部来自上戏历届毕业生。我在剧中饰演慈禧太

---

[1] 上海话,厨房。

后，佟瑞欣演我儿子光绪。我曾前后五次为影视剧中的慈禧配过音，所以驾驭这个角色比较轻松。另一出戏是1995年上演的《孔繁森》，导演是上戏的教授，也是我学生时期的老师徐企平。上海话剧中心的杨绍林演孔繁森，我饰演孔妻王庆芝。记得当时上戏的党委书记戴平，带我和杨绍林到仁济医院去探望在上海住院的孔繁森妻子王庆芝，是上海有关方面把她接来治病的。看到原型后，我感觉她就是一个地道的农村妇女、山东大嫂、纯朴、实在，跟我以前在安徽农村搞社教时接触到的妇女有很多相似点。我觉得在舞台上就应该突出这一点，我必须把它体现出来。首先从造型上，我剪了一个短短的、拢在耳后的发型，显得朴素、麻利；穿一件宽松的大格子上衣，让身材略显壮实，接近农村大妈的体型。其中有一场戏，是我去医院病房看望孔繁森，一看到丈夫穿的衣服又旧又破，哪有县委书记的样儿，我的眼泪就哗地下来了，捶着他抱怨道："你怎么能这样，对自己一点都不在乎！……"表现出为妻的心酸心疼和负疚，觉得自己没能照顾好丈夫。农村大嫂的感情表达方式，是体现在生活细节中的。过去我在农村里边生活那么久，当年的生活积累都是有用的。这部戏，参加了那年的上海白玉兰戏剧节的演出，没想到，我这配角王庆芝竟得了白玉兰表演艺术奖的配角奖。虽然得奖让我感到意外，却再次证实了演员的生活积累确实很重要。后来有人私下跟我开玩笑，"跟你搭戏最不合算了，演个配角都拿奖"。

挑战《情书》

　　2004年，上戏校友、导演周可成立了周可工作室，准备排演瑞典剧作家斯特林堡的经典名剧《父亲》，考虑到剧名与另一出戏有雷同，最后上演时，这出戏改名为《上尉和他的女人们》。周可邀请了中央戏剧学院的年轻导演赵立新来执导。赵立新是中央戏剧学院的学生，大二时被保送到俄罗斯全苏国立电影大学，获得导演硕士学位，之后曾进入瑞典国家话剧院工作，后回到了北京。剧组成立后，周可邀我饰演剧中的奶妈一角。剧中奶妈的主人、上尉的女儿贝塔，则由刚从上戏导演系毕业的林奕饰演，那年她刚到话剧中心工作，我们"主仆"合作愉快，还很投缘。

2007年，周可的工作室转制成立了可当代艺术中心，准备排演美国的《情书》，原创剧本是袁国英从美国带回来的，她翻译成中文本后，准备与老伴张名煜一起演的。不幸的是，袁国英病了、走了，他们两口子都是话剧中心的，是我上戏的学兄、学姐。后来张名煜就找了我与他合作，周可任导演。这是一部风格特殊的话剧，全剧只有男、女两个人物，通过念他们从小到老一辈子的通信，展现延续两人一生的曲折起伏的感情交流。全剧没有舞台布景和调度，演员没有肢体动作和相互正面交流，甚至连眼神的对视也没有，全剧始末只是两人坐在台上念来往通信，要让观众从头至尾听着我们的"念"，想象舞台上并没有显现的场景。这是很考验演员的表演和台词功力的，对我们来说也是很大的挑战。对导演来说，表面看，没什么舞台调度和设计，似乎很简单，演员只是配合信的内容有点简单的手势动作和表情变化，但必须通过念信的语调和语言节奏变化，来显现两个人物的年龄、个性、相互关系以及他们内心感情的变化，准确把握整部戏的节奏，才能使念信的过程有别于朗诵，使之成为"戏"。这是我遇到的具有相当难度的一部戏。

走进阿加莎系列

在排演《上尉和他的女人们》时，林奕从与我的接触中了解了很多译制片的制作情况，知道了译制片要经过对口型、做口型本等工序才能进行配音。2007年，她和丈夫童歆准备排演阿加莎·克里斯蒂的作品，发现翻译出来的本子，对白语言上太直白，达不到舞台剧所要求的艺术性，就找我给他们改本子，就是把台词改得更有个性，更贴合人物特点。就这样，我从帮助加工《无人生还》的译本台词开始，参与了他们的阿加莎·克里斯蒂悬疑剧系列的创作工作。

谈起阿加莎·克里斯蒂的戏在中国上演的过程，必然要谈"捕鼠器戏剧工作室"，这是林奕和丈夫童歆创办的以排演阿加莎·克里斯蒂悬疑剧为主的一个工作室。这一对聪明能干的小两口，上戏毕业后都在上海话剧中心工作。后来他们想自己创业，成立了一个公司，把准备结婚的钱拿出来投入排戏，不够的部分，就找话剧中心合作出资，演出收益双方分成。结果第一部戏《无人生还》一炮打响了，演出有收益了，他们才结婚，现在都有两个孩子了。

他们在校学习期间，作为学生作业，排演过阿加莎·克里斯蒂的《捕鼠器》，不知二人是否因此戏生情，所以他们打算成立一个演阿加莎·克里斯蒂作品的工作室时，就以阿加莎·克里斯蒂的剧名命名为"捕鼠器戏剧工作室"。林奕两口子一是很聪明，二是做事认真且肯下功夫。他们自费到英国去，找代理阿加莎·克里斯蒂作品的版权公司谈判。阿加莎·克里斯蒂的作品版权，全权交由她的外甥代理，专门成立了一个公司，世界各国的剧团要演阿加莎·克里斯蒂的作品，都要通过这个公司买版权，买了版权后才能排阿加莎的戏。第一场戏演出时，这家公司会从英国派人来看，如果达到他们认可的演出水准，合同继续履行，可以演下去，如果他们认为没达到一定水平，糟蹋了阿加莎·克里斯蒂的作品，就会收回版权、终止合同，不让演出。他们就是这样严格维护作品版权，并建立了一套严苛的管理制度。林奕和童歆对待排练演出也同样认真，还很注重细节把握，几次到英国的旧货市场上去淘戏里边要用到的那些道具，连《原告证人》一剧中，法庭上法官手里拿的那个法槌等，都是他们从旧货市场里淘来的。他们俩一个专职导演，一个负责制作，越干越有经验，越干越成熟，闯出了一条成功的演出经营模式。

帮导演修改完《无人生还》的台词本后，他们邀我饰演剧中的老处女。以此为开端，我在捕鼠器工作室排演的阿加莎·克里斯蒂悬疑剧系列中，陆续出演了《捕鼠器》里的女官员，《意外来客》里的女庄园主，《原告证人》里的女管家等。《谋杀正在直播》是由三出相对独立的小戏组成，我在三出戏里都有角色。

记得我演《原告证人》中的一个苏格兰老太太时，正好是阿加莎·克里斯蒂的外甥来上海审查戏，他看了我演的苏格兰老太太，很是赞赏。我演的这个角色是发生凶案人家的女管家，剧本里有说明，女管家操苏格兰口音，就是说，剧本对女仆的个性是有要求的，她不是上层人物，也不会说标准的英语，她是一个底层的外乡人，说话带着方言。从我多年从事语言艺术工作的事件中，我体会到方言口语会带出人物个性色彩来，譬如我们说话用苏北口音，就会体现苏北人干脆爽快的个性形象。说苏州话，就有"吴音软语"的那份嗲。我在这出戏里，该通过什么样的中国语言感觉来体现这个人物的个性呢？我去找了从英国留学回来的留学生，问他们苏格兰话怎么说，与标准的英国音有什么区别。他们告诉我，苏格兰话可"土"了！譬如"yes"，苏格兰的发音是"ye"，"no"的发音是"nai"。我联想到了在安徽农村搞社教时寄宿的那家老大妈，说的话就很有这样的特点。我决定用安徽方言。在舞台的法庭上，法官问我："你是不是叫简？"我就用安徽口音回答："dei！这是我的名字。"除了要有外乡口音，人物的语言特点还得憨直、有一股愣劲，她不会含蓄表达自己的想法，这样就一下子显出老太太与城里人不同的"土样儿"。我并不主张在话剧舞台上滥用方言，我们毕竟不是方言话剧团。我们中国方言语种很多，若遇到这样特殊的例子，原剧中强调人物的方言，是为了突出人物的出身、地位或个性，我们一定要慎重选择汉语中特点相符的方言，并非任何方言都可拿来用，否则效果适得其反。

剧中的女管家是第一次上法庭，让她去作证，她的神态、动作应该是那种愣愣的，对环境陌生感很强，无所适从。有个情节是法庭给她一本圣经，让她对圣经发誓说真话。我就设计了这个人物拿到圣经就在前胸画十字的动作，这个动作是我加的，我认为这是她出于本能的下意识动作，祈求上帝保佑。为了做得准确到位，我还专门找人请教了，才知道画十字是有讲究的，东正教是从右到左，基督新教是从左到右的。这出戏是英国的，要按基督新教的画十字方法，如果演俄罗斯的戏，画十字就得按东正教的规矩画。演员怎么做动作是有讲究的，不能随心所欲，要演得真切就得学习，得考证。

导演童歆和林奕对我很信任，他们不大给我提太多要求，基本上让我自己把握剧中的人物。除了《原告证人》中的苏格兰女管家，《意外来客》中我饰演的女庄园主，也是一个值得说一说的角色。大幕拉开，就是老太太的一个儿子给不知何人打死了，而她的儿媳妇手里端着枪，声称是自己开的枪，可又不是那么肯定。老太太还有一个心智不全的小儿子。老太太曾经赚了很多钱，孩子的不幸与她的财富积累过程有必然关系吗？谁是凶手？只有老太太心知肚明。老演员苏秀来看过这出戏，还写过一篇文章，专门评论我在《意外来客》里的一张剧照。她说，我一看到这张剧照，就觉得这个老太太心里是有事的，背后一定有故事。也就是说演员的心里不能是空的，你心里先得装上事，是人物心里的过去，当你出场的时候，观众就能从你身上感觉到这人物背后肯定有很多故事。你在台上不是来表演情绪，不要表演我多么会激动，多么会哭，而是要把人物的心理活动呈现出来。怎么呈现？那就要求演员平时要有积累，从生活中积累，从各种文艺作品中间接地吸取、积累。

站在舞台上，我觉得很自如，舞台上有对手交流，人物个性的把握完全在我手里，可以全身放松了去发挥。我始终不太习惯在镜头面前没有对手交流的表演。电影拍摄时，你不知道将来剪出来是什么样的，记得第一次拍《金沙江畔》，我看完第一部分样片，回到自己的房间里还哭了一场，我怎么是这样子的！我完全不知道拍好的片子剪接后会是什么效果，所以面对镜头总是缺乏自信心。

重新回到舞台上塑造各种各样的人物，算下来也演了几十个不同的角色，有主角，更多是配角。我不是那种一定要演主角或正面人物的演员。在舞台上演戏，第一，我要求自己不要重复自己，不要把演过的某角色驾轻就熟地搬到下一个角色的创作中去。第二，每一个人物，你都要从她的历史、社会地位以及当时的时代背景和所处环境出发，我会看很多资料去了解相关的人物背景。在上译厂做配音工作的那一段经历对我的舞台演出是很有帮助的，它让我接触到了世界各国的各种各样的人物，到舞台上扮演任何角色，我都能够找到相似的形象，觉得这个人物不陌生，所以我的戏路子就会比较宽。

回想此生，幼年时爸爸为我写的演讲词："我要当一个演员，我要我哭人也哭，我笑人也笑。"不论拍电影、演舞台剧、配音，我都是努力这么做的，努力走到一个个角色的心里去。我爱演员这个专业，我为自己的演艺人生感到自豪。

1. 1980年，音乐广播剧《柴可夫斯基》剧组完工合影（前排左起：曹雷、李梓、孙道临、谭冰若、毕克、高正、朱莎、吴文伦，后排左三为彭秀霞，右三为贾成彬及其他工作人员）
2. 1986年9月，关于宋氏三姐妹的广播剧《在那相聚的日子里》（左起：孔祥玉、曹雷、程晓桦、朱莎、杨成纯）

1. 1982年5月始,在上海电影译制厂工作
2. 1983年,与孙渝峰在京领取法国电影《国家利益》的文化部优秀译制片奖
3. 1986年11月,与于鼎在录音棚
4. 1987年,执导《战争与和平》现场与孙道临
5. 20世纪80年代,与沈晓谦在上译厂
6. 20世纪90年代,与刘风在上译厂

1	2
3	4
5	6

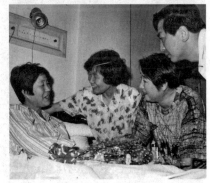

1	2
	3
	4

1. 1992年,话剧《夫人和友人》中饰演宋庆龄
2. 1991年,小剧场话剧《护照》首演前在波特曼酒店3908室晚餐,左为演员李家耀,右为导演叶千荣
3. 1995年,在话剧《孔繁森》中饰演孔夫人王庆芝,与孔繁森饰演者杨绍林合影
4. 1995年,看望孔繁森夫人王庆芝(左起:王庆芝、上戏党委书记戴平、曹雷、杨绍林)

1. 1995年,在话剧《清宫外史》中饰演慈禧,与荣禄饰演者魏启明在上戏排练现场
2. 话剧《清宫外史》慈禧定妆照
3. 1995年,回母校排演话剧《清宫外史》,与佟瑞欣饰演母子

	1
2	3

1
2

1. 1997年,话剧《老式喜剧》排练期间,上戏的刘芷芬老师教我和娄际成跳查尔斯顿舞
2. 1997年,与娄际成合作话剧《老式喜剧》剧照,饰演退休的马戏演员丽吉娅,

1. 1997年，话剧《沧海还珠》中饰演冯丽瑛，此为省港大罢工时期造型
2. 1997年，主持东方卫视庆祝香港回归晚会

| 1 |
| 2 |

1. 2009年，话剧《意外来客》中饰演老沃尔克夫人
2. 2011年，话剧《原告证人》中饰演管家珍妮特·麦肯锡
3. 2004年，话剧《上尉和他的女人们》中饰演奶妈

1. 1975年，在大庆油田为孙道临
   与石油工人摄影
2. 与俄罗斯钢琴家安德烈·皮萨
   列夫于《四季》音乐会
3. 2002年7月25日，与孙道临欢
   聚于和平饭店（孙右后为乔奇）

十六、音影随行走天下

1996年,我在上译厂办了退休手续,实际生活却是退而不得休,各种演出或导演的工作接踵而至。老伴看我的事比较多,停不下来,只有安排旅游,才能强制我休闲。我们这个年纪,即便出门旅游,也受不了旅途劳顿,只有坐游轮才是最合适的,可以彻底放松。老伴只要看见合适的航线,就着手安排,他会早早地提前告知我,几号到几号,你什么活儿也别接,我就会在日历本上标注出来。我们俩,地中海游轮坐了五次,加勒比海游轮坐过三次,尼罗河游轮坐过一次。有一次准备去乘伏尔加河游轮,我呼朋唤友地张罗着。结果,游轮公司提出要把我做在他们的广告上,殊不知,我是最不愿意做广告的,结果一批朋友被我吆喝得登船出发了,我自个倒不去了,挺遗憾的。作为演员,尤其是译制片的配音演员和导演,了解世界各国的风土人情是本职工作所需,平时也需要比一般人有更多的积累。相较研究世界史或外语的学者在某一领域术有专攻不同,我们的相关知识积累属广种薄收,呈片段而非系统的,来什么影片,就得根据影片内容需要急补一番。我的旅行体验除了普通游客共有的感受之外,还往往会与以前工作中接触过的影视作品相关。

情义乌克兰

1999年,我随电视连续剧《钢铁是怎样炼成的》摄制组到乌克兰拍外景,在那儿待了三周。去之前,关于乌克兰的认知,都是来自苏联的歌曲、油画等文艺作品,这是20世纪50年代的学生们共同的青春记忆。这次实地游历,竟爱上了那片既有淳朴民风又有丰厚艺术积淀的土地。因为真心喜欢，两年后，我去俄罗斯旅游后又特意安排了一次再访乌克兰的游程。

电视连续剧《钢铁是怎样炼成的》是中国人投资、出品、导演，根据同名外国文学作品改编的影视作品。这部苏联的经典文学作品，在我们这代人中具有很深远的影响。电视剧的演员都是直接从乌克兰当地各剧院推荐的演员中选拔，都是毕业于专业戏剧院校、受过正规表演学习训练的演员，其中有不少"人民演员""功勋演员"荣誉获得者。即便戏份不多，他们都表现得特别出彩。如扮演白匪军官古罗伯的就是一位人民演员，在一场绞死革命者的戏中，他的一大段台词，不仅背得滚瓜烂熟，节奏、语调都作了细致的处理。虽然他知道这部戏是要另配中文的，他的声音不会在剧中呈现，但是从第一遍试戏开始，他始终非常投入地表现着。看到这样的演员，真令人肃然起敬。想到在国内为有的电视剧配音，从现场录制的参考声带中可以听到，一些年纪轻轻的所谓"腕儿"，台词都要别人在一边提词，更谈不上在语言上下功夫了。

这部电视剧的拍摄，还留下一段佳话，扮演保尔和冬妮娅的演员因戏生情，结为伉俪，现在他们的孩子都应该与父母齐肩了吧。

乌克兰首都基辅是座人口仅200万的城市，却拥有8家国家级的剧院，还有10多个各类剧团。这里的戏剧事业既有传统，也很兴盛，除了每年七、八两月的例行夏季休假，基辅市的这些剧团都是天天有演出，也天天有观众，可见当地百姓对戏剧的热爱。演员的舞台实践机会多，表演功底也扎实。他们坚持传统的表演方法，也就是我们常说的斯坦尼体系所主张的现实主义的表演方法。回想我的学生时代，在上海戏剧学院曾非常认真地学习斯坦尼体系，可是刚接触到些皮毛、尚未得其精髓，就进入"文革"时期，我也被迫高喊打倒斯坦尼，要与之划清界限，但是回顾几十年的艺术生涯，无论是银幕上还是舞台上，我所依循的表演的基本规律不就是斯坦尼体系吗？

在乌克兰期间，正是当地休演的夏季，看不成戏，这让我很失望！所幸模范剧院还有演出，还是圆了我这个戏痴的观剧梦。在与模范剧院演员的接触中，了解到他们收入很低，即便功勋演员，月收入也不过合人民币500元，而退休以后，只有相当100多元人民币的养老金。在模范剧院院长的倡议下，剧院会在休息日加演一场，所得收入补贴给退休的老艺术家们，杯水车薪，却体现了人情的温暖。乌克兰政府每年对文化事业的投入，还不及我们一部电视剧《钢铁是怎样炼成的》的投入。作为演员，我羡慕乌克兰艺术家们拥有基辅这么好的艺术创作氛围，作为退休了的演员，我更庆幸自己有安定舒适的晚年生活。国家的稳定发展关乎每个人的生计！

乌克兰人虽然经历了苏联解体的政治动荡，但是对苏联时期的革命历史和文化遗产还是抱有崇高敬意的，保尔·柯察金依然被认作民族英雄。剧中保尔的扮演者安德烈·萨米宁说："人在任何时候都是需要这样一种精神的。"我们有幸去了基辅郊区，参观了小说中描写的保尔修铁路的地方，参观了窄轨铁路修筑纪念馆，馆里还有小说作者奥斯特洛夫斯基的雕像。基辅处处有雕像，是一座非常注重保留历史文化的城市。

基辅是因卫国战争的激烈战斗而获得金星勋章的苏联城市之一，走进基辅的二战纪念馆，一架儿童秋千旁横着一枚巨大的炸弹，顿时我的脑海中浮现出抗战时期在日机轰炸的警报声中，姆妈抱着妹妹拉着我，一手端着碗，冲往防空洞的画面。最震撼人心的是最后一个展厅，在30多米长、5米多高的一面墙上，满布着青年男女的肖像照，每一帧照片就是一条为国捐躯的年轻的鲜活生命，大厅中央陈列着一份份死亡通知书、一件件遗物、一封封家信……我没法控制自己的眼泪，身体抽搐着逃出了展厅。贴心的安德烈用他宽厚的手掌默默抚着我的后背，帮我慢慢地平静下来。

乌克兰人是很有人情味的，我在那儿工作的三周里，剧组办了好几次生日宴，不管是中方的，还是乌克兰的同志，几个生日相近的放在一起办，都是在拍摄收工后。乌克兰的经济状况不好，他们的生日宴都是冷餐会形式，但这并不影响聚会的气氛和幸福感，吃了、喝了，唱起来、跳起来。特别让我难忘的是摄制组的驾驶员托里亚，郑重地邀请制片人郑凯南共舞。从他的自我介绍中，我们才知道，他是舰艇工程师，因为船厂没活干，不发工资了，才自谋生路到摄制组来开车。覆巢之下安有完卵，苏联的解体，改变了多少人、多少家庭的命运啊！

在乌克兰的短短三星期中，我也正逢生日，按照中国人过九不过十的说法，还是我的六十大寿呢。我不想惊动众人，就在我们去基辅郊区的民俗村游览时，托里亚开车带我们去了一家乡村餐馆，土房、土墙、土灶，木窗、木桌、木凳，在浓浓的土味里，我们嚼着炸土豆饼、喝着甜菜浓汤，品尝着原汁原味的农家菜。这一刻，我站起来，"今天的午餐我请了，因为今天是我的生日"。一桌人都欢呼起来，祝我生日快乐，说我给了大家一个惊喜，我又何尝不会将在乌克兰度过的这个特殊难忘的生日宴永远铭记呢！

跟着阿加莎走埃及

电影《尼罗河上的惨案》，好像是国内上映的第一部根据阿加莎·克里斯蒂的小说改编的电影。那时，我还没调去上译厂做配音演员，虽然波洛破解的那个惊悚骇人的谋杀案的曲折情节已经淡忘；但尼罗河两岸的神庙、石柱，一望无际荒漠上缓缓前行的驼队……尼罗河的旖旎风光深深地印在脑海里，清晰难忘。

2002年，我登上了尼罗河的游轮，得以沿着阿加莎·克里斯蒂笔下的路线，亲历了一回片中的场景。埃及的主要城市和景点都集中在尼罗河沿岸，游轮的行程安排是早上停靠在景点附近的码头，让客人上岸游览；晚上回到船上休息，航行到下一站。我好期盼去金字塔和狮身人面像的，电影里看到的壮观雄伟景象，亲见不知是什么感受。真正站在金字塔下，只觉得自己是那么渺小，但也感到一种骄傲，因为它毕竟是人建造的。站在金字塔前，傻傻地近距离凝视着，脑中会交替出现无数个问号和惊叹号，四千多年前建成的金字塔提示我们，伟大的人类不知还有多少古文明被湮没在历史长河中。

我下决心买票进到金字塔里面去看看，虽然大家都说里面已经没什么了，我却不想放弃这样一个特殊体验的机会。走过曲折闷热的狭窄坡道，就是曾经放置法老棺木的巨大石室，望着空荡荡的四周，我的脑海里出现了各种画面和疑问：棺木进入这里的仪式该有多少繁文缛节？殉葬的奴隶是活生生地进来还是已经被赐死？盗墓者如何付出生命的代价以偷取此间的珍宝……难怪有人会拍《古墓丽影》，电影人很难抵挡如此的诱惑。

走出金字塔墓窟，眼前一片开阔，和电影《尼罗河上的惨案》里镜头展现的画面一样，阿拉伯人牵着骆驼来找游客，我马上联想到电影里那个写情色小说的女作家，骑在骆驼上颠儿颠儿的得意样。这个机会，还是放弃为好，虽说没骑过骆驼，但是一路上导游早就关照过，骑上骆驼不难，可要带好多现金哦，不给牵驼人足够的小费是下不来的。不远处的狮身人面像，更是让人感叹，如此辉煌的世界奇迹，印证了人类的伟大；而今破损的面相，也记载着人类的罪恶。

去埃及南部的卢克索，是晚上从开罗坐一夜火车过去的。列车号称豪华级，舒适度不错，却很陈旧。第二天一早，天蒙蒙亮，大巴到火车站接了我们直奔卡纳克神庙，因为要赶在晨曦之际进入庙内，在那里迎接第一缕阳光。石柱大殿里，整齐地排列着无数根擎天巨柱，柱身的文字图案、柱头的浮雕、柱础的造型，一一记载着1300年间这块土地上历朝历代的苦难与辉煌。这里有埃及最高大的方尖碑，更有数不清的法老和神灵的巨座雕像，这些巨石究竟如何运抵于此，竖起并矗立千余年？你无法不惊叹创建了这一奇迹的先人。抬头仰望蓝天下的柱顶，脑子里突然闪现出《尼罗河上的惨案》中的一个场景：管家老头爬上高高的柱顶，把一块大石头推下来砸人。老头怎么上得去？一个人又怎么推得动成吨的石块？这个不真实的细节，只有如我到了现场才能发现，不是小说作者阿加莎·克里斯蒂胡编乱造，就是电影导演约翰·古勒米蓄意制造的惊悚情节。

美国电影《埃及艳后》让普通大众知晓了埃及历史上的克里奥帕特拉，其实她是古埃及历史上的最后一位女王，也是末代法老，中国翻译的片名会让观众误读，以为她是"王后"。出门前，有朋友让我留意克里奥帕特拉的旅游纪念品，恰好在开罗一个古老集市上的银饰店里看到一枚镶着克里奥帕特拉头像的挂坠，我欣喜地买了下来。我们的埃及导游在一旁用流利的中文开口了："哦，埃及艳后！"一脸不屑的神情。在埃及历史上，靠姿色先后诱惑了凯撒大帝和安东尼两位罗马帝国头号男神的女人，是不被后人尊重的，甚至被埃及人视作耻辱。不过，在我看来，妖姿美貌是手无寸铁的克里奥帕特拉的唯一武器，她只能靠自己的身体来保住王位、保住国家，让国人免遭涂炭，这应该是托勒密王朝的悲剧。无论历史如何评价这位女性，作为演员，我更在意的是莎士比亚戏剧舞台上的克里奥帕特拉，这个艺术形象的特殊魅力，是世界上不同种族、不同文化的人们都愿意接受，且世代传承的。

索菲皇太后驾临

说到奥地利，自然联想到两部电影：美国片《音乐之声》和奥地利拍摄的《茜茜公主》。在维也纳，走进美泉宫的卖品部，一侧墙上挂着的电视屏幕中，正无声地滚动播放着电影《茜茜公主》的画面，正好播的是茜茜公主到皇宫里见她的恶婆婆、索菲姨妈的那场戏，我情不自禁地跟着画面脱口而出了索菲姨妈的台词，导游惊奇地看着我，满脸的问号。"你不知道这部电影在中国家喻户晓吗？"我反问道。我没告诉他，中文版《茜茜公主》中索菲姨妈的配音就是我啊。无论是在霍夫堡还是在美泉宫，奥匈帝国的宫殿里，游客们最感兴趣的并不是哈布斯堡王朝中位高权重的历朝帝皇，而是茜茜公主。尽管历史上的茜茜公主真的很美，可是好多旅游纪念品上用的却是饰演茜茜公主的德国演员罗蜜·施奈德的头像，也许这个银幕形象更深入人心。尽管茜茜公主一生过得很不如意，刻板的丈夫、严厉的婆婆、中年丧子、路遇杀祸……但是多少年来，全世界的人们因电影《茜茜公主》而知晓了这位红颜薄命的女性，她是哈布斯堡王朝中唯一永远活在人们心中的历史人物，这就是电影艺术的魅力吧。

奥地利的萨尔茨堡，因莫扎特生于斯、长于此而驰名于世，更因为萨尔茨堡音乐节而吸引全世界的游客。而我更期盼的是寻觅电影《音乐之声》

的痕迹。此剧是根据真实历史改编的，上校一家借音乐会演出之际逃出魔掌的剧情，特别符合萨尔茨堡的城市特点，这里一年到头举办各种音乐会。至于影片中的修女玛利亚是属于哪座修道院的，还真没法考证，眼前所见的老教堂、修道院似乎都在影片中出现过。本来嘛，摄影师取景的原则就是择优而用的。但是电影里德军践踏过的广场倒是看到了实景，就是莫扎特广场，不过拍片时镜头故意避开了广场中央矗立的莫扎特雕像，而我是根据广场四周的建筑辨认出来的。

电影《音乐之声》改编自同名的百老汇音乐剧，片中的插曲《雪绒花》也随之流传于世。其实大自然里并没有什么雪绒花，而是在萨尔茨堡处处可见的白色矢车菊，正如歌词所唱的那样："Small and white，clean and bright。"当它满山遍野地绽放时，就像给阿尔卑斯山谷铺上了一层洁白的雪绒。行走在美丽如画的古城中，耳边仿佛响起了上校在台上边弹边唱、玛丽亚带着孩子们簇拥在上校身边时合声的旋律。

触景生情的意大利

《斯巴达克斯》是我任译制导演的第一部影片。当我走进罗马的角斗场旧址遗迹，看到地底下那一道道壕堑、一个个洞穴，就想到当年的奴隶就是从这些栖身的洞穴走进壕堑，走向通往角斗场的木门，走向角斗场中心，走向死亡，不知有多少生命从这里有去无回。我很难想象，当年的罗马人为何如此嗜血成性，万众高呼："杀死他！"作为旅游生意经，角斗场外现在依然有穿挂着角斗士服饰的意大利人招徕游客合影，我快快地跑开了，真不想、也不忍多看一眼人类历史上的丑恶。

意大利的佛罗伦萨，我是通过电影《看得见风景的房间》了解到它的城市风情，所以我急急地想体验一把片中角色的感受。只是眼下的佛罗伦萨，已看不到影片中的游客，也看不到片中角色住的逼仄的、推窗即见一片起伏屋顶的旅馆老房子。现在为游客提供的是便利的交通、完备的设施，郊区的现代化酒店成为旅行社安排游客的首选。不过，我们依然看得见另番风景，农田、农舍和起伏的丘陵。走在乡间小道上，我们趴在堆成筒状的麦秸垛上照相，刚割下的新麦清香沁脾。此情此景，让我想起片中男女主角在一片麦田里相遇，空旷的大自然让他们远离逼仄的城市环境，让他们摆脱了清规戒律的束缚，忘乎所以地为真诚的爱相拥而吻……大自然真是魅力无穷！

当我走到佛罗伦萨市政厅前的大公广场，想起了电影中的那位女作家对着骑马的大公雕像，用刚学会的意大利语问了声早安，我也模仿她的语调，对周围向我微笑打招呼的人说一声："蓬乔诺！"最为令人感慨的是，这座老城几乎保持了原样风貌：建筑、雕塑虽经历年修补，却依然如故。就像一座历史博物馆，让人可以循着作品的描述追寻自己喜欢的踪迹。尽管爱德华·摩根·福斯特创作这部小说是在1908年，詹姆斯·伊沃里拍摄同名电影是在1986年。

意大利作为人文主义文学的发源地，文艺复兴的代表，虽然近年来经济发展一般，但文明程度是深入国人心髓的。站在佛罗伦萨街头，影片《看得见风景的房间》里的场景一一在眼前闪过。我想，最大的不同该是游人的装束，女士不再长裙，男人不再革履西服，T恤、短裤、运动鞋几乎成为男女老少的标配。旅行期间，着装不拘礼节，讲究安全舒适，当是文明进步。

十二年以后，我又一次到了佛罗伦萨，除了景物依旧，在一条小巷子里，我意外地邂逅了匹诺曹，"他"是世界著名的儿童作品《木偶奇遇记》里的人物，是我儿时的朋友。而那天，玩具店老板搂着跟真孩子一样大的木偶匹诺曹，坐在玩具店门口的长椅上跟我们打招呼。1880年，意大利作家卡洛·克洛迪创作了童话人物匹诺曹。1940年，美国迪士尼公司将其改编为动画电影，1983年、2002年还翻拍过真人版的《木偶奇遇记》。动画电影版的匹诺曹和我同岁，如今，我已然是耄耋老者，匹诺曹却永远不会长大！无论是文学作品中的人物还是银幕形象，不仅深入人心，还永远年少。他能陪伴一代代孩子成长，这就是文学艺术的魅力吧！

《早安,巴比伦》是我担任译制导演的一部意大利电影,也是我喜欢的一部影片。原片导演是意大利著名的阿维尼亚兄弟。电影情节是讲出身于意大利教堂建筑工匠之家的哥俩,因生计所迫,去美国谋生,身怀绝技却无处可施,历尽磨难。天无绝人之路,好莱坞大导演格里菲斯要拍电影《党同伐异》,剧情需要古代巴比伦的建筑场景,作为影片的布景设计师,这哥俩还真是不二人选。他们运用意大利传统建筑技艺在片中创造了辉煌的场面,让影片增色不少。记得该片的第一组镜头就是白色教堂的正立面,然后快速拉至教堂全景,形成强烈的视觉冲击。第一次看片,我就对这组镜头深感惊愕,之后,这座教堂的画面在片中反复出现,是导演也想一再炫耀精彩画面吧。

到意大利旅行,我就处处留意,寻找着魂牵梦绕的那座壮丽的纯白色教堂。宏伟漂亮的教堂,几乎每个街区都有,但都不是我心中牵挂的《早安,巴比伦》中的那座。罗马、梵蒂冈、佛罗伦萨、威尼斯……直至比萨,正当我背朝比萨斜塔准备留影时,眼前出现了一座白色大理石的教堂,与我记忆中的一模一样,就是《早安,巴比伦》里的那座!惊喜之情难于言表,导演没有在棚里搭布景,完全是实景拍摄的,也许导演也是被这座教堂感动了,才将其作为片中的重要场景的。最初的惊愕、之后的惊喜,都伴随着深深的遗憾:这部影片译制完成以后,始终未能在影院公映,据说电影发行部门认为观众对意大利艺术不了解,对电影历史也知之甚少,上座率不会高,一个拷贝也不订。如此反映意大利建筑文化的精彩片子,就这样束之高阁了,不,是撂在犄角旮旯儿了!我们的电影市场是否可以给小众电影留一席之地,毕竟"小众"也是观众,往往还是文化素质较高的观众呢。

艾玛的原唱CD

1982年,我调到上译厂不久,就为捷克斯洛伐克电影《非凡的艾玛》中的女主角艾玛·德丝婷配音。在我配音的无数角色中,20世纪初的捷克斯洛伐克籍女歌唱家艾玛·德丝婷始终是我最钟爱的人物,我沉迷她那悠扬激越的音色，敬佩她宠辱不惊的人格力量，尤其认同她对占领军铿锵有力的回答："人要知道廉耻，不能什么都干！"当我有机会访问捷克时，非常希望在艾玛·德丝婷的祖国找到她的痕迹。出发前，我特意准备了一张便条，把捷克文的人名艾玛·德丝婷、拍摄该片的巴兰道夫电影制片厂，以及导演和演员的名字都依葫芦画瓢地记下来，最后注上DVD字样，这样就可以解决语言不通的问题了。

导游把我们放到瓦斯拉夫斯克大街上，说好两小时后集合，这是我们在捷克的唯一购物时间。脚步匆匆，两眼搜索可能的目标，见到一家音像店，急不可待地冲进去，掏出早已备好的纸条，递给柜台后面的小伙子。他看懂了纸条的内容，不急不慢地摇晃着头："VCD？"我追问道，他依然摇头。失望转身那一刻，我不甘心地回头："艾玛·德丝婷CD？"只见小伙笑着转身，从身后的货架上抽出一盒，CD盒的封面图案设计很古典，大红底色正中镶嵌着艾玛·德丝婷的黑白照片，四周用金线勾出椭圆状，很符合20世纪初的装饰风格。盒底标注着收录的歌名及年份，从1907年到1921年，艾玛·德丝婷演唱的主要歌剧唱段都有了，全长77分钟。

刚为找到CD而庆幸，买下来却又费一番周折。盒底标价209捷克克朗，约合7欧元，我拿出10欧元，小伙不收，该店只收捷克克朗。老伴拿着10欧元，出去找外币兑换点，不一会儿，捧着一堆纸币硬币回来了。小伙一清点，不够，还不到200克朗，原来每笔外币兑换要收手续费99克朗，直接从兑换款中扣除。继续兑换？为了买CD的差额38克朗，再交99克朗手续费，岂不有点冤，还有点傻。我忽然想起刚才路过的一个小摊，专门卖古色古香的小香水瓶子之类，我用10欧元买了三个小瓶子，让摊主找38克朗，其余的找欧元，因为接下来的行程直接去德国，多余的克朗我们带着没用了。这个摊主很明白，克朗是克朗，欧元是欧元，让我终于如愿拿到了心仪偶像的CD。

回家后，我把CD插入音箱，让房间里荡漾着年轻的艾玛·德丝婷的歌声。毕竟相隔100年了，当时的录音设备和技术也相对简陋，声音略显单薄,但是感情线很丰满。电影《非凡的艾玛》里的歌声是找当代的歌唱演员配唱的,可我从CD中听到的是艾玛·德丝婷的原声,感受自有不同!

别了,鹰冠庄园

《鹰冠庄园》是一部美国电视连续剧,它在美国的开播始于1981年,前后10年间,把美国CBS电视台带入辉煌时期。中国引进该剧后,也曾轰动一时。这是讲述美国一个葡萄酒庄园家族的故事,爱恨情仇,尔虞我诈,故事编得引人入胜。我为剧中的女主角、庄园主安琪·钱宁配音,这个角色是由奥斯卡最佳女演员简·怀曼饰演的。全剧有八九十集,译制工作前后忙乎了三年。就在该剧火热播出之际,我收到来自美国的亲戚寄来的一张明信片,明信片上那幢白色的住宅正是剧中安琪·钱宁的家园。她们在信中告知,在去旧金山北面的纳帕谷葡萄酒产区旅游时,恰遇剧中的这幢楼,特意买下明信片寄我,她们知道我在为该剧女主角配音。因为《鹰冠庄园》的热播,这里的葡萄酒庄园成了旅游新宠,剧中用作实景拍摄的这幢小白楼,不仅房价飙升,更是旅客必到之地,竟卖起了价格不菲的门票,还被印成了明信片。可见电视剧这种艺术形式在美国公众中还是非常有影响力的。

十多年后,我去美国旅游时,虽然我任译制导演或参与配音的很多美国电影、电视场景都让我感到熟悉或亲切,如超人飞过的纽约布鲁克林大桥、上班女郎乘坐的去斯塔腾岛的渡船,但我心心念念、始终惦记的还是纳帕山谷里的那座白色小楼,那曾让我喜怒哀乐的现场。我想在那里寻觅到与安琪·钱宁一家、与电视连续剧《鹰冠庄园》有关联的蛛丝马迹。

现实让我大失所望。当我驱车来到纳帕小镇的旅游信息中心,各种介绍资料里都没有鹰冠庄园的字样了。进一步了解,原来我心向往的那个"家"早已出售,湮没在荒芜杂草之间,作为私人领地也不能造访了。是啊,这幢小白楼的原房主是做葡萄酒生意的,当自家房产因电视剧带来的文化标签大大升值之际,怎么可能放弃天降的生财机遇呢!我陪伴安琪·钱宁三年,专注于人物性格塑造,怎么对生意经就那么不开窍呢!

虽然我的鹰冠庄园不复存在了,但是纳帕谷的葡萄酒生意却随电视剧的热播越来越红火了。这片不起眼的丘陵地带,有四百多家葡萄酒庄园,盛产各种名酒,而且与旅游结合,窄轨铁路上双层观光火车满载游客,公路上的大小汽车更是穿梭不绝,几乎无人空手而归。安琪·钱宁的辉煌虽然不再了,葡萄酒庄园的事业却红火着呢。

除了工作中接触到的影视作品,那些读过的书,尤其是青少年时代读过的书,自然会让我产生更多了解作者的意愿,我也会格外关注作者的故居。譬如去俄罗斯,位于图拉的托尔斯泰庄园必定不能错过。去美国访问时,我去了密苏里州的马克·吐温的博物馆,那是用他的童年故居改建的,我儿时就读过他的《汤姆·索菲历险记》《哈克贝利·费恩历险记》。到波士顿的时候,老同学带我去了康科德镇,访问了《小妇人》的作者路易莎·梅·奥尔柯特的故居,真是意外收获! 如果不是孩提时代的阅读经验,我的脑子里是不会有这根弦的。

旅行不仅让我的晚年生活丰富多彩,也让我的艺术视野更加开阔。只要身体健康允许,我会坚持音影随行走天下。

1. 2000年，佛罗伦萨郊外，让我想起电影《看得见风景的房间》中男女主角在麦田拥吻的画面
2. 2001年，在俄罗斯雅尔塔契诃夫故居
3. 1999年，与电视剧《钢铁是怎样炼成的》的乌克兰演员在基辅甫仁科电影制片厂（左为饰演保尔的安德烈·萨米宁，右为饰演冬妮娅的演员）

| 1 |
| 2 |
| 3 |

1. 2002年,泛舟尼罗河
2. 2016年,于地中海邮轮

附录一　曹雷演艺年表

1940 年

7 月　在江西赣州出生。随父母辗转在江西赣州、乐平等地生活。

1945 年

12 月　与大弟曹景仲一起随母亲邓珂云回到上海。先后在愚园路的幼师附小、西江湾路的江湾小学上学。

1952 年

9 月　进入上海市复兴中学上学。

1956 年

7 月　参加上海天马电影制片厂的电影《两个小足球队》的拍摄,饰演班长张爱华。

1957 年

9 月　考入上海戏剧学院表演系。因患肝炎休学半年。

1958 年

9 月　因休学留级,进入表演系1958级继续学业。

1962 年

在毕业公演大戏中饰演女主角:《玩偶之家》中的娜拉,《桃花扇》中的李香君。

参加电影《金沙江畔》拍摄,饰演藏族土司的女儿珠玛。(上海天马电影制片厂)

上海戏剧学院表演系毕业,留校任助教。

1963年

6月　参加上海戏剧学院教师艺术团创作排演的话剧《年青的一代》演出,饰演林岚。

12月　华东地区话剧观摩演出的上海参演剧目《年青的一代》中饰演林岚。

1964年

电影《年青的一代》中饰演林岚。(上海天马电影制片厂)

作为上海文艺界青年演员代表,出席共青团第九次全国代表大会。

1970年

配音:多国合拍纪录片《三城·柏林》,与中叔皇合配旁白。(上海电影译制厂)

1971年

7月　配音:罗马尼亚、德国合拍电影《罗马之战》中哈里特·安德森饰演的女王玛达斯温达。(上海电影译制厂)

1972年

在上海川沙等地农村深入生活,参加话剧《赤脚医生》的创作,饰演女赤脚医生李红华。

参加电影《春苗》改编工作。(上海电影制片厂)

1975年

配音:美国电影《鸳梦重温》中格丽亚·伽森饰演的波拉;

美国电影《屏开雀选》中格丽亚·伽森饰演的伊丽莎白;

美国电影《怒海情潮》;

纪录片《大庆战歌》,与孙道临合配旁白。(上海电影制片厂)

1976年

配音:电影《阿夏河的秘密》;

电影《朝霞异彩》。(上海电影制片厂)

1977年

配音:电影《祖国啊 母亲》中洪戈尔。(上海电影制片厂)

1978年

2月　配音：电影《傲蕾·一兰》中张玉红饰演的傲蕾·一兰；
电影《曙光》。(上海电影制片厂)

1979年

配音：电影《四〇五谋杀案》。(上海电影制片厂)

1980年

配音：电影《好事多磨》。(上海电影制片厂)
广播剧《第二次握手》。(上海人民广播电台)

编剧：音乐广播剧《柴科夫斯基》，与谭冰若合作，并演播梅克夫人。(上海人民广播电台)

1981年

配音：电影《鹿鸣翠谷》。(上海电影制片厂)
故事连播《海伦·凯勒》；
广播剧《酋长的女儿》(根据杰克·伦敦的小说《波波徒克的机智》改编)。(上海人民广播电台)

编剧：音乐广播剧《被埋葬的财富和希望——"歌曲之王"舒伯特的故事》。(上海人民广播电台)

1982年

5月　从上海电影制片厂调到上海电影译制厂。
配音：电视连续剧《虾球传》。(上海电视台)

6月　配音：巴西电影《外人》(《异乡泪》)；
美国电影《冰峰抢险队》中珊迪。(上海电影译制厂)
英国电视连续剧《罗宾汉》中女修道院长。(上海电视台)
日本儿童电影《我两岁》中千代。(上海音像资料馆)

7月　配音：英国电影《阳光下的罪恶》中麦琪·史密斯饰演的旅馆老板娘达芬尼；
英国电视连续剧《亚瑟王》中女巫摩根·勒费。(上海电影译

制厂）

电影《叶赫娜》中叶赫娜。（昆明电影制片厂）

广播剧《我热爱中国》。（中央人民广播电台）

8月　配音：日本电影《啊，野麦岭·新绿篇》中的阿竹；

日本电影《火红的第五乐章》中的藤原忍。（上海电影译制厂）

9月　配音：巴基斯坦电影《人世间》。（上海电影译制厂）

10月　配音：电影《热娜的婚礼》。（天山电影制片厂）

11月　配音：电影《重返锡尼河》。（内蒙古电影制片厂）

捷克斯洛伐克电影《非凡的爱玛》中波兹达拉·特佐诺沃娃

饰演的爱玛·德丝婷；

英国电影《三十九级台阶》。（上海电影译制厂）

12月　配音：联邦德国、意大利、南斯拉夫合拍电影《汤姆叔叔的小屋》。

（上海电影译制厂）

广播剧《金榜更名》。（上海人民广播电台）

1983年

1月　配音：英国电影《海狼》；

美国电影《情暖童心》。（上海电影译制厂）

电视连续剧《骊宫轶事》中杨贵妃。（陕西电视台）

编剧：音乐广播剧《播种欢乐的人——"圆舞曲之王"约翰·斯特

劳斯的故事》，与谭冰若合作并配音。（上海人民广播电台）

2月　配音：电影《悔恨》。（江西电影制片厂）

匈牙利电影《绿宝石护身符》。（上海电影译制厂）

3月　配音：美国电影《爱德华大夫》中英格丽·褒曼饰演的康丝坦斯

医生；

匈牙利电影《弃儿》。（上海电影译制厂）

4月　配音：法国电影《不朽的情侣》；

美国电影《挪威之歌》。（上海电影译制厂）

电影《自古英雄出少年》。(峨眉电影制片厂与中国香港制片方合作)

广播剧《回声》。(中央人民广播电台)

纪录片《宝钢在前进中》解说。(上海电视台)

5月　配音：英国电影《第三个人》中艾丽达·瓦莉饰演的安娜；

　　　　　德国、奥地利合拍电影《屠夫》中梅丽·布劳夫人。(上海电影译制厂)

　　　　　电影《我》。(福建电影制片厂)

6月　配音：法国、意大利合拍电影《威尼斯面包师的儿子》中法国演员米西亚·摩根饰演的索菲亚；

　　　　　苏联与捷克斯洛伐克合拍的电影《海的女儿》。(上海电影译制厂)

　　　　　苏联电影《湖畔奏鸣曲》中苏联演员阿斯特丽达·卡丽莎饰演的小学教师劳拉；

　　　　　苏联电影《中学圆舞曲》中玛依卡。(上海音像资料馆)

　　　　　广播剧《苏城舞会》。(中央人民广播电台)

7月　配音：土耳其电影《浸透汗水的土地》；

　　　　　罗马尼亚电影《布加勒斯特的居民证》；

　　　　　朝鲜电影《妙香的重逢》。(上海电影译制厂)

　　　　　电影《边乡情歌》。(天山电影制片厂)

8月　配音：日本电影《蒲田进行曲》中松坂庆子饰演的水原小夏；

　　　　　日本电影《猎人》；

　　　　　日本电影《海峡》；

　　　　　苏联电影《黑耳朵白比姆》。(上海电影译制厂)

　　　　　广播剧《衣袖上的圆舞曲》。(鞍山电台)

　　　　　广播剧《幸福王子的眼睛》。(上海人民广播电台)

9月　配音：电影《不当演员的姑娘》。(天山电影制片厂)

美术片《天书奇谭》中小皇帝。(上海美术电影制片厂)

哥伦比亚电影《昨天我被赶出村庄》。(上海电影译制厂)

10月　配音：法国电影《国家利益》中维蒂·莫妮卡饰演的科学家安杰拉

(该片获文化部优秀译制片奖)。(上海电影译制厂)

美国电视剧《破镜重圆》。(上海电视台)

电影《后补队员》。(潇湘电影制片厂)

电影《伞花》。(天山电影制片厂)

电影《蓝天鸽哨》。(上海电影制片厂)

广播剧《爹妈的小宝贝》。(上海人民广播电台)

11月　配音：英国电影《铁面人》中太阳王路易十四的王后。(上海电影译制厂)

电影《少林小子》。(中原电影制片公司)

电影《小小得月楼》。(上海电影制片厂)

电影《牧野星辰》。(内蒙古电影制片厂)

电影《经理室的空座位》。(甘肃电影制片厂)

12月　配音：美术片《快乐的数字》。(上海美术电影制片厂)

电视连续剧《马可波罗》。(上海电影译制厂)

1984年

1月　配音：美国电影《非法越境者》；

美国电影《游侠传奇》；

美国版舞台剧电视片《家》中的瑞珏。(上海电影译制厂)

2月　配音：法国电影《女侦探》；

墨西哥电影《大水》。(上海电影译制厂)

电影《生之歌》。(辽宁电影制片厂)

电影《南方的岸》。(广西电影制片厂)

3月　配音：委内瑞拉电影《蟑虫》；

巴西电影《觉醒》；

日本动画片《熊猫的故事》。(上海电影译制厂)

4月　配音：电影《少林童子功》。(中国香港、河南合拍)

电视连续剧《包公》。(河南电视台)

5月　配音：联邦德国电影《白玫瑰》；

南斯拉夫电影《开往克拉列沃的列车》。(上海电影译制厂)

电影《不该被歧视的人》。(江西电影制片厂)

电视连续剧《少帅传奇》。(制作单位不详，下同情况简写为"不详")

广播剧《枫亭小站》。(上海人民广播电台)

6月　配音：波兰电影《胡巴尔》；

罗马尼亚电影《神秘的黄玫瑰》中阿卡塔；

罗马尼亚电影《艺人之家》。(上海电影译制厂)

电影《大雁北飞》。(峨眉电影制片厂)

7月　配音：法国、意大利合拍电影《死亡的陷阱》；

民主德国电影《只要我活着》。(上海电影译制厂)

电影《原浆》。(潇湘电影制片厂)

8月　配音：联邦德国电影《科佩尼克上尉》；

日本电影《兆治的小酒店》。(上海电影译制厂)

电影《木棉袈裟》。(福建电影制片厂)

电视剧《生活的音符》。(上海电视台)

9月　配音：日本电影《铁骑兵》。(上海电影译制厂)

电影《喋血黑谷》。(潇湘电影制片厂)

美术片《怪信》。(中央电视台)

电影《勾魂湾》。(西安电影制片厂)

电影《巴山儿女》。(八一电影制片厂)

电视剧《风荷曲》。(浙江电视台)

10月　配音：美国电影《创奇者》中安妮·班克洛夫饰演的安妮·莎莉文；

223

美国电影《一个酋长的胜利》;

墨西哥电影《张开幻想的翅膀》。(上海电影译制厂)

电影《努尔尼莎》。(天山电影制片厂)

电影《五张照片》;

电影《我最爱》。(内蒙古电影制片厂)

电视剧《新世界,你好》。(深圳电视台)

电视剧《封锁线上的交易》。(江西电视台)

11月　配音:联邦德国电影《热带丛林历险记》;

英国电影《逃往雅典娜》;

美国电影《温柔的怜悯》。(上海电影译制厂)

电影《故乡的旋律》。(天山电影制片厂)

电影《人生没有单行道》。(西安电影制片厂)

美国电视剧《晚秋》。(中央电视台)

电视剧《一个囚犯的足迹》。(上海电视台)

12月　配音:法国电影《黑郁金香》。(上海电影译制厂)

电影《高中锋矮教练》。(北京电影制片厂)

电视剧《仲夏的风》。(南京电视台)

电视剧《阴影总会消失》。(浙江艺术研究所)

广播剧《谋杀》。(中央人民广播电台)

1985年

1月　配音:意大利电影《无声的行动》。(上海电影译制厂)

电影《神秘的驼队》。(天山电影制片厂)

电视连续剧《月亮升起的地方》。(龙江电影制片厂)

电视连续剧《海盗》。(福建电视台)

2月　配音:奥地利电影《希茜公主》中维尔玛·德吉辛饰演的皇太后索菲;

法国电影《总统轶事》中凯瑟琳·德纳芙饰演的克莱尔;

匈牙利电影《马背上的幽灵》。(上海电影译制厂)

电视剧《靠近香港的地方》。(福建电视台)

3月　配音：匈牙利电影《金像》；

墨西哥电影《我们的肤色》；

罗马尼亚电影《从地狱归来》。(上海电影译制厂)

英国电视连续剧《我们共同的朋友》；

日本电视连续剧《血的锁链》中幸子的外婆。(上海电视台)

4月　配音：荷兰电影《红发女郎》；

日、德合拍电影《难忘的假日》；

美国电影《误解》。(上海电影译制厂)

电影《他,我们见过》。(西安电影制片厂)

电视剧《唢呐在金风中吹响》。(广西电视台)

电视连续剧《罪恶》。(上海电视台)

广播剧《快乐王子》。(上海有声读物公司)

5月　配音：法国电影《冒险的代价》；

法国电影《罪行始末》；

印度电影《迪斯科舞星》。(上海电影译制厂)

电视剧《深圳之谜》。(深圳电视台、中央电视台、都乐影业
公司)

电视剧《步入妻子的行列》。(上海电影制片厂)

6月　配音：苏联电影《我要发言》。(上海电影译制厂)

电影《驼峰上的爱》。(北京电影制片厂)

电影《丈夫的秘密》。(珠江电影制片厂)

编剧：广播剧《两个人的车站》,改编并演播薇拉。(上海人民广播
电台)

7月　配音：巴基斯坦电影《纯洁》；

巴基斯坦电影《没你不能活》。(上海电影译制厂)

电影《亲人》。(天山电影制片厂)

电影《绞索下的交易》。(上海电影制片厂)

日本电视连续剧《幸福雪》。(上海电视台)

导演：日本电视连续剧《三口之家》，与杨文元合作，并配音。(上海电视台)

8月　配音：美国电影《朝九晚五》。(上海音像资料馆)

电影《火神》。(潇湘电影制片厂)

电视连续剧《一个台湾军官的故事》。(辽宁北国音像公司)

9月　配音：电视连续剧《他们也需要爱》。(潍坊电视台)

10月　配音：广播剧《温德米尔夫人的扇子》。(中央人民广播电台)

导演：美国电影《超人》。(上海电影译制厂)

11月　配音：法国、德国合拍电影《得克萨斯州的巴黎》。(上海电影译制厂)

电影《不平静的巩巴克》。(天山电影制片厂)

电影《蓝色诱惑》。(福建电影制片厂)

电视连续剧《战争和女人》。(中央电视台)

广播剧《古堡幽怨》《记住我》。(四川、湖北人民广播电台)

12月　配音：美国电影《索菲的选择》中梅丽尔·斯特丽普饰演的索菲。(上海音像资料馆)

莎剧《第十二夜》片断。(上海唱片厂)

电视连续剧《请你参加审判》。(天山电影制片厂)

电视连续剧《乾隆皇帝下江南》。(浙江电视台)

1986年

1月　配音：电影《大上海》。(上海电影译制厂)

电影《失踪的女中学生》。(上海电影制片厂)

英国电视剧《格洛丽亚》。(上海电视台)

电视连续剧《名门望族》。(上海电影制片厂)

话剧《日出》。(上海人民广播电台)

录音带《安东尼与克利奥佩特拉》。(中国唱片公司)

电视剧《阿兰》。(山东电视台)

莎剧《安东尼与克利奥佩特拉》片断。(上海唱片厂)

　　导演：新西兰电影《一个哑巴的故事》。(上海电影译制厂)

2月　配音：奥地利电影《年轻的皇后》(《希茜公主》之二)中维尔
　　　　　玛·德吉辛饰演的皇太后索菲。(上海电影译制厂)

美国电影《茱莉亚》。(上海音像资料馆)

电影《金陵之夜》。(北京电影制片厂)

　　导演：电视连续剧《青春无悔》。(湖南电视台)

3月　配音：英国电影《印度之行》；

英国电影《真假萨卢》。(上海电影译制厂)

广播剧《麦克佩斯》。(上海人民广播电台)

　　导演：捷克电影《三个老兵》。(上海电影译制厂)

法国电视连续剧《女刑侦队长》，并配音。(上海电视台)

4月　配音：奥地利电影《皇后的厄运》(《希茜公主》之三)中维尔
　　　　　玛·德吉辛饰演的索菲太后；

美国电影《无腿先生》；

澳大利亚电影《少年擒寇记》；

苏联电影《机组乘务员》。(上海电影译制厂)

日本电影《细雪》。(上海音像资料馆)

　　导演：英国电影《大轮号与水手号》。(上海电影译制厂)

电视连续剧《沧海一粟》。(江苏、安徽电视台)

5月　配音：民主德国电影《罗特的女儿》。(上海电影译制厂)

电影《成吉思汗》。(内蒙古电影制片厂)

电影《美女之死》。(天山电影制片厂)

广播剧《抛锚》；

广播剧《阮玲玉》。(上海人民广播电台)

　　导演：美国电影《霹雳舞》。(上海电影译制厂)

227

美国电视连续剧《尼古拉斯·尼科尔贝》,并配音。(上海电
视台)

编剧:音乐广播剧《舒曼与克拉拉》,与谭冰若合作,演播舒曼的母
亲。(上海人民广播电台)

6月　配音:法国电影《第七个目标》;

美国电影《翌日》。(上海电影译制厂)

英国电视连续剧《傲慢与偏见》。(上海电视台)

电视连续剧《雨花魂》。(江苏电视台)

广播剧《黑桃皇后》。(上海人民广播电台)

导演:叙利亚电影《谋杀》。(上海电影译制厂)

7月　配音:日本电影《姊妹坡》中浅野温子饰演的阿茜,该片获广电部
优秀译制片奖;

叙利亚电影《陷阱》;

英国电影《报警记》;

日本电影《寅次郎的故事》。(上海电影译制厂)

电视剧《百岁飞度》。(浙江电视台)

导演:泰国电影《婉丽》,并配音。(上海电影译制厂)

8月　配音:电影《十九年华》。(潇湘电影制片厂)

电影《大漠紫禁令》。(天山电影制片厂)

电影《傻妹从军》。(上海音像资料馆)

广播剧《玉花》。(江西人民广播电台)

导演:电影《不是冤家不碰头》。(上海电影制片厂)

9月　配音:古巴电影《换房》;

罗马尼亚电影《山村剿匪记》。(上海电影译制厂)

广播剧《在相聚的日子里》;

广播剧《远去的月亮》。(上海人民广播电台)

导演:电影《影子武士》。(上海音像资料馆)

电视连续剧《林海雪原》。(吉林电视台)

10月　配音：匈牙利电影《珍宝奇案》；

苏联电影《第一骑兵连》；

瑞典电视剧《姑娘从来不说不》。(上海电影译制厂)

电影《花言巧语》。(广西电影制片厂)

广播剧《伦敦启示录》；

广播剧《仲夏夜之梦》。(上海人民广播电台)

导演：电影《魔鬼城之魂》。(天山电影制片厂)

11月　配音：罗马尼亚电影《银面具》(《神秘的黄玫瑰》之三)。(上海电影译制厂)

电影《秘密金库》。(潇湘电影制片厂)

电影《孤女泪》。(天山电影制片厂)

广播剧《三千五百万个谜》。(上海人民广播电台)

导演：美国电影《斯巴达克斯》，该片获广电部优秀译制片奖。(上海电影译制厂)

美国电视剧《我要飞翔》。(上海电视台)

12月　配音：保加利亚电影《无根的树》。(上海电影译制厂)

电视剧《人大代表的婚姻》。(甘肃电视台)

1987年

1月　配音：电影《不相信命运的人》。(北京电影制片厂)

导演：英国电影《圣诞老人》。(上海电影译制厂)

2月　配音：西班牙电影《里约的迷雾》。(上海电影译制厂)

电影《国王与皇帝》。(北京电影制片厂)

电视连续剧《深层》。(山西电视台)

导演：法国电影《末班车》，并配音。(上海音像资料馆)

3月　配音：法国电影《最后一班地铁》中凯瑟琳·德纳芙饰演的玛丽翁；

日本电影《夏日旅行》。(上海电影译制厂)

澳大利亚电视剧《重返伊甸园》。(上海音像资料馆)

编剧：广播剧《地平线外》，根据尤金·奥尼尔的作品改编，并担任导演和解说。(上海人民广播电台)

4月　配音：匈牙利电影《漫长的路》。(上海电影译制厂)

电视剧《赭色的老钟》。(江西电视台)

广播剧《在生命的废墟上》。(上海人民广播电台)

导演：苏联电影《战争与和平》；

捷克电影《蚂蚁死神》，并配音。(上海电影译制厂)

5月　配音：阿根廷电影《幻想的日子》。(上海电影译制厂)

英国、美国合拍电影《生的自由》。(上海音像资料馆)

6月　配音：波兰电影《黑林中的布谷鸟》。(上海电影译制厂)

导演：美国电影《超人（二）》。(上海电影译制厂)

7月　配音：日本电影《首都消失》。(上海电影译制厂)

纪录片《中国石油的崛起》。(上海电影制片厂)

8月　配音：日本电影《伊豆的舞女》；

日本电影《刑警的故事》。(上海电影译制厂)

美国电视连续剧《两代夫人》。(上海电视台)

美国电影《南北乱世情》；

法国电视片《卢浮宫》。(上海音像资料馆)

9—12月　陪母亲赴美探亲，无工作记录。

1988 年

1月　陪母亲赴美探亲，无工作记录。

2月　配音：美国电影《神射手》。(上海电影译制厂)

导演：西班牙电影《佐罗新冒险》，并配音。(上海电影译制厂)

3月　配音：香港电影《魔鬼731》；

加拿大电影《制止战争的狗》。(上海电影译制厂)

英国电影《相见恨晚》。(上海音像资料馆)

日本电视剧《弄假成真》。(上海电视台)

4月　配音：德国电影《春天交响曲》；

美国电影《奥林传奇》。(上海电影译制厂)

卢森堡电视剧《画家的女儿》。(上海电视台)

导演：英国影片《看得见风景的房间》。(上海电影译制厂)

广播剧《一张彩票》(并配音)。(湖北人民广播电台)

5月　配音：法国电视剧《交际花盛衰记》。(上海电视台)

6月　配音：日本电影《莫斯科之恋》。(上海电影译制厂)

美国电视连续剧《鹰冠庄园》中简·怀曼饰演的安琪·
钱宁；

美国电影《辣手飞凤》。(上海电视台)

广播剧《太平洋彼岸的百年恩仇》。(上海人民广播电台)

导演：英国电视剧《是，大臣》，并配音。(上海电影译制厂)

7月　配音：西班牙电影《流浪汉》。(上海电影译制厂)

8月　配音：日本电影《侦探物语》；

保加利亚电视剧《傍晚》。(上海电影译制厂)

导演：德国、匈牙利合拍电影《靡菲斯特》，该片获文化部优秀译制
片奖；

美国电影《地震》(并配音)。(上海电影译制厂)

9月　配音：美国电视剧《法律背后》；

澳大利亚电视剧《监护权》。(上海电视台)

10月　配音：美国电影《西北偏北》；

意大利电影《八十年代灰姑娘》；

美国电影《出水芙蓉》。(上海电影译制厂)

美国电影《归途路漫漫》。(上海电视节)

意大利电视剧《历史》。(上海电视台)

导演：广播剧《荆山玉》(并配音)。(湖北人民广播电台)

11 月　配音：电影《劲歌狂舞》。(新疆电影制片厂)

　　　　　　电影《风流女探》。(浙江电影制片厂)

　　　　　　美国电视剧《阿尔夫ALF》。(上海电视台)

　　　导演：苏联电影《钻石胳膊》。(上海电影译制厂)

12 月　配音：美国电影《谜中谜》；

　　　　　　伊拉克电影《良宵难度》。(上海电影译制厂)

　　　　　　美国电影《女子监狱》。(上海音像资料馆)

　　　　　　电视剧《麦积烟雨》。(甘肃电视台)

　　　　　　电视剧《X地带》。(贵州电视台)

　　　导演：美国电视连续剧《快乐家庭》，与苏秀合作，并配音。(上海电影译制厂)

1989 年

1 月　配音：罗马尼亚电影《蓝宝石项链》(《神秘的黄玫瑰》之四)；

　　　　　　巴基斯坦电影《镜子》。(上海电影译制厂)

　　　导演：法国电影《糊涂警官》，并配音。(上海电影译制厂)

2 月　配音：法国电影《犯罪之地》；

　　　　　　巴基斯坦电影《天网恢恢》；

　　　　　　伊拉克电影《法伊格要结婚》。(上海电视台)

　　　　　　电视剧《鸦头》。(浙江电视台)

3 月　配音：罗马尼亚电影《清白的手》。(上海电影译制厂)

　　　导演：苏联电影《电影悲欢曲》(《从卡普辛林荫道来的人》)，并配音。(上海电影译制厂)

　　　　　　电影《百变神偷》。(上海电影制片厂)

4 月　配音：法国电影《恐怖笼罩着城市》；

　　　　　　美国电影《使馆风云》。(上海电影译制厂)

　　　　　　美国电影《坠入爱河》。(上海音像资料馆)

　　　导演：意大利影片《早安,巴比伦》，并配音。(上海电影译制厂)

5月　配音：美国影片《你还记得爱吗?》；

英国电影《水》。(上海电视台)

广播剧《瞎眼女人和她的儿子》；

广播剧《祖孙恋》；

广播剧《米黄色的凡立丁》。(上海人民广播电台)

广播剧《法国人的小湾》。(湖北人民广播电台)

6月　配音：法国电影《孤身复仇》；

保加利亚电影《缉私特警》。(上海电影译制厂)

电视剧《特区移民》。(深圳电视台)

导演：加拿大、以色列合拍电影《米丽》；

印度电影《魂归故里》。(上海电影译制厂)

7月　配音：美国电影《月色撩人》；

美国电影《王室恋曲》。(上海音像资料馆)

美国电视剧《蕾丝》。(上海电视台)

德国、奥地利合拍电影《约翰·施特劳斯》；

法国电影《随心所欲》。(上海电影译制厂)

电视剧《珍珠女杀手》。(辽宁电视台)

8月　导演：法国电影《碧海情》(《蓝色的大海》)。(上海电影译制厂)

9月　配音：日本电影《钓鱼迷巧遇记》；

法国电影《孤胆警探》。(上海电影译制厂)

电视剧《七十六号魔窟覆灭记》。(上海电视台)

广播剧《橡胶大王传奇》。(上海人民广播电台)

导演：美国电影《赏金杀手》。(上海电影译制厂)

10月　配音：美国电影《好事不成双》；

美国电影《昏迷》。(上海电影译制厂)

美国电影《紫苑草》；

美国电影《危险的关系》。(上海音像资料馆)

电视剧《尘埃》。(上海电影制片厂)

电视剧《死神舞步》。(广西电视台)

录音带《封神榜(一)》。(上海唱片厂)

11月 配音：电影《飞越东柏林》。(上海音像资料馆)

罗马尼亚电影《较量》；

美国电影《铁血警探》。(上海电影译制厂)

美术片《阿凡提》。(上海美术电影制片厂)

广播剧《断环重合》。(上海人民广播电台)

导演：电视剧《狸猫换太子》，并配音。(河南电视台)

12月 配音：美国电影《冲出疯人院》；

美国电影《克莱默夫妇》。(上海音像资料馆)

法国电影《玛戈王后》。(上海电影译制厂、长春电影制片厂合作)

广播剧《独眼女人和她的儿子》。(上海人民广播电台)

1990年

1月 配音：美国电视连续剧《大饭店》。(上海电视台)

德国电影《细雨梦回》。(上海电影译制厂)

导演：美国电影《耶稣传》(《耶稣的生平》)沪语版。(上海电影译制厂)

日本影片《案件》。(中央电视台)

2月 配音：古巴电影《喜结冤家亲》(《假小子》)。(上海电影译制厂)

导演：南斯拉夫、捷克合拍电影《萨拉热窝谋杀事件》。(上海电影译制厂)

3月 配音：印度电影《超级舞星》；

美国电影《末日可数》。(上海电影译制厂)

导演：德国、日本合拍电影《柏林之恋》(《舞姬》)。(上海电影译制厂)

4月　配音：西班牙、墨西哥合拍电影《牧师的一家》。(上海电影译制厂)

　　　　罗马尼亚电影《神秘的灰大衣》。(上海音像资料馆)

　　导演：美国电影《上班女郎》《白领丽人》。(上海音像资料馆)

5月　配音：保加利亚电影《古币疑案》；

　　　　加拿大电影《达芙妮和她的朋友》。(上海电影译制厂)

　　导演：美国电影《福尔摩斯外传》(《毫无线索》)，并配音。(上海电影译制厂)

6月　配音：土耳其电影《法网》；

　　　　日本电影《沙屋之梦》；

　　　　日本电影《黄金犬》。(上海电影译制厂)

　　　　法国电影《斯万的爱情》。(上海音像资料馆)

　　　　广播剧《国宝将被拍卖》。(上海人民广播电台)

　　导演：美国电影《布格和本》，并配音。(上海音像资料馆)

7月　配音：美国电视剧《南北乱世情》。(上海电视台)

　　　　电影《多情的小和尚》。(广西电影制片厂)

　　导演：美国电影《福尔摩斯外传》。(上海电影译制厂)

　　　　电视连续剧《郑板桥》。(上海电影制片厂)

8月　配音：法国电影《欢喜冤家》(《格格不入》)；

　　　　南斯拉夫电影《情深似海》。(上海电影译制厂)

9月　配音：日本电视剧《为妈妈干杯》。(上海电视台)

　　　　广播剧《远去的月亮》；

　　　　广播剧《张小抗暴死之谜》。(上海人民广播电台)

　　导演：电视剧《情系长虹》。(河南电视台)

　　　　德国电视剧《让蓝鸽子飞翔》。(上海电视台)

10月　配音：法国电影《红海怪兽》；

　　　　巴基斯坦电影《天外来客》；

　　　　苏联电影《心非石》。(上海电影译制厂)

法国电影《多叶之秋》；

英国电影《夜莺之歌》；

电视剧《你为谁辩护》。（上海电视台）

电视剧《最后是歧路》。（上海电影制片厂）

　　导演：美国电影《我的左脚》，并配音。（上海音像资料馆）

11月　配音：苏联电影《小维拉》。（上海音像资料馆）

日本电影《片山刑警在果园》。（上海电影译制厂）

电影《没有婚礼的女人》。（上海电影制片厂）

美国电视剧《我的名字叫比尔》。（上海电视台）

广播剧《大美集团覆灭记》。（上海人民广播电台）

　　导演：美国电影《谋杀希特勒》，并配音；

民主德国电视剧《人人梦想有匹马》。（上海音像资料馆）

12月　配音：美国电影《危险之至》。（上海电影译制厂）

1991年

1月　配音：墨西哥电影《歌女坎坷》；

法国电影《代号X13》。（上海电影译制厂）

　　导演：美国电影《SOB》，并配音；

美国电影《雇佣警察》，并配音。（上海电视台）

2月　配音：英国电影《故里寻梦》。（中央电视台）

　　导演：美国电影《三剑客·二十年后》。（上海音像资料馆）

3月　话剧：小剧场话剧《护照》中的俄罗斯农妇娜塔莉亚，与李家耀
合作。

4月　配音：美国电视系列剧《曼特·豪斯顿》；

墨西哥电影《小歌星》。（上海电视台）

苏联电影《天堂里的冬天》；

美国电影《圣诞顽童》。（中央电视台）

广播剧《江水悠悠》。（上海人民广播电台）

导演：美国电影《过关斩将》。（东方电视台）

5 月　配音：广播剧《超越生命》。（上海人民广播电台）

6 月　配音：法国、德国合拍电影《新天方夜谭》。（上海电影译制厂）

美国电影《海滩》；

美国电影《剃刀边缘》；

日本电影《社葬》。（上海音像资料馆）

广播剧《北仑魂》。（上海人民广播电台）

7 月　配音：法国电影《好汉还是孬种》。（东方电视台）

电视剧《黑手党的妻子》。（上海电视台）

导演：日本电影《银白色的奖章》，并配音。（东方电视台）

8 月　配音：美国电影《丝苔拉》。（上海音像资料馆）

美国电视连续剧《浮华世家》。（上海电视台）

古巴电影《走红大剧院》。（不详）

广播剧《代号布谷鸟》。（上海人民广播电台）

编剧：音乐广播剧《猫王》，并配音。（上海人民广播电台）

9 月　配音：美国电影《血连环》。（上海电影译制厂）

美国电影《来自边缘的明信片》。（上海音像资料馆）

录音磁带《世界动物童话故事》。（上海音像读物公司）

导演：电视连续剧《难得潇洒》，并配音。（深圳电视台）

10 月　配音：电影《金沙恋》。（广西电影制片厂）

导演：电影《火焰山来的孩子》，并配音。（儿童电影制片厂）

11 月　配音：美国电影《午夜狂奔》。（上海音像资料馆）

苏联电影《皇家狩猎》。（东方电视台）

电影《大漠驼铃路》。（西安电影制片厂）

电影《王子复仇记》，录音剪辑。（中国唱片总公司）

电影《跨国界行动》（潇湘电影制片厂）

导演：意大利电影《爵士之王》，并配音。（上海音像资料馆）

12月　配音：意大利电影《持枪的女人们》。(东方电视台)

墨西哥电影《上帝的笔误》。(上海电视台)

广播剧《燃烧的石头》;

广播剧《家族复仇》。(上海人民广播电台)

导演：苏联电影《寒冷的1953年夏天》;

美国电视系列片《黑暗的公正》,并配音。(上海电视台)

1992年

1月　导演：美国电影《千年痴情》,并配音。(上海电影译制厂)

美国电视连续剧《拿破仑情史》,并配音。(上海电视台)

2月　配音：广播剧《茅盾》。(上海人民广播电台)

导演：电影《烈火恩怨》,并配音。(青海电影制片厂)

3月　配音：罗马尼亚电影《公主的嫁妆》。(上海电影译制厂)

法国、美国合拍电影《嫌疑犯》。(上海音像资料馆)

导演：美国电影《城市乡巴佬》。(上海音像资料馆)

意大利电影《一网打尽》。(上海电影译制厂)

4月　配音：美国电影《末路狂花》。(上海音像资料馆)

美国电视系列片《落难富孀》(《心之桥》之四)。(上海人民
艺术剧院)

导演：苏联电影《私人侦探》;

法国电影《公鸡奏鸣曲》。(上海电影译制厂)

美国电影《内部事务》。(上海音像资料馆)

5月　配音：土耳其电影《模特儿的遭遇》。(上海电影译制厂)

美国电视连续剧《根》。(上海电视台)

广播剧《燃烧的石头》;

广播剧《森林诗魂》。(上海人民广播电台)

导演：日本动画电影《风谷少女》。(上海电影译制厂)

印度电影《侠魂倩影》。(东方电视台)

6月　配音：美国电影《终结者》。（上海电影译制厂）

苏联电影《沙漠白日》。（东方电视台）

话剧：《夫人与友人》中饰演宋庆龄。（上海儿童艺术剧院）

7月　配音：美国电视连续剧《大饭店》。（上海电视台）

10月　配音：意大利、法国合拍电影《孤岛奇情》。（东方电视台）

电影《魔窟生死恋》。（上海电影制片厂）

电影《何班主的情人》。（西安电影制片厂）

德国电视连续剧《小丑》。（上海电视台）

法国电视剧《被诅咒的爱情》。（上海音像资料馆）

导演：俄罗斯电视剧《迷惘的流浪汉》。（上海电视台）

11月　配音：日本电影《香港之梦》。（东方电视台）

英国电视连续剧《金融疑案》。（上海电视台）

导演：英国电影《禁宫情妓》。（上海电影译制厂）

美国电视剧《沉重的代价》。（上海电视台）

美国电影《最后的分析》。（上海音像资料馆）

奥地利电影《纹在身上的心》。（不详）

12月　配音：日本电影《黑色旋涡》。（上海电影译制厂）

德国电视连续剧《飞车盖蒂》。（上海电视台）

电视剧《权益之争》；

电视剧《一线生机》。（深圳电视台）

系列广播剧《刑警803·丽人之死》。（上海人民广播电台）

广播剧《黑太阳》。（不详）

导演：墨西哥电影《玛丽娜·伊莎贝尔》。（上海电影译制厂）

美国电视连续剧《丽人曲》，并配音。（上海电视台）

1993年

1月　配音：美国电视连续剧《影城恶梦》中女病人。（上海电视台）

德国电视连续剧《丽莉女士》。（不详）

239

日本电影《俄罗斯漂流记》。(不详)

2月　配音：电视连续剧《李济深》。(深圳电视台)

　　　导演：美国电视系列片《破茧飞龙》，并配音。(上海电视台)

3月　配音：日本电影《夜叉》。(上海音像资料馆)

　　　　　　埃及电影《名人的妻子》。(不详)

　　　导演：美国电视剧《迷人的香水》，并配音。(上海电视台)

　　　　　　意大利电影《成长》。(不详)

5月　配音：意大利电影《血染舞鞋》。(东方电视台)

　　　　　　美国电影《食人鱼》。(上海电视台)

　　　　　　墨西哥电影《神秘的女人》。(上海电影译制厂)

　　　导演：丹麦电影《天堂血案》。(上海电影译制厂)

6月　导演：美国电视连续剧《盖布里的怒火》，并配音。(上海电视台)

7月　导演：德国电视连续剧《圣城新闻》，并配音。(不详)

8月　配音：电视剧《解放云南》。(云南电视台)

　　　导演：法国电视连续剧《莫勒警长》，并配音。(东方电视台)

9月　配音：法国电视连续剧《女大使的丈夫》；

　　　导演：法国电影《非洲豹传奇》；

　　　　　　美国电视连续剧《闪电奇侠》，并配音。(上海电视台)

10月　导演：美国电影《女人的香味》，并配音。(上海音像资料馆)

　　　　　　电视连续剧《隐私》，并配音。(青岛电视台)

11月　配音：苏联电影《国际女郎》。(上海电影译制厂)

　　　　　　意大利电影《遗产大战》。(上海电视台)

　　　导演：加拿大电影《孤胆英豪》，并配音。(上海电视台)

12月　配音：美国电影《家族生意》。(上海音像资料馆)

　　　　　　美国电视连续剧《袭击珍珠港》。(不详)

　　　　　　电影《财迷心窍》。(江西电视台)

　　　　　　电视连续剧《秦淮世家》。(东方电视台)

1994 年

1 月　配音：电视剧《泥腿子大亨》。（深圳电视台）

　　　　　　电视剧《凤凰大队》。（东方电视台）

3 月　配音：电视连续剧《胡桃夹子》。（上海电视台）

4 月　配音：《电脑谋杀案》。（上海电视台）

　　　导演：美国电影《赌城奇案》，并配音。（上海电影译制厂）

6 月　配音：电视连续剧《寻找失去的爱》。（上海电视台）

　　　　　　美国电视连续剧《护校群芳》。（不详）

　　　　　　美国电影《欢乐天使》。（上海电影译制厂）

　　　　　　澳大利亚电视连续剧《凤凰特警》。（东方电视台）

　　　　　　系列广播剧《刑警803·一网打尽》。（上海人民广播电台）

7 月　配音：美国电影《阴谋》。（上海音像资料馆）

　　　　　　电影《红粉》。（北京电影制片厂）

　　　导演：法国电影《嗜金如命》，并配音。（上海电影译制厂）

8 月　配音：法国电影《死亡客车》。（上海电影译制厂）

　　　　　　美国电影《纯真年代》。（上海音像资料馆）

　　　　　　巴西电视剧《幸福》。（上海电视台）

　　　　　　美国电视连续剧《大峡谷》。（东方电视台）

9 月　导演：美国电视连续剧《火花杂志》。（上海电视台）

10 月　配音：美国电影《疯狂的爱》。（上海电视台）

　　　　导演：美国迪士尼动画片《乌兹岛人》，并配音。（上海电影译制厂）

11 月　配音：美国纪录片《奥黛丽·赫本》；

　　　　　　　加拿大纪录片《重返犹太区》。（上海电视节）

　　　　　　　美国纪录片《美国小公主》；

　　　　　　　日本电影《血色黄昏》。（上海电视台）

　　　　　　　电视专题片《李白》。（江西电视台）

　　　　导演：意大利电影《金发女郎》。（上海电影译制厂）

12月　配音：美国电影《死前之吻》。(上海电影译制厂)

　　　　日本电视连续剧《女人的胸怀》。(东方电视台)

　　　　电视剧《无畏的人》。(上海电视台)

　　　　美国电影《喜福会》。(上海音像资料馆)

　　　　广播剧《无言的歌》，获1994年全国广播剧比赛连续剧一等奖、上海广播电视奖1995年度一等奖。(上海人民广播电台)

　　导演：美国电影《情深到来生》。(上海音像资料馆)

1995年

1月　配音：法国电影《十二世纪来客》中的女巫。(上海电影译制厂)

　　　　美国电视剧《荆棘鸟》。(上海电视台)

　　　　美国迪士尼电影《超级爸爸》。(不详)

2月　导演：德国电影《美味佳肴》，并配音。(上海电影译制厂)

　　　　美国电视连续剧《弗拉明戈之路》，并配音。(上海电视台)

3月　导演：电视连续剧《孽债》普通话版。(上海电影制片厂)

4月　导演：美国迪士尼动画片《101花斑狗》。(上海电影译制厂)

　　　　美国电影《保镖》。(上海电视台)

5月　导演：《大奇、小奇和阿狗》。(深圳电视台)

6月　配音：广播剧《无言的爱》。(上海人民广播电台)

　　话剧：《孔繁森》中饰演孔繁森夫人王庆芝，获白玉兰优秀舞台剧表演艺术配角奖。(上海戏剧学院)

8月　配音：美国电视剧《死亡盟约》。(上海电视台)

　　导演：美国电影《生死时速》。(上海电影译制厂)

　　　　美国电影《罗马之恋》。(上海音像资料馆)

9月　配音：美国电视剧《谋杀方案》。(上海电视台)

　　　　美国电影《穿过百老汇上空的子弹》。(上海音像资料馆)

　　导演：《上海人在东京》，并配音。(上海电视台)

《神气宝贝》，并配音。(上海音像资料馆)

10月　导演：印度电影《难断丝丝情》，并配音。(上海电影译制厂)

11月　话剧：《清宫外史》中饰演慈禧太后。(上海戏剧学院)

12月　配音：电影《舞潮》。(北京电影制片厂)

　　　导演：美国迪士尼动画片《玩具总动员》。(美国迪士尼公司)

1996年

1月　导演：美国迪士尼动画片《罗宾汉》，并配音。(美国迪士尼公司)

　　　美国电视连续剧《水门事件》，并配音。(上海音像资料馆)

3月　配音：美国电影《廊桥遗梦》中梅丽尔·斯特丽普饰演的弗兰西斯卡；

　　　美国电视连续剧《联邦调查局》。(上海音像资料馆)

　　　导演：动画片《倔强的凯拉班》。(上海美术电影制片厂)

4月　导演：英国电影《朋友圈》。(上海电影译制厂)

5月　导演：美国电影《幕后裁决》。(上海电影译制厂)

　　　美国迪士尼动画片《钟楼怪人》。(美国迪士尼公司)

6月　配音：美国电视剧《叶卡捷琳娜大帝》。(上海电视台)

　　　导演：法国电影《露茜的耳环》，并配音。(上海音像资料馆)

　　　从上海电影译制厂退休。

7月　配音：《上海人的故事》。(上海电视台)

8月　配音：电视连续剧《格雷斯》。(上海电视台)

　　　《格雷斯·凯利　好莱坞王妃》。(上海音像资料馆)

12月　配音：电视连续剧《雷雨》中王姬饰演的繁漪。(北京电影制片厂)

1997年

2月　配音：澳大利亚电视剧《女歌唱家》。(上海电视台)

3月　导演：VCD《似是故人来》。(先科公司)

4月　导演：电视连续剧《追杀袁世凯》，并配音。(上海电视台)

5月　话剧：《沧海还珠》中饰演冯丽瑛。(上海戏剧学院)

6月　配音：美国电影《接近隐私》。(上海电影译制厂)

7月　配音：动画片《十二个月》。（上海电视台）

动画片《野天鹅》。（不详）

电视连续剧《詹天佑》。（不详）

8月　配音：动画片《雪娃娃》。（上海电视台）

导演：法国电影《被跟踪的女人》，并配音。（河南电视台）

9月　配音：美国电影《战地之恋》。（上海电影译制厂）

导演：法国电影《克莱恩先生》。（东方电视台）

话剧：《老式喜剧》中饰演退休的马戏团演员丽吉娅，与娄际成合

作。（上海话剧艺术中心）

1998年

2月　导演：电视连续剧《肝胆照人间》。（上海电视台）

8月　配音：美国电影《黑帮家族》。（上海音像资料馆）

1999年

5月　配音：电视连续剧《大明宫词》中归亚蕾饰演的武则天。（中央电

视台）

8月　导演：电视连续剧《钢铁是怎样炼成的》。（万科影视）

2000年

2月　配音：《母女恩怨》。（上海电视台）

4月　导演：日本电影《铁道员》。（上海电影译制厂）

动画片《恐龙》。（上海音像资料馆）

电视连续剧《夫妻冤家》。（上海电视台）

2001年

1月　导演：电视连续剧《庭院中的女人》，并配音。（不详）

2月　配音：电视专题片《大卫·科波菲尔》等。（阳光卫视）

广播剧《夕阳奏鸣曲》，该剧获广电总局优秀广播剧一等奖，

曹雷获最佳女演员奖。（上海东方广播电台）

3月　配音：电视系列专题片《阿拉伯风情·人物志》。（阳光卫视）

5月　配音：《红棉袄·红盖头》。(浙江电视台)

　　　　　广播剧《死婴之谜》。(上海人民广播电台)

6月　配音：广播剧《刑警803·智擒飞贼》。(上海人民广播电台)

7月　配音：广播剧《刑警803·沙滩疑云》。(上海人民广播电台)

8月　配音：广播剧《刑警803·太子港行动》。(上海人民广播电台)

10月　配音：广播剧《刑警803·南非钻石》。(上海人民广播电台)

2003年

8月　配音：电视连续剧《沧海英雄》。(深圳广播电影电视集团)

2004年

8月　话剧：《上尉和他的女人们》中饰演奶妈。(周可戏剧工作室)

2005年

　　配音：电视连续剧《汉武大帝》中归亚蕾饰演的窦太后。(中央电视台等)

2006年

　　配音：电影《魔比斯环》。(上海电影译制厂)

2007年

　　配音：美国电影《穿布拉达的女王》中梅丽尔·斯特丽普饰演的时尚杂志女总编米兰达。(上海电影译制厂)

　　　　　美国电视连续剧《绝望主妇的日记》。(上海音像资料馆)

　　　　　美国电影《尘雾家园》。(上海电视台)

　　广播剧：《彩虹蝶》，该剧获2007年第七届中国广播剧专家奖一等奖，上海广播电视奖2006年度一等奖。(上海人民广播电台)

　　话剧：《无人生还》中饰演艾米丽·布伦特。(上海捕鼠器戏剧工作室＆上海话剧艺术中心)

2008年

　　配音：美国电影《黄金罗盘》；

　　　　　英国电影《赎罪》。(上海电影译制厂)

话剧：《捕鼠器》中饰演博伊尔太太。（上海捕鼠器戏剧工作室＆上海话剧艺术中心）

《怀疑》中饰演阿洛西斯修女；

《情书》中饰演老年梅丽莎，与张名煜合作。（可当代艺术中心）

2009年

配音：英国电影《国家要案》。（上海电影译制厂）

话剧：《意外来客》中饰演老沃尔克夫人。（上海捕鼠器戏剧工作室＆上海话剧艺术中心）

2010年

配音：2010版电视连续剧《红楼梦》中周采芹饰演的贾母。（北京电视台等）

《苍穹之昴》中田中裕子饰演的慈禧太后。（日本NHK电视台和中国华录百纳公司）

2011年

广播剧：《星星点灯》，获2011年第十一届中国广播剧专家奖连续奖金奖，排名第一；2012年国家新闻出版广电总局"广播剧大奖"。（上海人民广播电台）

话剧：《原告证人》中饰演珍妮特·麦肯锡。（上海捕鼠器戏剧工作室＆上海话剧艺术中心）

2012年

配音：美国动画片《功夫熊猫2》中羊仙姑、天机娘。（美国梦工厂）

2014年

话剧：《谋杀正在直播》中饰演女管家、房东太太、西班牙女舞蹈家。（上海捕鼠器戏剧工作室＆上海话剧艺术中心）

2019年

配音：有声剧《红楼梦》中贾母。（上海电影译制厂）

2020 年

    配音：有声剧《西游记》中王母娘娘；

          有声剧《水浒》中王婆。（上海电影译制厂）

2021 年

    配音：有声剧《傲慢与偏见》中班纳特太太；

          有声剧《复活》讲述人。（上海电影译制厂）

2022 年

    配音：有声剧《苔丝》讲述人；

          有声剧《牛虻》讲述人。（上海电影译制厂）

附录二 字里行间的亲情

前些年,我写过一篇文章,《怀念邮递员的敲门声》。近年来,便利快捷的 e-mail、微信成为人们互相联系的主要工具,读信、写信似乎成为非常奢侈或极其隆重的事。但是在我的人生以往、在我们家,读信写信曾经既是家常便饭似的日常生活琐事,又是有着非寻常意义的大事。

1950 年 8 月,爸爸去了香港,直至 1972 年逝世,二十二年间,爸爸长住港澳,有那么几次回来的机会,在上海待的时间也很短,我们和爸爸聚少离多,"家书抵万金",对我们家而言,体验太深了。读信、写信,是我们家每个人的必修功课,字里行间记录着我们的喜怒哀乐,亲情的思念寄托。爸爸是给家人写信最多的,每周起码一封,有时还会在信里夹一件纸制的小玩意儿,几只彩色洋泡泡,让我们姐弟惊喜一番。爸爸的书信一直陪伴着我们姐弟成长,弥补着物理距离带给家庭的缺憾,传递着时空相隔的亲情。可惜 1966 年抄家时,爸爸寄给家里的近千封家信都抄走了,抄家的人就是冲着爸爸的信来的。返还抄家物品时,这些信都没还给我们。因为爸爸身份特殊,他的文字也许会事关国家机密,我们也理解。生命的最后两年,爸爸逐渐病重,来信字迹潦草,卧床不起后,他用一块板架在胸前给我们写信,那些时日,他已无力继续他的《现代中国通鉴》写作计划,报社约稿的回忆录也被迫搁笔,唯亲友的通信伴他到生命的终点。

爸爸去港时,我 10 岁,大弟 5 岁,小弟 3 岁,爸爸会根据我们姐弟三个的不同年龄段,一次寄上三册不同的读物:小弟是学阿拉伯数字的,大弟是看图识字的,我是童话故事的。谈寄书、谈读书,是爸爸给我们的信中永远的主题,一直延续到我们成年后。

闲儿[1]，

　　寄一部我顶喜欢的"毛选"给你，你好好带着。毛选有五种不同的本子，我最爱这一种，你说呢？

　　你好久没有写信给我了，爸爸真想你们呢。

父字

三.二

平儿[2]

　　接你妈的信，才知道你在等我的回信的。

　　"三国演义"跟"西游记"，是不是你要的，我又寄到上海去了，上回，我第二次寄到清华去的鲁迅散文集，后来，你到清华去拿来没有？

　　你们的时代，或许比我们所处的还要大，所以我也出不了主意。只有一点是很明显的，大城市决不是安生之地，黄山原是最好的去处。你在张家口附近，那就说不来了。最理想的去处是成都，不知有没有这样的可能。

　　我希望你把新数学，包括二进制、八进制和电脑（电子计算机）学起来，这是第三次工业大革命呢。你是学理工的，当然容易得多了。

　　我的中文打字机，最后几个困难问题也解决了，我本来想带一双皮靴给你，看吧。

　　多多保重。

父字

八月十七日

---

[1] 闲闲是小弟弟曹景行的小名。

[2] 平平是大弟弟曹景仲的小名。

雷女，

附寄十张你们的照片给你，这是报馆同事开的照相馆代放的，看看还不错，就寄给你。你还要的话可即来信。

鲁迅全集该收到了吧，此间也缺货，市价已涨到一千二百元以上了。国内怕也缺货呢。海外有三个全集本，百二十港元。鲁迅的散文小品倒齐全了。你们如要鲁迅年谱，倒可以寄的，别人都寄到了。

世事太不可知，我也不想多说。祝你俩好。

父字

八月卅日

雷女，

接来信，知道书和人民画报都未到。

史记，用不着全书都读，只要把十来篇精类的细读就受益不浅。所以我又寄了史记选。二十四史不一定读全，资治通鉴却非看过不可。

那部大书[1]，目前你不一定看，十年后你必须看一遍，才知道我用心力之勤之苦，这大书，大家都承认会传下去的。要寄，倒容易的。费兄[2]会代我交新华社的运输社带到上海的。我并不要你转给别人看。

你能替我托德铭买张北京地图来，旧的我手边有两三张之多。我要有英文注解的。

等你们那边弄停当了，希望妈妈来澳门，假如我的病体拖下去。昨天，病体有一点生机！中医二十八帖，仍无切实希望。

---

[1] 爸爸将多年来为我收集整理的国内的戏剧电影等资料汇编成一本巨型画册《现代中国剧曲影艺集成》，1971年由香港南天书业公司出版。

[2] 费彝民，时任《大公报》社长。

祝你们好,外婆福安!

父挺字

四月五日

我的大弟弟曹景仲,不似小弟弟曹景行那么出名,也是个非常非常优秀的青年,只是英年早逝。1970年1月,我和姆妈、小弟赶去河北沽源处理大弟的后事,在大弟留下的寥寥遗物中,发现他居然保存着小时候爸爸给他的信。这些信,伴随他从上海到北京清华,又到了边塞小县城沽源。

小时候的大弟弟,自然也会调皮捣蛋。有一年,他迷上了养兔子,姆妈劝说他也不听,姆妈只好求助于爸爸了。

平平,

你和闲闲,为什么不来信?

你的成绩,以及校方对你的批评,我已知道了。你妈总说你年纪慢慢大起来了,要我好好和你谈一回。我呢,总记住古人所谓"父子之间不责善"的话,有些话还是不说的好。何况,在这个进步的社会,还不知怎样做父亲才好呢!父子之间,本不一定比朋友好的。因为朋友是我们所选择来的,有时非常知心的。爸爸又不是你们所选择来的,或许碰上我这样不合心意的爸爸,那就没有办法了。这是说真话,不是说笑话。我的爸爸是严厉管儿子的,我做了爸爸,却一直不爱管儿子的。(或许你以为很严厉了,也未必可知。)

我要你写封信,说说你自己做爸爸的办法。人是要和别人共同过活的,事事要自由自在是不可能的。即如你要养兔子,就要吃了大家的粮食,这就是不对的。即算你自己肯饿肚子,也是不行的。你如要养兔子的话,那就要让出"红烧肉"的份来,你又做不到了,是不是?

这封信必须立刻回答,而且要说你准备如何做爸爸的办法。我这个爸爸,假使你说宁愿姓李[1]的话,还是要打的。

一句话,你必须听你妈妈的话。

记住,你是大哥哥。

父字

六月六日

还有一次,因为零用钱的事,爸爸给两个弟弟写信:

平平,闲闲,

你们年纪大起来了,可是都不明白事理,胡说胡来了。

你们且问问妈妈看:我的钱是怎么来的?我既不会做生意,又不曾积过钱,我的钱是一字一字写出来的。年纪也慢慢衰老了,就算卖文章,也没有几年可卖了。你们不听说,要乱用钱,我只好一钱不给了。

我这回回到上海,你们两人都不许到上海大厦[2]去。同时,你们要开一张生活表给我,要我和你妈同意了才准做。

你们年纪轻轻,你们生活太好,将来吃苦,那就害你们了。

你们要用钱,要等你们自己挣了钱再用也来得及。

你们必须听姐姐的话。

平平下回绝不许一天看两场电影,你要像个大哥哥。

闲闲,要妈妈真的说你好,才对。

父字

九.十三

---

[1] 楼上邻居姓李,喜欢大弟弟。姆妈批评他,他就顶嘴说要姓李。

[2] 20世纪50年代后期,爸爸作为北京和台湾高层间的密使,来沪期间,有关部门安排他住在上海大厦,离我们溧阳路的家不远。安全起见,都是让我们去上海大厦看爸爸。

252

"文革"伊始，我就因爸爸的海外关系，在电影厂受到冲击。虽然内心清楚爸爸是清白的，但大环境和爸爸身份的特殊性，我有口难辩，只能选择沉默。但是爸爸会从我的信中察觉到我的情绪，他不问具体事情，只是教我如何应对世事，给我精神支持。1969年12月4日他在给我的信中写道：

　　……雷女，你的毛病，就是太天真，天真是可爱的，但处事并不只是谈恋爱呢！范长江兄告诉我一段人生经验，"做人不能不摆好防守的棋势，害人之心不可有，防人之心不可无"。你结了婚，该明白这一种做人的道理了吧？

　　1968年，我在电影厂被看管期间，第一个孩子流产了。爸爸来信：

雷女，
　　人生总有一些曲折不顺手的事，我知道你是在流泪了。但我也知道你有勇气吞下去的。其实，你们妈妈的茹苦含辛该十倍于你呢。俗语云：什么都无法劝人的，只有"日子"劝得了人的！
　　我病了四个月了，也是事事焦心，希望最近会好转。闲儿和德铭都在上海，你们是热闹了，可惜我还不能回上海去。
　　祝你们都好！

父字
十一月二十日

闲闲，我记挂你想念你

　　1970年初，大弟弟景仲因公牺牲后，姆妈不敢告诉爸爸，怕他接受不了老年丧子的打击。姆妈写信给爸爸的老朋友、香港《大公报》社社长费彝民，拜托他找合适的机会让爸爸知道长子的噩耗。费彝民拿着姆妈的信，约了爸爸当面告知他。爸爸在香港的报纸上连载《哭平儿》，以寄托、宣泄自己的悲情。爸爸又给姆妈写信,姆妈接信后,跑到空旷的田间失声痛哭,当时小弟弟景行接姆妈去黄山茶林场小住,陪她度过这段艰难的日子。我给爸爸寄去大弟平平的照片和诗文,爸爸给我回信:

雷女,

接来信,有许多话想讲,却又感触万端,不知怎么说起才是。

我对平儿的印象,向照片看一看,好似模糊得很;因为,我最深的印象还是他在幼稚园的水缸里,把那只金鱼捏住了,那位院长十分头痛,对我们来诉苦的事,由今想起忽之二十年了。

一九五零年秋天,我决定离开了上海到香港来,那时,你只有十岁。由今想来,我的决定并不错误。因为我们这一家,行者居者,只能分工来做。我不下决心挑担子,谁又能挑得了?我对你们的印象,只有对你最深,对平平,闲闲就淡下来了。这是不能两全的事。过去二十年,艺弟[1]曾劝我和徐懋庸取得联系,你妈也希望我和夏兄[2]相接近,结果,谁都不曾料到后来的变化。一切还照我自己的路子在走,你们当年心中不安的,在今日看来,你们又该怎么说呢?

为了你们,我是把你妈拖得太深太重了,她把一生心力与幸福都放在你们身上。这回平儿的事,比霆女[3]那场更打得重,她却只替我的心情着想。我唯一可以对得起你们的,二十年来没有一天不在工作,除了进医院那两个月。目前,组织上问我需要什么照顾,我只向费社长说过,我希望你妈妈和外婆住到澳门来。彼此有个照顾。我的打算是外婆长住在澳门,你妈便往来上海澳门之间,三个月转一次。不过,这事还是你们和妈妈商量好来,我再去进行。那样,我就等秋初,便移住到澳门去。目前澳门已经一半解

---

[1] 我的叔叔曹艺。
[2] 夏衍。
[3] 我的大妹妹曹霆,抗战逃难家住乐平时,因感染霍乱而故,当时爸爸在前线采访。

放，情形不相同，不能当作来香港看待的。总之你们怎么决定？我就怎么做。

看了你们抄来的平儿的诗，我倒想起：诗文一类的事，还是你来动笔的好。平平的诗，真笼统，有如喊口号，没有余味。你们读了毛主席的诗，该明白诗词是怎么一回事了吧？至少在这方面，我可以做得你的引路人。闲闲想写诗吗？

你们批评"斯坦"[1]的文章，我看了不少，只是不明白，新中国的戏曲究竟受斯氏什么影响。我问了许多人，他们也答不出来。

三年来，我从头至尾再把毛主席选集看了几遍，我也写了些笔记。等我整理了，再寄给你们看看。我劝你们多看点近代、现代中国史，否则一定看不明白的。

闲闲要不要黄山照片？我手边有几张很好的。

前天，我又汇了钱，端午节后可以汇到了吧？

祝你们好！

外婆福安！

父字

六月四日（1970年）

这几天，天天开会，精神不济。　　　　又及。

1970年秋，有关部门同意了爸爸的要求，安排姆妈与爸爸团聚。姆妈带外婆一起去澳门住了半年，这半年是爸爸姆妈难得的较长的相守时光。爸爸来信：

雷雷，闲闲，

接读雷雷的信。

---

[1] 斯坦尼斯拉夫斯基的表演方法体系。

255

我二十三日又来澳门，二十四日早晨，到轮船码头去接外婆和你妈，迟了一刻钟。她们两位"不名一文"的客人，就在中国旅游社搁浅了。我连忙回到寓中等她们，等到老半天，才接中国旅行社的通知，才去接回来。总算还不错，一进门，就像到了家中。

　　这回相见，相对黯然。一九五六年，在北京车站相见，相见即流泪。这回竟是无泪可流。杜甫有"泪枯"之句，我是亲自体会到了。第三晚，你妈才痛哭了一场。平儿在我只是一个梦中的影子，老年人总有自己咬自己手指的痛苦，此意等你们过了中年会明白的。雷女，我是想起了二十多年前霆霆[1]的噩梦，不知你妈是怎么挨过日子的。当年，我曾写了半首诗。这回看看，心如刀割，过几天我再把它续完来。

　　一别十年，云[2]是比我进步了。茅盾兄写过一篇小说，写一位革命战士，鼓励他的爱侣前进，拼命教育他，结果，爱人真的进步了，他自己却落伍了。今日的我，或许也是如此。不过国内的你们和海外的我，一直不十分了解的。我在海外做的是替北京所要宣传的工作，我所工作的晶报和正午报都是党的报纸，由新华社领导。时时要听报道和指示，我得做什么，得怎么做，个人并不能决定。写了稿，刊用的事，也是编辑部的事，也不能自主的。即如"年青的一代"到海外来上演了，我正在病中，那顿饭没有吃，戏却看了，文章也做了，这是南方公司要我做的。即如上海评（弹）剧团到香港来，我也参加座谈会，文章当然非写不可。事实是如此。所以，你们的工作和你妈告诉我的种种，我怎么会写在文章中去呢。我们的报纸，本来是"香烟"，专求刺激性，目前是糖果，甜甜的。要不如你们所想的是精神粮食，即算做了，在海外也不会有人

[1] 霆霆是我大妹妹，见前。
[2] 姆妈邓珂云。

256

要买的。

我是年纪老了，希望不久的将来，能把那件大事[1]做好了，我希望能在北京和你们相见。

今天，我又来澳门了，我要把中心移到澳门，当然有或稍的困难。不过，我在香港大坑道的顶层"寡"居了十多年，那天回去，才感到了真正的空虚。

我想寄一部"红楼梦"给你，可以吗？

你们都好！

父字

十月卅一夜（1970年）

雷女，

在澳门四天，明天又要回香港去了。好在外婆在这儿，你妈便不寂寞了。（这话，也可以调转来讲的。）上海朋友看来，港澳便是一家，实际上，港澳一水隔天涯，澳门人要到香港去，比登天还困难。连偷渡也要三千港元呢！因为，我在香港要安排搬家，报社要赶稿子，非回去料理不可。

我的事，你们所推测的，大半不合事实。每天必须写文章，那是我的工作。我总想能抽点功夫，把我所要写的"现代中国通鉴"写起来，已写了甲编，还有四本要写，怕的不能完全弄好了。

鲁迅年谱，可能由北京出版，正在商洽中，也是你们所想不到的。那本"十五年的医学工作"（那人在中国做医生的），三联印行，一定会寄到的，你等看好了。

闲儿归农正是我们的心愿，不过，新农业得学习的很多，改良种子、化学肥料和改良土壤都是要事，这就得跨过老农一步才好。

---

[1] 大事指爸爸作为联系人参与的北京与台湾高层的和谈。

257

外婆、妈妈的身体都很好，只是外婆欢喜高卧隆中，大出我的预料。你们好。

父字

十月三日（1970年）

爸爸是做新闻的，对政治比常人敏感，不时会在家信中发表对政事的见解，并告诫我们正确对待。

雷女，

读来信，我觉得有许多话要说。

一个人的"远见"，"远"得有限的！谁（虽）说有过诸葛亮，他帮刘阿斗的计划也是很脆弱的，他一死，阿斗也就完了。所以不要想得太多了。

依我的看法，毛主席也说核战不一定能避免的，所以，我们的国策是备战。这样，住在皖南是第一，住在澳门是第二，其他都不是第三，第三是成都。不过，你妈并不想在澳门久住，好似叶落归根，非回上海不可，我就不说下去了。我在海外是"哨兵"工作，不问一切，就这么守下去。至于命运，那就难说得很，连陈、林都不能自保，何况别人。政治毕竟是政治，不要想得太天真。

今后几个月中，世界史可能有大变动。我叫你妈不要多想，一切等我回到北京再说。她们可能住到庐山去的。

老实说，我是决意"尽人事以听天命的"。

你们也不必多想。

祝你们好！

外婆福安！

父字

二．五（1972年）

生命的最后两年，爸爸只身海外、贫病交加，不免尤其想家、想亲人。他会在信中谈及自己的以往经历，希望成年的我们不因时空相隔而能更多地了解体恤他。

雷女，闲儿，

接读几封来信，觉得很有趣，你妈看了，更是兴奋得很。昨天下午，我们和外婆一同看了红灯记，大家很满意。(我是第二回看，其他型[形]式的红灯记，那就看了五六回了。)不过挤在六七百只小麻雀堆中看，我们三个老头子都有打了折扣之感。你妈还准备自己独看一回去。

近来，我在写回忆录，这是报社方面要我写的，已经写了八九个月，写到国民革命军北伐那一时期。偶尔和你妈谈起那时期的情况，原来你们由于隔膜，而且有了极有趣的误会。就此，且和你们随便谈一谈。一九二一年，我初到上海，第一步，便踏到陈望道师的楼上。陈师是我们的国文教师之一，他是接陈仲甫先生之手编新青年的人，又是"共产党宣言"的翻译者。他住在邵力子先生楼上，因此第二天便认识了邵先生，成为他所主编的觉悟[1]的主要写稿人。觉悟、学灯[2]和北京晨报副刊，都是新文化运动的主要营垒。前些年，北京编刊"五四时期报刊论文索引"，我一点算，那几年之中，我写了百五十万字以上。不过，民国日报虽是国民党机关报，我和陈望道师都不曾参加过国民党的组织。后来，由于国民党分为左右两派，民国日报也分为左右两派。叶楚伧代表右派，邵力子代表左派，我一直跟着邵先生走，只是邵先生主陕西省政府时，我不曾到西北去过。陈邵二氏，他们都是社会主义研究会发起人，

---

[1] 邵力子与叶楚伧创办的《民国日报》的副刊。
[2] 《时事新报》的副刊。

259

但陈先生并不曾参加过中共的党组织。我和他都在上海大学教过书，上海大学乃是国共合作初期的干部训练学校（于右任任校长，邵力子秘书长，瞿秋白任教务长，施存统、陈伯达都是当时的教授）。我虽非党员，却一直是他们的同路人，这一点我和鲁迅先生的路向正相同。

由于周总理邵力老的奔走，为了抗日，举国一致，国共再度合作。邵老任中宣部部长，周总理任政治部副部长；我在中央社任特派员，并未参加过国民党的组织。我在赣南办报时，也只处于客卿地位，只是办报，并不参加国民党、青年团及中央训练团等政治性组织。后来，邵老任驻苏大使，后来继任国民参政会秘书长，一直是国共之间的桥梁。后来，国家把"和平解放台湾"的任务交给"民革"（组织了委员会，由张老任主任委员，邵老任秘书长），我只是一个马前卒而已，这种种和你所想象的，或许完全不相同呢。你们都已长大了，我该把这些说给你们听听。

你们对于现代中国史的实情，知道得太少了。我一生只是一个左翼文化战线上的战斗兵，有如屠格涅夫笔下的"罗亭"呢。语云"知之为知之，不知为不知"，我希望你们先听听我的追述。

祝你们都好！

父字
一（十）二月六日（1970年）

重读爸爸的来信，忆及曾经的岁岁月月，爸爸一生都在为与家人分开而遗憾，尤其是家中发生意外时。父爱，于我们姐弟，不是被拥入怀中的安全温暖，也不是可以倚靠的宽厚肩膀，父爱，是字里行间的绵绵思念、叮咛嘱咐，更是豁然之余的定力、坚忍、独立。

附录三 "今之鲁仲连"——父亲曹聚仁

"今之鲁仲连"[1]，是1956年10月毛主席接见我爸爸时，对他为祖国统一所做的工作的赞词。我在按照上海市文史研究馆的要求做馆员口述历史期间，不断有人提出建议，希望我的口述史中能更多地披露父亲曹聚仁的信息，主要是指他在20世纪50年代中期始，成为海峡两岸最高层间的密使，为国家统一奔走的那段历史。

20世纪80年代始，父亲在海峡两岸间做密使的经历就是媒体的热门话题，尤其是海外华文媒体，说明海内外中国人都关注祖国的统一，随之而至的则是说法各异、版本不同。当年的亲历者已先后作古，一位熟悉蒋经国的台湾政界人物就告诉我们："蒋经国对这种事情是不会留下片纸只字的。"北京方面肯定存有大量史料，但至今没有完全解密。

1996年1月，曾任国务院副秘书长兼总理办公室主任的童小鹏，出版了回忆周恩来的著作《风雨四十年（第二部）》，书中第274页披露：

> ……7月16日，周恩来同香港记者曹聚仁谈话，讲到国共两党可以第三次合作时说："我们对台湾坚决不是招降，而是要彼此商谈，只要政权统一，其他都可以坐下来商量安排。"曹聚仁曾在赣南和蒋经国共事，周恩来希望曹聚仁将此消息转达台湾当局。

这是中央政府方面实际参与者第一次把那段历史对外公开。

---

[1] 鲁仲连，系战国时代齐国人，说服发动战乱的君主停战和谈。

1997年5月始，中央文献出版社出版了《周恩来年谱（1949—1976）》。2003年始，《毛泽东年谱（1949—1976）》也由该社陆续出版，其中多处涉及国家领导人与父亲曹聚仁的会晤。根据领袖年谱披露的线索，对应父亲的遗作和母亲生前写下的文字、跟我的谈话，加上我的记忆等，可以互相印证一段尘封多年的历史。

谁要父亲做密使

父亲在《北行小语》中写道，他是1956年7月1日到的广州，4日飞北京。有"和平老人"之称的邵力子先生"因为我没到过北京，特地在机场接我……"[1]邵力子是父亲的恩师和引路人。20世纪20年代初，父亲初到上海谋生，就得到了邵力子先生的关心。1950年，父亲打算南下香港前，也同邵力子先生商讨过。

母亲邓珂云留下的笔记中，则有这样一段记载：

> 1956年春，聚仁寄我一信，内附一信，嘱我转寄北京邵力子先生。信的内容大意说：为了两党的和好，祖国的统一，愿作桥梁，前去北京。请邵老向中央转呈此意。我即将信封好寄出。不久，邵老回复一简函，由我转给聚仁，大意是欢迎他回来。

> 夏，某日，我忽接北京来的长途电话，原来聚仁已在周密的布置中，悄悄地到达了北京。他说周总理要他接着去北京，要我立刻就去。

> 数日后，我携十岁的闲儿[2]赴京。这是我第一次去北京，和聚仁已经六年不相见了。

母亲留下的笔记中还记着，父亲给邵力子的信，是由中央统战部副部

---

[1] 曹聚仁：《北行小语》，第17—20页，香港三育图书文具公司1957年6月初版。
[2] 曹聚仁、邓珂云幼子曹景行。

长徐冰交到周恩来总理手上的。

父亲自1950年离开上海到香港，这是第一次回内地。他到北京去干什么，我曾问过母亲，母亲说，父亲是为国家工作，做的事很重要，却是要保密的，对谁都不要说，也不能说。母亲还说，台湾虽然和这里敌对，但也要有人传递消息，爸爸就做这个工作。

父亲之所以会成为海峡两岸之间传递消息的密使，源自他在抗战期间的战地记者生涯，无党无派的父亲作为国民党中央通讯社的特派记者，1938年在南昌新四军办事处与陈毅熟识，1939年春在浙江金华中国旅行社采访过周恩来，1940年开始与蒋经国的交往，则成为最关键因素。

1991年初夏，母亲去世前几天，病重的她，曾拉着我的手说："你知道吗，都是因为你来到这世界上，改变了你爸爸和我的一生。"抗战之初，父母亲都是战地记者，奔走于东南前线。1940年初，因为我将出生，他们决定到赣州安家。选择赣南的原因，一是父亲仍可以在东南战区采访，二是蒋经国正在那里推行"新政"，政治空气似乎较清新一些。谁知到了那里，蒋经国就直接找上门来，以"老师"相称，请父亲帮他主持赣南的《正气日报》。此后三年，父亲在赣南处于一种"客卿"的地位，蒋经国待之为友，亦待之为师。父亲将《正气日报》办得很有起色，却始终没成为蒋经国圈子里的人。他曾想将《正气日报》扩大到桂林去，为此跟蒋经国去了趟重庆，结果发现这份报纸已经卷入国民党内的派系之争。回赣后，他辞去报社的一切职务，经宦乡先生推荐，到当时在上饶的《前线日报》去工作了。离开《正气日报》后，父亲与蒋经国仍有来往，直到1949年蒋经国去了台湾。

1948年，父亲写的《蒋经国论》在上海出版。这本书是国内关于蒋经国的第一本论著，由此可见父亲与蒋经国的关系。1953年《蒋经国论》在香港再版，父亲作了许多修改。20世纪90年代，台北的一桥出版社将此书的前后两版合一，在台湾出版了。这是父亲的著作在台湾首次正式出版。之前，他的作品，包括《蒋经国论》，在台湾是被列为禁书的。

1949年，父亲就职的《前线日报》迁台湾了，担任教职的政法大学等也停办了，失业一年多后，为了生计，他于1950年8月去了香港。他想在国共的夹缝间寻找一个容许他这个"自由主义者"存身的地方。

1991年，母亲去世前告诉我们，父亲为两岸传递信息的事情，最初是台北方面派人到香港找我父亲的。父亲初次到北京，用的是新加坡《南洋商报》特派员的名义，也是新加坡工商代表团的随团记者。父亲记叙7月16日同周恩来见面情况的文章《颐和园一夕谈》，也是由《南洋商报》8月14日首先刊出的：

> 七月十六日傍晚，记者应周恩来之邀，赴颐和园餐叙……
>
> 记者和周、陈两总理，已经十多年不相见了。记者说起一九三九年，在金华中国旅行社晤见周总理的往事，那时，周氏还是军事委员会政治部副部长。当年，他是为着消弭国共间的矛盾，才到东南各地来巡视的，他还送了叶挺将军到皖南去。记者初见陈毅将军于南昌，也是抗战初年的事，那时新四军尚未成型，而今则是东南半壁的安危，都落在他的肩仔上……[1]

据《毛泽东年谱（1949—1976）》第二卷第592页记载：

> 7月11日晚上，在中南海主持召开中共中央书记处扩大会议，讨论周恩来会见原国民党中央通讯者记者、现任新加坡《南洋商报》特派记者曹聚仁的有关事宜……

据《周恩来年谱（1949—1976）》上卷第583页记载：

> 7月13日、16日、19日先后由邵力子、张治中、屈武、陈毅等陪

---

[1] 曹聚仁：《北行小语》，第156页，香港三育图书文具公司1957年6月初版。

同,三次接见曹聚仁。在谈话中,就曹问及周恩来十几天前在全国人大会上发言谈到"和平解放台湾"的票面里有多少实际价值时说:和平解放台湾的实际价值和票面价值完全相符……

据《毛泽东年谱(1949—1976)》第二卷第593页记载:

> 7月19日 晨,同周恩来谈话。当天周恩来第三次会见曹聚仁。

由领袖年谱的记载可知,会见父亲的是周恩来、陈毅等,对台和谈的口径则由毛泽东把握。

2003年7月13日,上海《文汇报》刊登作家叶永烈的《涵碧楼逸事》,文章记述了他去台湾日月潭探访蒋介石旧日行宫涵碧楼的见闻:

> 在纪念馆里,我的眼睛忽然一亮,因为在那里见到一个熟悉而富有神秘色彩的名字——曹聚仁!……
>
> 我在涵碧楼纪念馆的《风云际会涵碧楼——两岸关系滥觞地》说明词中,见到这么一行字:
>
> "1956年7月,蒋公亲点香港作家曹聚仁前往北京。周恩来在颐和园与曹见面,提出国共第三次合作,只要政权统一,其它问题都可以坐下来安排的构想。"

叶永烈摘自涵碧楼纪念馆里的这段说明词,与母亲生前所写笔记、给我们的留言,互为印证的史实就是:1956年北京高层发出的国共和谈邀请,台湾的蒋氏是有所反应的。父亲是受蒋氏所托,以记者身份掩护,代表台湾方面赴京回应中共的和谈意愿的。

据《毛泽东年谱(1949—1976)》第三卷第4—5页记载:

10月3日　下午,在中南海颐年堂会见新闻记者曹聚仁,张治中、邵力子、徐冰、童小鹏参加。曹聚仁说,台湾方面了解第三次世界大战已经没有可能,反攻大陆也不可能,他们曾表示,国共和谈,条件成熟时,可能在一个晚上成功。毛泽东说:也可能很快,也可能很慢,但我们并不着急。……台湾只要同美国断绝关系归还祖国,其他一切都好办。……谈话结束时,毛泽东告诉曹聚仁,去台湾见到熟人时代他致意。曹聚仁出门时,张治中提醒说:今天主席提到蒋时称"蒋先生",请注意。

关于这次会见,父亲在《北行小语》中有这样一段话:

毛氏是懂得辩证法的。世界的最强者正是最弱者,而最弱者却正是最强者。……从这一角度看去,毛氏是从蔑视蒋介石的角度转而走向容忍蒋介石的路的。……在党的仇恨情绪尚未完全消逝的今日,毛氏已经冷静下来,准备和自己的政敌握手,这是中国历史又一重大的转变呢! [1]

母亲的笔记里则有如下记载:

……不久,聚仁第二次回北京,我一人去京。仍住新侨。这次毛主席接见了他。
……毛主席首次接见他,对他说:希望你当"鲁仲连"。总理不熟悉鲁的故事,主席讲给他听了。这样,聚仁真的当起了现代的鲁仲连来。……毛主席称他为"今之鲁仲连"。

---

[1]　曹聚仁:《北行小语》,第201页,香港三育图书文具公司1957年6月初版。

四天后，周总理会见了父亲。据《周恩来年谱（1949—1976）》上卷第607—608页记载：

> 10月7日由张治中、邵力子、徐冰、屈武、童小鹏、罗青长陪同，宴请并同曹聚仁谈话，就其所询如果通过谈判台湾归还祖国后中央政府对蒋介石等的安排问题时说，蒋介石当然不要做地方长官，将来总要在中央安排。……同时，指示有关部门领导人通知有关地方当局对蒋、陈的祖坟加以保护，对其家属注意照顾。

10月12日，父亲匆匆返回香港，他要把毛、周对台湾、对蒋家的安排方案尽快地传递过去。

为蒋家实地考察

父亲曾告诉朋友，他在北京出席了欢迎苏联部长会议主席伏罗希洛夫的国宴，与毛主席同席。如果父亲所言不虚，1957年4月他到了北京，且与毛泽东有过一次见面的机会。5月5日，父亲又回到内地，母亲也去了北京。据母亲笔记记载：

> 一九五七年春夏之交，聚仁在京住了一些日子，总理接见后，我们就离京。……目的是到庐山和溪口二地，那是和老蒋有密切关系的两个地方。

按照母亲的记忆，这一年，父亲见过周总理，而且，这次见面和他接下来的行程大有关系。母亲的笔记中，记载了他们的行程路线。乘京汉铁路火车到汉口，参观了兴建中的长江大桥。次日乘长江轮东下九江，住花园饭店（蒋介石每次上庐山前居住的地方）。次晨，上庐山、到牯岭，在牯岭看了蒋介石的别墅"美庐"、庐山大礼堂等地，住了七天。回九江后，又由南路上庐山去看海会寺——当年蒋练兵之处。由海会寺下山，又驱车到星子县。母亲在笔记中写道：在星子可看到鄱阳湖广阔的湖面。中央曾有此设想，老蒋如回来可住庐山，并可拥有他的舰只，泊鄱阳湖，作为对他的保护。

从星子回九江，他们就上长江轮船回上海了。在上海住了几天，他们又作了浙江之行。先是乘火车到杭州，三四日后，乘小轿车到绍兴，途经萧山、诸暨等地。在绍兴参观了鲁迅老家后，即去溪口。因溪口住宿不便，当晚他们又折至宁波，次晨，再西行去溪口。

父亲的一些信件底稿，曾在国内辗转流传，内容带有某种汇报性质，令人感到他那次回内地并非纯粹的旅游观光，其中关于庐山之行的信稿开头就说：

> 聚仁此次历游东南各地，在庐山住一星期，又在杭州住四日，往返萧山、绍兴、奉化、宁波凡两日，遵嘱有关各处，都已拍摄照片，随函奉上全份（各三张），乞检。……
>
> 庐山已从九江到牯岭街市区筑成汽车路，大小型汽车均可直达（轿子已全部废去），约一小时可到。牯岭市区也在修筑马路，交通非常便利。以牯岭为中心，连缀庐山北部、西部各胜地（以中部为主），已建设为休养疗养地区。平日约有居民七千人，暑期增至三万人。美庐依然如旧，中央训练团大礼堂，今为庐山大厦，都为山中游客文化娱乐场所。这一广大地区，自成体系。
>
> 聚仁私见，认为庐山胜景，与人民共享，也是天下为公之意。最高方面，当不至有介于怀？庐山内部，以海会寺为中心，连缀到白鹿洞、栖贤寺、归宗寺，这一广大地区，正可作老人悠游山林，终老怡养之地。来日国宾住星子，出入可由鄱阳湖畔，军舰或水上飞机，停泊湖面。无论南往南昌，北归湖口，东下金陵，都很便利。聚仁郑重奉达，牯岭已成为人民生活地区，台座应当为人民留一地

步。台座由台归省，仍可居美庐，又作别论。

美庐景物依然如旧。前年宋庆龄先生上山休息，曾在庐中小住。近又在整理，盖亦期待台从或有意于游山，当局扫榻以待，此意亦当奉陈。

"遵嘱"，遵谁之嘱？"最高方面"，指的是谁？鄱阳湖停军舰，是哪方的军舰？"台座"指谁？"老人"又指谁？"台座由台归省"，莫非是指蒋经国从台湾到庐山"归省"蒋介石夫妇？关于溪口，父亲的信稿中有：

溪口市况比过去还繁荣一点。我所说的"过去"，乃是说1946年冬天的情形（战时有一时期，特殊繁荣那是不足为凭的）。武岭学校本身，乃是干部训练团，农院部分由国营农场主持，中小学部分另外设立。在聚仁心目中，这一切都是继承旧时文化体系而来，大体如旧。尊府院落庭园，整洁如旧，足证当局维护保全之至意。聚仁曾谒蒋母墓园及毛夫人墓地，如照片所见，足慰老人之心。聚仁往访溪口，原非地方当局所及知，所以溪口政府一切也没有准备。政治上相反相成之理甚明，一切恩仇可付脑后。聚仁知老人谋国惠民，此等处自必坦然置之也。惟情势未定，留奉化不如住庐山，请仔细酌定。

文中又提及"老人"，还有"尊府院落"，收信人非蒋经国莫属了。

从5月初抵京，到7月14日返港，父亲这次旅行前后共七十来天。他的行装中比此前多了一架120相机，是他特地配备的。所到之处，他都拍了不少照片，还写了一些旧体诗。1957年9月出版的香港《乡土》杂志上，父亲发表了《庐山记游》的文章。《北行三语》[1]中也有相当多的篇幅写到

---

[1] 曹聚仁：《北行三语》，香港三育图书文具公司1960年5月版。

这次旅行。母亲也在香港杂志上发表了《庐山七日游》等多篇游记。只是父母此行绝非观光旅游这么简单,而是为北京对蒋氏的政治安排作实地考察之行。

金门炮战的棋子

1957年底至1958年的二三月间,父亲曾两次北上。他在《北行二语》[1]中提到,1958年的元旦他是在北京过的。正值寒假,我去北京新侨饭店探望父亲,住了十来天。

1958年夏天,美国介入黎巴嫩战事,8月22日,联合国紧急会议讨论通过阿拉伯国家要求美国从中东撤军的提案。受国际形势变化的影响,台湾海峡局势也紧张起来。据《毛泽东年谱(1949—1976)》第三卷第410—420页记载:

> 8月17—30日,在北戴河主持召开中共中央政治局扩大会议。……
>
> 8月18日 晨,阅彭德怀报送的广州军区……的报告,批示:"德怀同志,准备打金门,直接对蒋,间接对美,因此不要在广东深圳方面进行演习了……"
>
> 同日晚上,在北戴河一号楼召集刘少奇、周恩来、朱德、陈云、邓小平、李富春、谭震林开会。
>
> 8月19日……同日晚上,在北戴河一号楼召集刘少奇、周恩来、朱德、陈云、邓小平、李富春、谭震林开会。
>
> 8月20日下午三时,在北戴河一号楼召开会议,讨论炮击金门问题。……叶飞汇报福建前线的准备情况……毛泽东问:你用这么多的炮打,能不能避免打到美国人?叶飞答:那无法避免。……

---

[1] 曹聚仁:《北行二语》,第15页,香港三育图书文具公司1960年4月初版。

8月22日下午，在北戴河一号楼召开会议，讨论领海问题和炮击金门问题……毛泽东对叶飞说照你们的计划打，并要叶飞留在北戴河指挥。……

8月23日中国人民解放军福建前线部队奉命向驻守金门岛的国民党军队实施大规模的猛烈炮击。

"八二三"炮战是正午12时突然开始的。但这天早上出版的新加坡《南洋商报》却已报道了金门即将炮战的消息，一时间海外报刊媒介纷纷转载这条消息，《南洋商报》驻香港记者"郭宗羲"这个名字也一下子为众所瞩目。消息来源正是数日前已从香港飞到北京的曹聚仁，而向他提供这一军事秘密的，正是毛泽东本人。

童小鹏在《风雨四十年（第二部）》第275页写道：

8月的一天，毛泽东接见了香港来大陆了解情况的记者曹聚仁，并谈了话。关于炮击金门行动让曹转告台湾。曹在《南洋商报》上透露了此事。

童小鹏当时是总理办公室主任。曾任新华社香港分社台湾事务部长的黄文放说，在炮打金门之前，毛泽东已先通过四个渠道通知蒋介石。后来又找来《南洋商报》香港的代表曹聚仁，让他在炮战四天前就先透露这个讯息。……后来炮战发生，证实了曹聚仁的独家新闻，各国驻香港的特务情报机关都急着要找曹聚仁进一步了解状况，害得他搬了好几次家。

母亲在后来的笔记中回忆：一九五八年夏（八月），毛主席在北戴河开会。聚仁抵京（我亦由沪赴京）。母亲曾讲过，她听说那天主席在会上告诉大家："曹先生来了。"旋即回了北京。

母亲的笔记里还写道：

一天，童小鹏来新侨饭店，我们恰巧出去了，他留了一张便条，放在卧室的写字台上，上书"明日上午十时，主席接见你"（大意），下书童小鹏。

这张便条，一直被母亲珍藏在一只小红盒里，我也见过。1966年7月初，上海市公安部门驻海燕电影制片厂的工作组和当时厂内"文革"领导小组来抄家，这张便条和父亲的所有来信全部抄走了。失去这些信件，使我们很难核实父亲当年的行踪和日期。关于这次会见，母亲后来写了回忆笔记：

次日，聚仁见到主席，说："主席，您早！"毛主席回了句很幽默的话，大意是："我还没过完昨天呢！"原来他通宵未睡。主席邀聚仁共进早餐。江青带了女儿（不知哪一个）也在座。

……八月那天上午，辞别主席出来，主席一直送他到汽车旁，悄悄对他说："你不妨更自由主义一些！"后来香港左派领导人中，有人说聚仁是"钦定的自由主义者"。

由上述摘自《毛泽东年谱（1949—1976）》第三卷的相关记载可知，毛主席在北戴河会议期间，除了正常会议程序以外，还在运筹炮击金门之事。自8月18日晨批示彭德怀要打金门始，当晚和19日晚上，都在所住的一号楼与刘少奇等七位中央核心领导开会，且与其他纪事条目不同，未公开会议内容。紧接下来的一条纪事就是8月20日下午3时召集彭德怀、叶飞等军事主官研究炮击金门的问题。叶飞在回忆录中说，炮击金门是在北戴河指挥的，也可以说是毛主席直接在指挥。[1]父亲是在何时何地从何人处获得信息，并于21日给报社发消息的，至今仍是谜。

---

[1] 中共中央文献研究室编：《毛泽东年谱（1949—1976）》第三卷，第419页，中央文献出版社2013年12月第1版。

9月4日,杜勒斯发表声明,暗示愿意同北京重开谈判。同日,按毛主席的要求,中国方面停火三天,以观各方动态。[1]9月7日,美蒋军组成一支海上大编队,由台湾驶向金门。叶飞请示毛主席,毛主席指示:只打蒋舰,不打美舰,且等舰只到达金门料罗湾、北京下令后开火。8日中午,美蒋联合舰队抵达金门料罗湾卸货,毛主席下令开火。中国方面一开炮,美舰立即掉头驶回台湾,以致蒋舰被击沉三艘、击伤数艘。[2]

据《周恩来年谱(1949—1976)》中卷第162—163页记载:

> 9月8日　接见曹聚仁。分析美国目前是虚张声势。指出金门、马祖的蒋军有三条路可走,第一条是与岛共存亡;第二条是全师而还……
>
> 9月10日　接见曹聚仁,托曹明日返香港后以最快办法转告台方,为了宽大并给予蒋方面子,我们准备以七天的期限,准其在此间由蒋军舰只运送粮食、弹药和药品至金门、马祖。但前提条件是决不能由美国飞机和军舰护航,否则我们一定要向蒋军舰只开炮。内政问题应该自己来谈判解决。……美国可以公开同我们谈,为什么国共两党不能再来一次公开谈判呢?

这段纪事表明,当时北京与台湾之间似没有其他更直接、更快的传递消息管道,父亲也非得回到香港才能把话传到台北。父亲8月下旬按毛主席的意见发出关于炮击金门的报道后,9月上旬又到了北京。9月11日又应周总理要求回港,把北京的停火规则转告台湾。

10月6日凌晨,毛主席起草完毕《告台湾同胞书》,宣布6日起暂停炮

---

[1] 中共中央文献研究室编:《周恩来年谱(1949—1976)》中卷,第161页,中央文献出版社2020年2月第1版。

[2] 中共中央文献研究室编:《毛泽东年谱(1949—1976)》第三卷,第440—441页,中央文献出版社2013年12月第1版。

击一个星期。

据《毛泽东年谱（1949—1976）》第三卷第461页记载：

> 10月11日上午，致信周恩来："……曹聚仁到，冷他几天，不要立即谈。我是否见他，待酌。……"

10月13日凌晨一时，毛泽东起草完毕《中华人民共和国国防部命令》，命令说，金门炮击，从本日起，再停两星期，给金门军民补充供给。这么做是有益于台湾列岛的一千万中国人，有益于六亿五千万人，就是不利于美国人。

据《毛泽东年谱（1949—1976）》第三卷第464—466页记载：

> 10月13日……上午，在中南海颐年堂会见曹聚仁，周恩来、李济深、程潜、张治中、章士钊、童小鹏在座。毛泽东说：看了曹先生写的几个东西。你写给蒋介石他们的信是真的还是假的？曹聚仁说，是真的。毛泽东说，如果是真的，那就不能那样写，先写我们好的，他们会听不进去的。你还是当自由主义者好。……当曹聚仁说台湾有人问生活方式怎么样时，毛泽东说，照他们自己的方式生活。水里的鱼都有地区性的，毛儿盖的鱼到别的地方就不行。……当谈到曹聚仁曾说台湾方面要组织回国观政团时，毛泽东说，他们来，我们欢迎。毛泽东最后又对曹聚仁说，你还是做个自由主义者好，不要红了，要有点保护色。

这一天，周恩来陪同毛泽东一起接见了父亲，《周恩来年谱》中卷有记载。10月15日和17日，周恩来又两次接见父亲，年谱中没有披露具体内容。

由此带出两个问题：一是父亲9月11日带着北京方面的意见匆匆返回香港后，是否又带着台北的讯息赶来的？再者，这次他到了北京，毛主席为何要"冷他几天"？是不是做给台北看的？为何两天后又亲自接见了他？这是一个尚待解答的历史疑问。

据《周恩来年谱（1949—1976）》中卷第257页记载：

> 10月24日……接见曹聚仁，批评曹不应将解放军停轰金门、马祖的新闻卖给《南洋商报》。

1959年这条短短的记录，使海外众说纷纭的"泄密事件"大体上有了线索。1958年10月6日，毛主席起草的《告台湾同胞书》发表，宣布暂停炮击金、马一个星期。然而，新加坡《南洋商报》10月5日就刊登了一则独家消息：

避免两败俱伤　国共酝酿直接谈判

传北京同意短期局部停火

明日起一周内停止炮击轰炸与拦截补给金马船只

香港第三方面分析此举将奠定未来直接谈判基础

[本报驻香港记者郭宗羲三日专讯]　据此间第三方面最高层人士透露，最近已有迹象，显示国共双方将恢复过去边打边谈的局面。据云：在最近一周内已获致一项默契，中共方面已同意从十月六日起，为期约一星期，停止炮击、轰炸、拦截台湾运送补给物资往金门马祖的一切船只，默契是这些船只不由美舰护航。……

"郭宗羲"这个名字再次引起人们注意。

新加坡《联合晚报》副刊主任韩山元先生36年后对这段往事的来龙去脉作了追踪，并撰写了长篇报道。[1]《南洋商报》的老报人薛残白先生告

---

[1]　参见《联合晚报》1994年3月9日至11日。

诉他："能拿到这样的重大消息,除了曹聚仁,那时的商报不会有第二人。"

数年前,曾在《南洋商报》驻香港办事处任职的郭旭先生告诉我,那则消息是经他之手转发,还借用了他的姓。他也向韩山元先生证实,那是曹聚仁把稿传到香港来,再由他传到新加坡的。"郭宗羲"这个名字还是当年《南洋商报》的总编辑李微尘先生想出来的。

《南洋商报》的这条专讯既标明是1958年10月3日,说明父亲在这之前已经在北京。毛主席11日还在考虑"我是否见他,待酌"。这么重要的消息又是谁告诉父亲的?告诉他的目的何在?根据童小鹏等回忆可证明,以"郭宗羲"名字发的炮击金门消息,是毛主席授意的;这次又用同一名字发的停火消息,难道是父亲自作主张?那两年,父亲为北京与台北之间频频传话,大部分机密内容都没有曝光,这次为何会闹出"泄密事件"?关于解放军停轰金门、马祖的新闻,10月5日就已见报,在海外也已引起轰动。10月13日,周总理陪同毛主席接见父亲,10月15日、17日,周总理又两次接见他,都没有提出批评,为何事隔一年后才来批评这事?

《建国以来毛泽东文稿》第七册第457页收入了毛泽东起草的《再告台湾同胞书》,其中有:

> 好几个星期以前,我们的方针就告诉你们的领导人了,七天为期,六日开始。你们看见十月五日的《南洋商报》吗?行人有新闻观点,早一天露出去,那也没什么要紧,政策早定,坚决实行,有什么大不了呢?

关于"停轰泄密事件"的来龙去脉,有待发掘更多的史料,才会弄清眉目。

1959年10月24日的记录,是《周恩来年谱》中最后一次出现曹聚仁的名字。11月,父亲经上海返香港,此后他有没有再去北京,有没有同北京高层会面,我们家人不清楚,也没有见到任何文字记录。但是,他作为海峡两岸之间的秘密沟通管道并没有就此中断,与20世纪50年代后半期相比,只是60年代两岸间的交往更为隐秘。

一代人的遗愿

父亲于1972年7月去世,数年后,他的一位朋友在香港《七十年代》杂志上撰文说,曹聚仁生前曾向他透露,1965年两岸间曾达成六项和谈条件:

1. 蒋介石偕同旧部回到大陆,可定居在浙江以外的任何省区,仍任国民党总裁。

2. 蒋经国任台湾省长。台湾除交出外交与军事权外,北京只坚持耕者有其田,以二十年为期,期满再行洽商。

3. 台湾不得接受美国任何援助。财政上有困难,由北京照美国支援数额照拨补助。

4. 台湾海空军并入北京控制。陆军缩编为四个师,其中一个师驻在厦门、金门地区,三个师驻在台湾。

5. 厦门和金门合并为一个自由市,作为北京与台北间的缓冲与联络地区。该市市长由驻军师长兼任。此一师长由台北征求北京同意后任命,其资格应为陆军中将,政治上为北京所接受。

6. 台湾现任文武百官,官阶、待遇照旧不变。人民生活保证只可提高,不准降低。

上海作家叶永烈在《涵碧楼逸事》一文中写道:

我注意到涵碧楼纪念馆的说明词中,有这么一段不寻常的话:
一九六五年七月二十日,蒋介石、蒋经国父子在涵碧楼,听取曹密访北京报告,形成一个与中共关系和平统一中国的谈判条款草案,当时称为"六项条件"。其中第一条即为蒋介石仍为中国国民党总裁,可携旧部回大陆,也可以定居在浙江省以外的任何一个省区;北京当时建议以江西庐山作为蒋介石的"汤沐邑",意即台湾最高长官在中国大陆的起居与办公之地。

所谓"汤沐邑",原本是周朝的制度,诸侯朝见天子,天子在自己直属领地上赐以供住宿以及斋戒沐浴的封邑。北京方面建议给蒋介石以"汤沐邑",不言而喻,只有深谙传统文化的毛泽东才会用这样的特殊语言。曹聚仁与蒋氏父子在涵碧楼商定这六项条件后,立即返回香港,将谈判情况及六项条件报告给了中共中央。应当说,倘若这"六项条件"能够实现,则中国大陆与台湾在当时便可能实现统一。然而,由于紧接着中国大陆爆发了"文化大革命",极左思潮在中国大陆泛滥,蒋介石对于回归大陆也产生了怀疑,从此国共秘密谈判再度中断……[1]

叶永烈在涵碧楼亲见所述与香港《七十年代》所刊父亲告之的内容基本一致,这样说来,曾有过此提议,但未见官方认可。

1970年初,我的大弟景仲在河北沽源因公逝世,年仅24岁。为了体恤老年失子的父母亲吧,那年10月到下年4月,母亲在中央有关方面安排下去澳门与父亲团聚。那段时间里,父亲在给我的信中多次提到他要去北京。在写给至亲好友的信中,也不止一次提到他到台湾去,如1971年12月31日的信中写道:

> 我的中心,决意转在澳门,因为我到台湾去既不能坐飞机,又不能坐轮船,只好坐渔船到左营[2],从左营飞日月潭,见了面就回来,不能让香港当局知道的,一切以住澳门为便。

[1] 参见《文汇报》2003年7月13日第7版。
[2] 左营港,隶属台湾省高雄市,为台湾最大的海军基地。

从蒋家卫士翁元的回忆中看出，1971年的时候，蒋介石的身体已经相当虚弱，1972年7月更陷于昏迷，半年后才苏醒。1972年1月毛主席也一度病危。在这种情况下，两岸即使已恢复接触，也难免要停顿下来。

1972年1月12日，父亲在给老朋友费彝民的一封信中，透露了蒋介石最后的想法。

彝民我兄：

弟老病迁延，已经五个半月，每天到了酸痛不可耐时，非吞两粒镇痛片不可，因此仍不敢乐观。……在弟的职责上，有如海外哨兵，义无反顾，决不作个人打算，总希望在生前能完成这件不小不大的事。弟在蒋家，只能算是亲而不信的人。在老人眼中，弟只是他的子侄辈，肯和我畅谈，已经是纡尊了。弟要想成为张岳军，已经不可能了。老人目前已经表示在他生前要他做李后主是不可能的了。且看最近这一幕如何演下去。

昨晨，弟听得陈仲弘[1]先生逝世的电讯，惘然久之。因为，弟第一回返京，和陈先生谈得最久最多，当时，预定方案，是让经国和陈先生在福州口外川石岛作初步接触的。于今陈先生已逝世，经国身体也不好，弟又这么病废，一切当然会有别人来挑肩仔，在弟总觉得有些歉然的！

叨在知己，略尽所怀。即颂

年祺！

弟　曹聚仁顿首

一月十二日

半年之后的7月23日，父亲在澳门病逝。后来母亲告诉我，她在澳门

---

[1] 陈毅。

镜湖医院陪伴父亲时，父亲曾向她讲起，有一次他和蒋经国交谈中谈到各自的孩子，父亲说了我们的情况，两个儿子一个学工（大弟景仲在清华大学冶金系念书），一个学农（小弟景行在黄山茶林场务农）。蒋经国叹息自己的儿子不争气，不学好。这次谈话地点是在日月潭。从谈话内容来推算，时间应在1968年8月小弟景行下乡后到1970年初景仲因公殉职之间，说明父亲那时还在为两岸和谈奔走。

父亲弥留之际，还反复对母亲说要交代一些重要的事情，要见毛主席，但已经说不清也写不出了。两岸的和平统一是父亲晚年最重要、最放心不下的心结。20世纪70年代，随着主要当事人的先后老病逝去，祖国和平统一大业遂成那代人的遗愿。

我已年过八旬，留下这篇文字，既为后人提供一些信史，更为怀念我一生坎坷的父母亲。父亲作为海峡两岸之间鲁仲连的经历，家人是无法说清道明的，留待日后史料完全解密后才能完整地大白于天下。

后　记

　　接受上海市文史研究馆的《曹雷口述历史》撰稿任务后，第一次去曹雷女士家，还未坐下，她就拿起搁在客厅一隅的一本台历给我，一个月一张的那种，上面密密麻麻地用黑水笔、圆珠笔、铅笔标注着她的日程安排。一目了然：她的日常，不是去演出，就是在准备演出。她让我在第一时间明了：这次访谈，不可能如我的工作计划按部就班进行，我只能在密密麻麻的一片字迹中寻觅空隙，见缝插针地做一点是一点。

　　如果说工作进度安排的不确定性是不利因素的话，曹雷女士的善谈则让我惊喜：不等我拿出采访提纲，她就从老祖母开始，侃侃谈起。因为她不知多少次被媒体采访过、受邀演讲过，有些人、有的事早已烂熟于心。她的讲述呈跳跃式：上一分钟讲的是在溧阳路的家里，怎么把手指伸到婆婆的嘴里，按按她的牙床有多硬；下一分钟就是在川西高原趴冰卧雪饰演藏族公主珠玛了。悦耳的女声、流利的表述、生动的细节，让聆听者深感享受。当她谈到千里奔丧，送别全身满裹白布的24岁大弟弟曹景仲的惨景，我不由自主地潸然泪下。

　　曹雷女士的记忆也是有选择性、倾向性的，几十年前的剧情、角色、台词可以脱口而出，似乎早已深深地扎入心底；而有些事情的发生时间、地点等细节，以及相关的人事关系，问起来则一脸茫然。好在她有每天记工作日志的好习惯，通过翻阅几十年的工作日志，助我核准史事。

　　初次见面，我便意识到，常规的按采访提纲循序渐进式的访谈不适合曹雷女士，太苍白无趣，你递上一瓢水，她会还你一片湖，意想不到的五彩斑斓的湖。所以，对曹雷女士的访谈，不能按生命流年线性地纵向

281

循序进行，而是由点及面地逐步铺展、充实丰满。一个事件，会谈及多次，很多重复，却会有新的发现。当然，不系统的访谈素材，结构成章就相对麻烦，不断地得到些许新材料、不断地给文章打补丁，是这本口述史的基本特点。

访谈开始数月后，上海音像资料馆的老艺术家口述史项目也找到曹雷女士，曹雷女士提出不要重复讲述。该馆口述历史工作室主任、国家一级导演李丹青先生同意无偿提供他的采访素材，所以本书所用资料，部分来自李丹青先生的工作成果。

上海电影译制厂的老艺术家苏秀，曾经言简意赅地归纳过曹雷的人生："人活一辈子，她活两辈子。"她在《我的配音生涯》中写道："正由于她精力充沛、勤奋好学，所以她的知识面比较广，她的机会也比较多吧！"从曹雷女士1992年的工作日志本中，随机摘录11月中某三天的工作记录：

> 11月19日上午《沉重的代价》混录；下午1—3时录《纹在身上的心》；3∶30电视台录《红颜强者》（一、二集）；晚对《最后的分析》口型本。
>
> 11月20日上午对完《最后的分析》口型本。下午录《纹在身上的心》
>
> 11月21日上午《纹在身上的心》鉴定补戏，去瑞金医院看拍片报告；下午3时电视台剪《沉重的代价》；晚《最后的分析》对本。

她的每一天，就是穿梭在上译厂、电视台、音像资料馆、广播电台等各个录音棚里，在不同角色间切换，早晚连轴转，即便是在身体出状况去医院拍片检查的时刻。"停不下来呀，都来找呀。"这是她对这种生存状态的直白解说，说的是改革开放以后海外影视大量引进的外部客观因素，而不可忽视的内因是：曹雷对表演艺术的热爱使之忘我、愿意为之付出一切的精神内在动力。

上戏刚毕业的曹雷，因电影《金沙江畔》《年青的一代》成名。而从25岁到40岁，一个女演员的黄金岁月，不仅完全消殆在社会的政治动荡中，还因罹患乳腺癌面临长期病休的困境。一旦遇到可以从事所热爱的表演艺术的机会，她渴望弥补曾经荒废的岁月。在她的工作日志本里，夹了一份圆珠笔写的底稿，是向领导要求调离上影厂、去演话剧的请调报告的底稿，我在其中读到："但是我不希望长久地'窝'在电影演员剧团里一天天、一年年地混日子，那样的生活，我一天也过不了！"这就是曹雷，她愿意为了创作角色累得倒在舞台上，养尊处优的休闲日子则"一天也过不了"！

天道酬勤啊！年过四十的她，以病残的身体全身心地投入艺术创作，且安然度过了人生的第二个四十年，年过八十依然活跃在舞台上、荧幕上。在艺术创作进入互联网世界的当下，她又在有声书领域继续耕耘：《红楼梦》的贾母，《复活》《苔丝》《牛虻》的讲述人……这就是命运的特别眷顾吧！上译厂的刘风厂长告诉我，厂里选配音演员，完全是从角色需要出发，曹雷的声音没有随年龄老去，依然适合角色创作。奇怪的是，只要坐在话筒前，她的精神状态就特别好；同时，她严谨认真的创作状态，对现场的年轻演员也有着示范效应。

我曾问曹雷，成天在外面忙活，您是否觉得自己不称职，作为孩子的母亲、丈夫的妻子。"没办法呀，这么多的事情找你做，虽然挣不了多少钱，我就是喜欢做。还好，姆妈帮忙带的，还有外婆。哎哟，小孩是可怜的，真可怜的。"随即她忆及孩子的小时候，那应该是她许多类似经历中被铭记的一组画面：孩子还不大会说话时，就送去全托了。星期一早上，我抱着他去托儿所，他用小手托着我的两腮："姆……姆妈，啥地方去？"我就打马虎眼："侬看树上啥么子？"他就把我的脸扳过来："姆妈，啥地方去？"快到乌鲁木齐南路的卫生局幼儿园了，他就指着对面的三角花园说："小花园去。"我就让他去花园待一会儿。时间差不多了，我只得抱起他走向幼儿园大门，"哇……"他知道这一刻还是来了。没有孩子愿意离开母亲，可是母亲却不仅仅属于孩子。一个人的成功，家人的付出是不可忽略的，尽管在口述史中我对此未着笔墨。曹雷的工作日志中出现过几次"包馄饨"的记载，这是她下厨房的"重大战事"。丈夫李德铭每次出差的离家和回家时间都有记载，那才是她生命中不可或缺的支柱。

曹雷女士以表演艺术家的身份为人熟知，而她勤于笔耕、擅于写作的特长也是演艺界不多见的。她的《远去的回响——六十部电影导演手记》是专业工作总结，还有《随影而行》等游记出版，各种报刊上更是常见她的文章。曹雷女士的写作能力可追溯至父亲的幼时庭训，其父曹聚仁会选择适合孩童的古典诗文自编一册，供爱女习读。在曹雷女士保存的贯穿她一生的几十册记事本里，有一本巴掌大的红色小本子，由扉页可知，是二哥景辉（大伯的儿子）于1951年2月4日小年夜，送给十岁的曹雷的。由此，曹雷开始记日记。2月6日的日记中有："年初一又过去了，我又大一岁了，晚上没事做，给爸爸写了一封信，就去睡了。"2月14日，又给爸爸一信，告诉小弟出痧子了，自己要开学了。2月16日的日记有，晚上拉着妈妈讲诗歌，是爸爸寄来的外国书。2月17日，又给爸爸写了信，同日，爸爸寄来外国画报；2月27日，爸爸寄来三本书、一封给女儿的信，"信里说我乖，我非常高兴"。3月6日，爸爸又寄来三只洋泡泡，米老鼠的，弄堂里众人羡慕……一笔一画地记下了孩童生活中的自然真实。

在她参加电视连续剧《钢铁是怎样炼成的》剧组工作、第一次去乌克兰的工作日志里，每天除了记录活动内容，还有写作提示，6月26日启程的，7月3日已经拟题十多个，如描述城市风貌的《历史在雕像中凝聚》，记录人物的《敦实厚道的尼古拉》《造船专家为我开车》，关注社会现状的《一流演员 最低待遇》等，文字创作的欲望跃然纸上。

自幼形成的热爱阅读的好习惯，长期的阅读积累，更使她的演艺生涯得益颇多。在一本工作札记中，我看到她执导前苏联电影巨制《战争与和平》的工作笔录，除了时代背景、每个主要人物分析等，还有每部片子与小说内容的对应记录，如：第一部至小说第二部704页止……名著改编的译制片导演工作，是建立在深入理解原著精髓的基础上的。美国电影《斯巴达克斯》的导演手记中，她通过阅读原著，对每个角色作了概括性的描述，并注明原著相应内容的页码，最后落实到配音工作要求上："a. 不同阶层的人语气上的文雅高低之分，b. 语言上的力度，c. 点送要强调、要鲜明，尤其是唇枪舌剑处，d. 格斗时的声音不同于中国武打片。"曹雷女士反复强调的一个观点：配音演员不是为了展示自己的声音有多好听，而是必须贴近角色。在《姊妹坡》的工作笔记里，她对自己配音的二姐茜的定位是："爽朗，善于掩饰内心，很大的事情也常常用平静的口吻说话，很少大声嚷嚷，但话的内在分量很重，往往使人信服。"文学底蕴是曹雷女士成功塑造角色的坚实基底。

本书的附录一《曹雷演艺年表》，是根据不同方面的原始信息编制的。曹雷女士留存的几十本工作日志，这些原始记录为年表的整理提供了第一手档案。上海广播电视台版权资产中心的数据库、正在编著中的《上海市志·文学·艺术分志·电影卷（1978—2010）》文稿，也为年表编制提供了基本线索。此年表尚存疑的：一是片名、剧名的准确性，因为工作时的片名未必是电影上映、电视剧播出的片名、剧名。譬如曹雷笔记中有"巴卡尔X13"，但没有更多信息；直至在尚未出版的《上海市志·文学·艺术分志·电影卷（1978—2010）》文稿的出品影片目录中看到法国电影《代号X-13》，年份与曹雷所记录时间对应，均为1991年，方能确认。二是时间表述的不一致：资料来源为曹雷工作日志的，是译制片的工作时间；资料来源是《上海市志·文学·艺术分志·电影卷（1978—2010）》等纸质著作的，就是上映时间；资料来源是上海广播电视台版权资产中心的数据库的，有的是播出时间，有的是入库时间。三是制作单位，有些外地影视机构委托的片子，因曹雷记录不详，只好缺省；有些是上海各单位互相委托的，可能出现误差。故年表所载内容，事件是真实的，细节可能有误，有待此书公开出版后被逐一更正。曹雷女士参与配音的科教片、纪录片就像她参加的各种演出一样，太多了，只能忽略了。

本书的附录二《字里行间的亲情》，是曹雷女士保存的部分父亲家信。我曾问过曹雷："你爸爸一直在海外，又与国民党高层有联系，你就没有怀疑过他可能是特务什么的吗？"她坚定地回答："没有。一则从小姆妈就反复叮嘱我们，爸爸在为国家做大事，不能问，更不能跟人说。我知道爸爸去毛主席家里吃过饭的，与周总理、陈毅副总理都有交往的，爸爸做的事是保密的。二则爸爸在来信中传递给我们的都是中国传统文人的家国情怀，都是爱国的。"基于特殊的家庭背景，我想将与子女成长相关的曹聚仁家信收入附录刊出，由此进一步理解曹雷一生始终保持的积极进取的生活态度的家教濡染。

接手此项目以来，不断有人提议，要我尽可能多地挖掘披露曹雷父亲曹聚仁的信息。我认为，《曹雷口述历史》是一个艺术家的成长史，曹聚仁的人生则是另一个更大更复杂的独立课题，当留待专人研究。这个项目定位思路也得到曹景行先生的认可。

1998年3月，曹雷女士曾在香港《明报》连载《爸爸原来是"密使"》，该文在《周恩来年谱》等公开出版物披露的史料基础上，加之母亲邓珂云相应的口述和笔记，互相印证，进一步阐释一些历史事件。这次利用其旧文提供的信息，依据中共中央文献研究室2013年版的《毛泽东年谱（1949—1976）》及2020年版的《周恩来年谱（1949—1976）》中披露的相关纪事等，整理成附录三《"今之鲁仲连"》，应是笔者穷尽目前所见史料的一个陈述版本了。

最后必须感谢下列各位对我的慷慨相助：上海电影评论学会秘书长黄一庆，上海电影译制厂党总支书记陈锦培、厂长刘风、办公室主任许菁，上海音像资料馆口述历史工作室主任、国家一级导演李丹青，上海广播电视台版权资产中心广播媒资部主任叶汀等，上海鲁迅纪念馆馆长郑亚、保管部副主任王璐、馆员何昊佩，上海戏剧学院副院长杨扬，导演系教师、导演周可，上海话剧艺术中心、上海捕鼠器戏剧工作室导演林奕，《解放日报》总编辑陈颂清，上海报业集团新闻信息中心黄海运。上海市文史研究馆馆员、原上海通志总纂室主任王孝俭，三次审读文稿，予以补正。

做了《曹雷口述历史》后，观看话剧、影视剧时，我会对不同演员的音色与角色有所识别、关注。完成《曹雷口述历史》后，我最希望的是能看到她说起过的、我未看过的那些片子：前苏联版的《战争与和平》，还有《靡菲斯特》《是，大臣》……

艺术家总是有生命极限的，经典的艺术作品才是真正万岁的！

林丽成

2021年4月稿　2022年10月改定

图书在版编目（CIP）数据

曹雷口述历史 / 曹雷口述；林丽成撰稿 . —上海：
上海书店出版社，2023.2
（上海市文史研究馆口述历史丛书）
ISBN 978-7-5458-2244-1

Ⅰ.①曹… Ⅱ.①曹… ②林… Ⅲ.①曹雷—自传
Ⅳ.①K825.78

中国版本图书馆CIP数据核字（2022）第228056号

特约编审	王孝俭
责任编辑	顾　佳
装帧设计	郦书径

上海市文史研究馆口述历史丛书

曹雷口述历史

曹　雷　口述　林丽成　撰稿

出　　版	上海书店出版社	
	（201101　上海市闵行区号景路159弄C座）	
发　　行	上海人民出版社发行中心	
印　　刷	江阴市机关印刷服务有限公司	
开　　本	640×965mm　1/16	
印　　张	18.5	
字　　数	250,000	
版　　次	2023年2月第1版	
印　　次	2023年2月第1次印刷	
ISBN 978-7-5458-2244-1/K.463		
定　　价	78.00元	

ORAL HISTORY

上海市文史研究馆
口述历史丛书